A mulher heróica

CIP-BRASIL. CATALOGAÇÃO NA PUBLICAÇÃO
SINDICATO NACIONAL DOS EDITORES DE LIVROS, RJ

Chinen, Allan B.
   A mulher heróica: relatos clássicos de mulheres que ousaram desafiar seus papéis / Allan B. Chinen ; tradução Maria Silvia Mourão Netto. – São Paulo : Summus, 2001.

   296 p. ; 21 cm.

   Tradução de: Waking the world
   ISBN 978-85-323-00662-3

   1.Contos de fadas - Aspectos psicológicos   2. Contos de fadas - História e crítica   3. Feminilidade (Psicologia)   4. Mulheres - Folclore   5. Mulheres - Psicologia I. Título.

01-2725   CDD: 398.2082

www.summus.com.br

Compre em lugar de fotocopiar.
Cada real que você dá por um livro recompensa seus autores
e os convida a produzir mais sobre o tema;
incentiva seus editores a encomendar, traduzir e publicar
outras obras sobre o assunto;
e paga aos livreiros por estocar e levar até você livros
para a sua informação e o seu entretenimento.
Cada real que você dá pela fotocópia não autorizada de um livro
financia o crime
e ajuda a matar a produção intelectual de seu país.

A mulher heróica

Allan B. Chinen

summus editorial

Do original em língua inglesa
WAKING THE WORLD
Classic tales of women and the heroic feminine
Copyright © 1996 by Allan B. Chinen
Publicado de acordo com Jeremy P. Tarcher, INC.
da The Putnam Berkley Group, INC.
Direitos desta tradução reservados por Summus Editorial

Tradução: **Maria Silvia Mourão Netto**
Capa: **Ana Lima**

Summus Editorial
Departamento editorial
Rua Itapicuru, 613 – 7º andar
05006-000 – São Paulo – SP
Fone: (11) 3872-3322
http://www.summus.com.br
e-mail: summus@summus.com.br

Atendimento ao consumidor
Summus Editorial
Fone: (11) 3865-9890

Vendas por atacado
Fone: (11) 3873-8638
e-mail: vendas@summus.com.br

Impresso no Brasil

Para minha mãe e minhas avós,
Winifred, Fumiko e Shizuko.

agradecimentos

Este livro não teria sido possível sem o generoso apoio, a sabedoria pessoal e a visão crítica de três queridas colegas e amigas: Karen Signell, cujo profundo conhecimento e sábios conselhos — usufruídos em longas e deliciosas conversas durante jantares de comida chinesa, caminhadas e aventuras sobre patins — levaram-me a um entendimento mais abrangente dos contos de fada e da vivência das mulheres; Gloria Gregg, com suas surpreendentes e originais concepções sobre a psicologia e a vida; e Anna Spielvogel, por seu silencioso encorajamento. Gostaria ainda de agradecer a meus agentes, Jim e Rosalie Heacock, e manifestar minha tristeza pela morte prematura de Jim. Sinto uma falta imensa de sua afetividade, de seu humor, de seu sorriso fácil, de seus conselhos práticos.

Uma nota especial de gratidão a Jeremy Tarcher, Lori Fuller, Lisa Chdawick e Joyce Newill, por seu apoio a este livro e aos dois que o precederam; à minha editora, Robin Cantor-Cooke, por suas penetrantes e proveitosas observações; e, finalmente, a Irene Prokop, por finalizar tudo com tanta vitalidade e empenho.

sumário

Apresentação à edição brasileira 11

Prefácio 15

Prólogo 19

Parte I. PODER

1. "A rainha e o assassino": Opressão e autolibertação (*Itália*) 27
2. "A esposa guerreira": A retomada do poder (*conto do Pueblo Tiwa*) 47
3. "Maria Morevna": Os limites do poder (*Rússia*) 63

Parte II. SABEDORIA

4. "Os três ovinhos": O poder da intuição (*conto swazi da África*) 95
5. "A esposa sábia": Astúcia e coragem (*Iraque*) 109

Parte III. NATUREZA

6. "A mulher sem mãos": Cura e vida selvagem (*Japão*) 127
7. "A mulher que veio do ovo": Ressurreição e natureza (*Alemanha*) 143

Parte IV. IRMANDADE

8. "As duas irmãs": Irmãs e libertação"
   (*Nação Igbo, África*) 163

9. "Emme": O resgate do verdadeiro *self*
   (*Nação Efik-Ibibio, África*) 175

10. "A mãe e o demônio": Irmãs da natureza
    (*Japão*) 189

Parte V. VIAGEM AO MUNDO NOVO

11. "A esposa-sereia": Retornando das irmãs
    (*Itália*) 21

12. "A princesa Marya e Blênio": Resgatando
    o príncipe (*Nenets, Sibéria*) 24

Epílogo 27

Bibliografia 28

apresentação à edição brasileira

É com satisfação que apresento este livro ao público em geral e aos psicoterapeutas em particular. Allan Chinen, psiquiatra, pesquisou milhares de contos de fadas, em diferentes países, e selecionou alguns poucos que oferecem um recorte especial do feminino. Nesse recorte, as mulheres saem do tradicional papel que a cultura lhes atribuiu. As protagonistas destes contos são mulheres fortes que mudam o mundo.

O autor, após narrar os contos sobre mulheres, interpreta-os, valendo-se de categorias junguianas. Não raro abre espaço para as mulheres do presente, em análise, também se manifestarem. Trata-se então de um homem, um forasteiro como ele mesmo se assume, recortando e interpretando o mundo feminino. Talvez, exatamente o fato de ser estrangeiro (um homem) lhe garanta o olhar sutil e a delicadeza com que apreende o mundo feminino. Seguramente, este é um dos diferenciais deste livro se tivermos presente a produção da escola junguiana em relação aos contos de fadas e, em especial, os que tentam retratar o feminino.

Há outros diferenciais. Uma das tendências presentes no movimento junguiano é a revalorização do mito e dos contos de fadas como linguagem da alma, do psiquismo. O verdadeiro "achado arqueológico" de Jung, refiro-me à percepção de que as vivências psicológicas estavam encapsuladas nas imagens primordiais — valendo-me de um conceito de Jacob Burkhardt, mestre de Jung — banalizou-se entre muitos autores junguianos. O que repousava no fundo da alma (imagens primordiais, arquetípicas, retalhos míticos) e que só através da análise, do método de amplificação e de um gigantesco lance da inteligência mercurial, como ensinou Jung, era trazido à tona, à consciência, passou ao primeiro plano, quero dizer, tornou-se o momento primeiro, o paradigma do comportamento humano. Numa inversão total das regras do jogo, observamos hoje, estupefatos, os mitos, em algumas tendências da escola junguiana, se constituírem em padrões de comportamento, em modelos funcionais das vivências do homem no século XXI, com a esfarrapada explicação de que são verdades eternas. Aliás, a perversão é tamanha que a psicologia passa a ser derivada do mito! No lugar da Psicologia, da Mitologia; no lugar da prática analítica, floresce o exercício estético. É urgente então voltar ao mundo dos homens, ao mundo cotidiano das vivências sofridas, à psicologia.

Ora, o autor, Allan Chinen, conta-nos que não encontrou um padrão linear ao pesquisar milhares de contos de fadas. Afirma que os contos de fadas sobre mulheres contêm temas básicos, entretecidos de variadas maneiras, de tal sorte que cada trama torna-se *singular*. Assim, a narrativa é repleta de temas diferenciados, de múltiplas perspectivas e de muitos personagens. De acordo com a metáfora do autor, trata-se de uma tapeçaria ou de uma sinfonia com muitas partituras e vozes.

Pergunto-me se isto se dá assim só com os contos de fadas sobre mulheres. Quero dizer, será que os produtos oníricos da humanidade — os mitos e os contos de fadas — não são sempre singulares e os pesquisadores que neles vêem um padrão linear não estão ingenuamente projetando — ao interpretá-los — a psicologia do homem moderno?

É curioso observar que o grosso da interpretação junguiana sobre mitos e contos de fadas encontre neles todos os elementos da psicologia do homem moderno! Allan Chinen evita essas armadilhas. Busca a singularidade de cada trama e não faz da "psique feminina" (e das suas roupagens, os contos de fadas) verdades fixas e eternas que se aplicam a todas as mulheres, ou que só se referem às mulheres.

E, todavia, os contos de fadas ecoam na psique. Cada leitor deste livro constatará isso. E ecoa porque o maravilhoso desta produção dos "inícios" dos tempos, de alguma forma, está presente em cada um de nós. Como afirma o autor, as doze histórias desta coletânea "estão repletas de notáveis *insights,* tão úteis hoje quanto há séculos". Ao lê-los resgatamos pedaços perdidos do nosso psiquismo, ocultados, velados e desvalorizados pela tendência cultural dominante.

Sem propor modelos eternos, o autor, psiquiatra e professor da Universidade da Califórnia, em São Francisco, resgata a tradição pragmática americana: os contos de fadas, hoje e sempre, nos dão conselhos práticos e úteis, *insights* e utopias — ao mostrar os caminhos ideais que a mulher pode trilhar na vida.

Brincando, Chinen resume a sua perspectiva: "os contos sobre mulheres são por demais ricos para que se possa resumi-los segundo algum modelo, porém se um czar de algum deles me encarregasse de fazê-lo sob pena de perder a vida, eu diria que essas histórias giram em torno de quatro tarefas distintas: desafiar o demônio, recuperar seu verdadeiro *self*, dançar com as irmãs selvagens e despertar o mundo".

O "desafio do demônio" representa a luta da mulher contra a opressão e o menosprezo que as culturas patriarcais devotam às mulheres; bem como ilustra que a busca da singularidade das mulheres começa exatamente quando elas identificam, confrontam, combatem e derrotam esses demônios culturais.

A tarefa de desafiar o demônio está associada à de recuperar o "verdadeiro *self*" e ocupar seu legítimo lugar no mundo — contra o falso *self*: pudico, cordato e condizente com as convenções. Nessa aprendizagem, a mulher aprende a dar ouvidos à sua voz interior, ganhando acesso à sabedoria do *self* profundo.

O aspecto mais surpreendente da mulher que recupera seu verdadeiro *self* é a descoberta de que sua alma abrange toda a natureza. Esse elo desenvolve-se, segundo os contos de fadas e na interpretação do autor, gradualmente. Com isso, a mulher relaciona-se não só com pessoas, mas com animais, plantas e estrelas — fundindo-se assim simbolicamente com a natureza. Ao agir assim, a mulher cura a velha cisão teológica entre animais e humanos, entre corpo e mente, entre instinto e espírito.

É exatamente essa comunhão com a natureza que, aliás, pode ser aterrorizante por causa de seu poder numinoso que leva a mulher à sua terceira tarefa nos contos de fadas: "dançar com as irmãs selvagens", ligadas à floresta, distantes da civilização. Em irmandade espiritual, as mulheres, nesta etapa, celebram o feminino profundo, celebram a beleza para o seu próprio deleite, não para os homens. E é no feminino profundo, na terra, que a temática da irmã transmuta-se em conexão do humano com o divino.

O derradeiro desafio das mulheres é, como nos conta o autor, "despertar o mundo". Vale dizer, despertar os homens arrebatados pelo sono, embriagados pelos privilégios masculinos. Despertar o mundo quer dizer desvelar e destruir as ilusões ancoradas em costumes limitadores, em convenções e, com isso, a mulher, no seu fazer, desperta a consciência e transforma o mundo, criando um lugar em que as mulheres sejam honradas por sua força, independência e sabedoria.

Encerro com uma citação do autor, sem dúvida, um amante e amigo das mulheres: "A jornada de qualquer mulher supera o privado e o psicológico e atinge o público e o cultural. As histórias aqui reunidas enfatizam esse ponto com comentários perspicazes — e subversivos — a respeito da cultura vigente... O trabalho individual, a transformação interpessoal e a evolução cultural caminham juntos. Essas histórias não separam os mundos interno e externo, mas insistem em dizer que o desenvolvimento deve ocorrer em ambas as dimensões".

Amnéris Maroni
Unicamp/IFCH
Terapeuta junguiana

prefácio

Velhos e jovens adoram contos de fada e narrativas folclóricas porque eles contêm imagens que são um eco de nossas próprias fantasias — das situações impossíveis em que nos colocamos e das maneiras milagrosas como gostaríamos de escapar delas. Todos vivenciam sofrimentos imaginando que são os únicos a sofrer; no entanto, estes contos notáveis deixam claro que cada um de nós, ou melhor, todos nós, somos vítimas de nossa condição humana comum. A vida nos desafia a encontrar soluções criativas que, com certa ajuda de nossos amigos, possam transformar-nos de vítimas em algo heróico.

As mulheres são as protagonistas das histórias deste livro, mas seria um equívoco presumir que são necessariamente elas a desempenhar os papéis de destaque nos subenredos. O subenredo é a história arquetípica, não o relato de uma guerra entre homens e mulheres, mas, sim, o da alienação — e eventual reconciliação – entre o Masculino e o Feminino. (O uso de maiúsculas aqui é para o leitor não se esquecer de que estamos falando de arquétipos, de aspectos da natureza humana que vêm sendo tradicionalmente associados com um sexo ou outro, mas que, de fato, se encontram presentes em ambos.) Nesses contos clássicos, as mulheres representam as qualidades associadas com "o Feminino". Em geral, aparecem como Rainhas ou Princesas, significando, assim, que pertencem à classe dominante e, por isso, ocupam uma posição especial que precisam manter. Ou, em outros contos, aparecem como as Filhas Desafortunadas de um Pai Cruel ou de um Padrasto, enquanto seu verdadeiro pai amoroso está assente sobre o quadro. Ou, se ela for dona de uma sabedoria incomum, é a Anciã que sabe, por experiência própria, o que uma mulher precisa fazer para se realizar como pessoa e perceber onde está seu poder.

É surpreendente descobrir a presença de temas comuns associados a mulheres, quer numa narrativa do povo habitante das estepes siberianas varridas pelo vento, em um conto dos Tiwa — um *pueblo* do Oeste americano —, ou num da Itália, do Iraque, do interior da África, ou até mesmo das ilhas do arquipélago do Japão. Esses temas apontam para o arquétipo do Feminino. Em toda parte, o Feminino está situado em segundo plano. Espera-se da mulher que ela seja receptiva às exigências dos outros; ela deve permanecer como pano de fundo ou nos bastidores; tem de ser fiel ao marido e, se perdê-lo, deve mover céus e terra para encontrá-lo de novo. Até isso ela tem de fazer à própria maneira do Feminino. Mais esperta do que pragmática, ela recorre à magia e ao logro; usa disfarces quando necessário e é mais paciente do que se pode imaginar. Deve se comportar desse modo para se preservar, porque, tradicionalmente, o Feminino tem menos poder que o Masculino. Da mesma forma como a Lua obtém a sua luz refletindo a do Sol, o Feminino assim funciona quanto ao seu relacionamento com o Masculino.

Hoje em dia, alardeia-se que há em nossa sociedade um excesso de energia Masculina. Comportamentos frenéticos, violência em demasia, relação descontrolada de poder, competição desenfreada, ambição pessoal sem limite; ou seja: "testosterona demais". Muitas mulheres sentem-se vitimizadas pela dominância do Masculino. Nenhum dos atributos tradicionalmente associados ao Masculino está de todo ausente nas mulheres; em geral, nelas eles estão de certo modo disfarçados. O psiquiatra Allan Chinen realizou uma pesquisa que envolvia milhares de contos de fadas sobre mulheres, num esforço de encontrar modelos funcionais para muitas delas, incluindo suas pacientes, que se consideram vítimas do "patriarcado", isto é, o chamado Masculino. As histórias que ele relata sobre mulheres que conseguiram superar sua "condição de vítima" tocam fundo o nosso coração, pois descrevem a luta de todos os que percorrem o árduo caminho da conscientização. O mundo, no qual a maioria das pessoas identifica-se ou com o Masculino ou com o Feminino, demonizando o Outro, é um mundo adormecido; as pessoas adormecidas não estão em contato com sua própria realidade interior. Para nos comunicar com esse mundo adormecido, temos igualmente de entrar nessa espécie de sono e então descobrir como ser despertado, visto que só quem está de fato acordado pode despertar o mundo. O universo dos contos de fada em que penetramos é o mundo onírico em que nada é o que parece, em que reis e rainhas são ludibriados por pessoas simples, em que os homens viram peixe e as mulheres saem de ovos, enquanto virgens sem mãos as têm de volta quando as mergulham na água da vida para salvar o filho que se afoga.

Ao lado das personagens dos dramas aqui narrados, mergulhamos nas profundezas do mar ou lutamos em estreitas passagens do mundo subterrâneo a fim de romper com as convenções sociais que nos amarram a nossos falsos eus. Nesses escuros e misteriosos patamares, dizem-nos: "Não dêem ouvidos às sombras do passado que os arrastam para baixo, impedindo-os de alcançar seus objetivos". Esse é um teste do nosso compromisso para deixar para trás o passado e abrir-nos à possibilidade de nos tornar pessoas inteiras e livres.

A transformação, o processo simbólico que produz mudanças na consciência, é um traço presente em quase todos esses contos. A mudança pode se dar num cair no sono, ao ser apanhada na armadilha de um corpo estranho, ou encarcerada num local desconhecido. Às vezes, as pessoas são magicamente transformadas em peixes e sapos, ou partes de seu corpo são cortadas para reaparecer em seguida. A mudança na consciência pode também ser anunciada quando uma lágrima desperta o marido desaparecido de seu sono inebriado pelas drogas. Contudo, a transformação tem um significado ainda mais profundo e arquetípico, que se torna necessário quando perdemos o contato com nossa natureza essencial, que é livre e espontânea, amorosa e interessada pelos outros. Essa perda pode ocorrer na infância ou na adolescência, ou nas primeiras insinuações da sexualidade. Somos ensinadas a manter a tradição ancestral e a não mudar "o sistema". Há uma clara pressão para o desenvolvimento de um falso *self* capaz de corresponder às expectativas da sociedade, pressão essa que nos induz a dormir. Entretanto, existe um outro lado da psique a exigir com a mesma insistência que nos mantenhamos fiéis à nossa essência, que amemos totalmente e sem reservas, e vençamos os demônios que querem se apossar de nosso ser autêntico. Essa é a dimensão em nós que insiste para acordarmos.

Acordar implica esforço; significa tomar consciência e enfrentar o lado sonolento. Nas histórias, isso não costuma acontecer de maneira explícita. Geralmente, a jovem personagem feminina busca a Velha Sábia, que já aprendeu a lidar não só com a sua própria natureza de mulher, mas também com o Masculino. Para a agressividade masculina ela tem o antídoto mágico da astúcia. Quando ele se impõe com uma ação imediata, ela usa os remédios gêmeos da paciência e da determinação. Para o desejo dele de ser o herói e ganhar o prêmio, ela sabe como convocar suas irmãs para que venham ajudá-la e divide os seus êxitos com elas. Uma vez que ela não deve vencer usando a força bruta, vira a mesa com humor, imprevisibilidade e um comportamento audacioso que abala profundamente o Masculino.

Este livro é um guia maravilhoso para mulheres e homens que desejam libertar o Feminino de seu papel secundário, e o Masculino de tentar sempre manter o Feminino enjaulado! Em vez de o Feminino e o Masculino permanecerem presos num combate interminável, estes contos mostram como os elementos opostos de nossa natureza podem realizar um vivo bailado. Se prestarmos atenção nessas histórias, permaneceremos todos acordados — pelo menos até de manhã cedo!

June Singer

prólogo

Em contos de fadas famosos, como "A bela adormecida", uma menina ou moça dorme sob o efeito de um feitiço até que um corajoso herói a desperta. Não é o que observamos nos contos deste livro. Coletados em várias partes do mundo, eles focalizam as mulheres adultas e invertem a trama das "histórias juvenis" — agora quem dorme é o rei, e é a rainha que deve despertá-lo, libertando o reino de uma maldição. Ao retratar mulheres fortes que mudam o mundo, os contos são profundamente relevantes para as mulheres de hoje. Transmitidas ao longo de gerações sucessivas, essas histórias oferecem conselhos astutos e encorajamento para mulheres em busca de vidas mais plenas e significativas.

Os contos desta coletânea podem ser desconhecidos dos leitores. São histórias que em geral estavam esquecidas em velhas coleções de bibliotecas, como se fossem tesouros enterrados, e só pude localizá-las tendo lido perto de 7 mil contos de fadas e escolhido os enredos em que as protagonistas fossem mulheres adultas. Após transcrever as histórias, seguem comentários que ajudam a interpretar seu simbolismo. As feministas talvez questionem por que as mulheres deveriam ler as interpretações dadas aqui por um homem, pois existe atualmente uma literatura cada vez maior sobre contos de fada, produzida por mulheres, desde o trabalho de Rosemary Minard, *Womenfolk in fairy tales*, o de Angela Carter, *The old wives' fairy tales book*, o de Ethel Johnston Phelps, *Tatterhood and other tales*, até o de Clarissa Pinkola, *Mulheres que correm com lobos*. O que um homem ainda teria a dizer?

Minha sugestão é: externar sua visão sob a perspectiva de um forasteiro. Não corri com os lobos, mas sobrevoei a região, tendo como alvo os contos de mulheres narrados em diversas culturas. Desse ponto de vista, tornam-se claros alguns aspectos do terreno que, em geral, não são visíveis de forma superficial. Os temas comuns a várias culturas, em seus contos sobre mulheres, deixam evidentes profundas constatações sobre a existência feminina. Ao tecer meus comentários, tenho por objetivo simplesmente incentivar a reflexão e o diálogo. Em última análise, cada pessoa deve fazer sua própria interpretação dos contos.

Tecendo as histórias das mulheres

Reunidos num único conjunto, os contos sobre mulheres de imediato revelam vários traços distintivos. Em primeiro lugar, as histórias não se encaixam num padrão linear. Isso me surpreendeu inicialmente porque a psicologia em geral descreve o desenvolvimento como uma seqüência linear. Assim, presumi que as histórias iriam pelo mesmo caminho. Mas quando tentei encadeá-las segundo uma linha única, começando com protagonistas jovens e seguindo rumo às mais velhas, não surgiu nenhum padrão coerente. Embaralhar os contos e escolher de forma aleatória não resolveu o problema, nem dispô-los em círculo.[1]

O que solucionou a questão foram duas metáforas apresentadas pelas escritoras Carolyn Heilbrun, Mary Catherine Bateson e Naomi Lowinky: as mulheres tecem suas vidas num todo, criando uma tapeçaria cuja trama compõe-se de muitas atividades e focos de interesse, ou elas compõem suas vidas criando uma sinfonia com muitas partituras e vozes. Os contos das mulheres têm uma estrutura paralela a essas. Como uma tapeçaria ou uma sinfonia, as histórias das mulheres contêm temas básicos, entretecidos de variadas maneiras, de tal sorte que cada trama torna-se singular.

---

1. Cf. Young-Eisendrath e Wiedermann (1987); Lippard (1976); Nelson (1991).

Um segundo aspecto das histórias das mulheres é que elas na verdade incluem vários personagens principais, o que reflete um tradicional interesse feminino pelos relacionamentos. (Os contos de homens, por outro lado, têm menos personagens principais.) As histórias de mulheres também retratam seus personagens com uma visão mais penetrante e demonstram uma surpreendente clareza quanto às tarefas emancipadoras dos homens. Apesar disso, não há nos contos a implicação de que é esperado das mulheres que elas cuidem dos homens. Ao contrário: quando os contos das mulheres se referem às tarefas emancipadoras dos homens, é para desafiá-los a despertar e começarem a mover-se na direção de um relacionamento mais profundo e igualitário com as mulheres.

A narrativa das mulheres

Como as histórias das mulheres focalizam protagonistas femininas, é natural imaginar que esses contos tenham se originado em contadoras de histórias, mas, até recentemente, antropólogos e estudiosos de folclore não coletavam as histórias com mulheres. Felizmente, essa situação mudou. Estudiosas do folclore, como Linda Degh, Susan Kalcik, Margaret Yocom, Karen Baldwin, Donna Eder, Penelope Eckert e Kristin Langellier, estão descobrindo agora que as mulheres tendem a contar as histórias de uma maneira cooperativa característica. Por exemplo, uma mulher pode começar descrevendo um problema que teve com o seu patrão, que lhe fez insinuações sexuais. Outra se solidariza com a situação da contadora da história, observando de imediato que passou por uma situação semelhante. Uma terceira pode comentar a coragem da primeira, ao recusar a investida do chefe. Uma quarta mulher pode então relatar um episódio de sua vida em que sofreu assédio sexual, antes de pedir à narradora que prossiga. Na verdade, a contadora de histórias é todo o grupo de mulheres. O resultado é uma narrativa repleta de temas diferenciados, de múltiplas perspectivas e de muitos personagens — o que é típico dos contos de fadas.

A alternância entre as mulheres, para narrar o conto, é especialmente evidente entre mães e filhas, que costumam contar histórias em dueto. Isso ajuda a explicar um terceiro elemento dos contos de mulheres: as tramas em geral incluem várias gerações e diversos estágios da vida. É comum as histórias começarem com uma garotinha que mais tarde se casa e deve lidar com os problemas da vida conjugal. Ao abrangerem tanto a juventude como a maturidade, os contos das mulheres refletem um espírito includente, holístico, ausente nos contos sobre homens, os quais narram apenas as peripécias do jovem, ou dos anos de maturidade, ou da velhice.

Subversão

Um quarto traço dos contos sobre mulheres é o fato de serem subversivos, rejeitando sutilmente as convenções misóginas. Quando entrei em contato com esses temas de revolta, preocupei-me em não dar uma interpretação exagerada a pequenos detalhes, mas, quanto mais analisava as narrativas, mais se tornavam evidentes os motivos subversivos. Foi quando encontrei o *Feminist messages*, editado por Joan Newlon Radner, o qual descreve como as mulheres inserem mensagens ocultas dissidentes em seus ofícios, suas artes e sua narração de histórias. Na Irlanda, por exemplo, as mulheres tradicionalmente cantam as músicas fúnebres nos funerais dos homens, mas, em geral, incluem palavras de críticas contundentes a respeito do falecido. Como se supunha que elas estivessem enlouquecidas pela dor do luto, os homens não tinham permissão para criticar as músicas que elas cantassem. Os contos de fada das mulheres refletem esse espírito engenhoso e desafiador, porque quase sempre elas contam suas histórias em reuniões informais e particulares com amigas e parentes, ocasiões em que podem falar livremente o que pensam. É o que torna os contos das mulheres semelhantes aos sonhos: as histórias revelam verdades que a sociedade convencional reprime ou ignora.

Os contos sobre mulheres mostram seu triunfo diante de fortes adversidades e reivindicam-lhes seu justo lugar no mundo, ao mesmo tempo que não são histórias representativas de uma fé no que lhes é mais conveniente. Os contos são utópicos — mostram o que as mulheres podem ser, em vez de seus papéis convencionais. Annis Pratt, Irene Neher, Phyllis Ralph, Sigrid Weigel e Carolyn Heilbrun, entre outras, observaram que as autoras com freqüência têm dificuldade para imaginar finais felizes para as mulheres em seus romances, visto as convenções sociais serem por demais opressoras. Contos de fadas, ao se nutrirem diretamente do inconsciente, fornecem um antídoto para essa constrição cultural.

Somos assim levados a uma quinta característica das histórias sobre mulheres. Não são relatos meramente psicológicos, contendo informações profundas sobre o desenvolvimento individual das mulheres. Elas também são histórias visionárias e lidam com amplos temas sociais e culturais. Constituem novos paradigmas para a sociedade, que vão além da tradição patriarcal. Os contos dizem respeito à psique e à sociedade. Como observam as feministas, "o que é pessoal é político", mas a dimensão social muitas vezes tem sido negligenciada na interpretação psicológica dos contos de fadas.

A função visionária dos contos das mulheres revive uma antiga tradição. Em numerosas tribos de nativos americanos, os sonhos das mulheres eram tratados como mensagens divinas, oferecendo orientação acerca de decisões tribais. Até na Grécia clássica, com seu forte viés patriarcal, as visões das mulheres eram vitais; o Oráculo de Delfos era uma mulher, e suas imagens proféticas influenciavam as decisões das cidades-Estado, de Atenas a Esparta. As histórias das mulheres preservam essa fonte natural de sabedoria referente à sociedade.

Uma observação pessoal

Foram oito anos para concluir este livro, sem mencionar o tempo despendido na pesquisa e na coleta das histórias. Em meu caso, deu-se exatamente o que elas retratam: o despertar. Para entender os enredos, li a literatura concernente ao movimento feminino, algo que havia, como muitos outros homens, evitado até então. Mas não podia mais ignorar o fato de que as histórias das mulheres do mundo inteiro começam com elas sendo exiladas, escravizadas, humilhadas, silenciadas, atacadas, aterrorizadas e encarceradas. Pela primeira vez, eu podia valorizar emocionalmente a razão das mulheres para sentirem raiva. No entanto, os contos mostram também o que vem depois da raiva, as tarefas que as mulheres assumem após se libertar de convenções sociais opressoras.

Embora eu mencione, várias vezes, a "psique feminina" e o "feminino", isso não significa que um e outro sejam verdades fixas e eternas, que se aplicam a todas as mulheres, ou que só se referem a mulheres. Da mesma forma, deixo sem resposta a polêmica a respeito de "o feminino" e "a psique feminina" serem biológicos e/ou culturais.

Como o livro está organizado

Entre os numerosos contos de mulheres que reuni, selecionei cerca de doze que me pareceram mais representativos do grupo como um todo. Alguns eram variações de tramas conhecidas, como "A bela e a fera", "Eros e psique" ou "A mulher sem mãos". Escolhi deliberadamente, porém, versões desconhecidas, usando histórias de várias culturas, para enfatizar a amplitude e a profundidade dos contos femininos. Agrupei-os em cinco seções neste livro, cada uma abordando um tema principal. A primeira lida com o poder conforme sua definição na maioria das culturas; a segunda, com a sabedoria interior da mulher, em geral ignorada ou reprimida pela sociedade. A natureza como santuário e fonte de cura para as mulheres é o tema da terceira seção, e a quarta focaliza o antigo motivo da irmandade. A última resume os temas precedentes e retrata a reconciliação com os homens.

Por fim, os contos das mulheres contêm um desafio e uma promessa. Transmitidos de avós a netas, mostram as mulheres reivindicando sua sabedoria e força, acordando o mundo de seu sono longo e opressivo.

DESPERTANDO O MUNDO

PARTE I

Poder

capítulo 1

"A rainha e o assassino":

Opressão e autolibertação

(*Itália*) [1]

 um palácio viviam uma linda princesa e seu pai, o rei. Mas ele era avaro e a mantinha presa numa torre para não lhe permitir casar-se, conservando assim seu dote. Certo dia, chegou na cidade um assassino que ficou sabendo da sina da princesa. Curioso, uma noite ele subiu até a torre onde estava a princesa e olhou-a por uma fresta. Ela gritou por socorro. Quando os servos e guardas enfim chegaram, o sujeito já havia sumido, e por isso ninguém acreditou em sua história de invasor. Seu pai recusou-se a levá-la para outro lugar — um aposento mais seguro — e disse-lhe que parasse de imaginar coisas.

Na segunda noite, o assassino novamente escalou a torre, abriu a janela e espiou a princesa. Ela correu pedindo ajuda, mas quando os guardas e servos chegaram ele havia desaparecido. "Você está inventando histórias!", foi o que todos lhe disseram.

Na noite seguinte, a princesa trancou a janela com uma corrente, assim ela só se abria um pouco, e pegou uma faca na cozinha. Depois, esperou em seu quarto. Quando estava escuro, o

---

1. Calvino (1980).

ladrão escalou a torre e, enfiando a mão por baixo da janela, tentou abri-la. Naquele mesmo instante, a princesa pegou a faca e cortou a mão do homem.

O assaltante gritou de dor e fugiu. Enquanto fugia, gritava: "Você vai me pagar por isso!". Quando os guardas e servos chegaram, a princesa mostrou-lhes a mão do vilão. Todos então tiveram de admitir que ela estivera certa o tempo todo, e o rei teve de levá-la para outro aposento.

Algum tempo depois, um rapaz foi até o palácio. Ele usava luvas brancas e ricas vestimentas, e disse que era um nobre de uma terra estrangeira, em busca de uma esposa. Acrescentou que era bastante rico e não precisava de nenhum dote. Quando o avaro rei ouviu tudo isso, mandou chamar a filha e ordenou-lhe que ela se casasse com aquele nobre.

A princesa sentiu-se inquieta. "Vossa Majestade", ela sussurrou ao pai, "acho que ele é o homem cuja mão eu decepei!"

"Não seja tola", exclamou o rei. "Você deve casar-se com ele!"

Para escapar a seu pai, a princesa consentiu, e o casamento foi celebrado em breve. Foi uma cerimônia simples, e o miserável rei deu à filha apenas um colar feito de cascas de noz e uma velha cauda de raposa. Então a princesa foi embora com seu marido, numa grande carruagem. Viajaram durante algum tempo, e cada vez penetravam mais na mata. A princesa começou a sentir medo e perguntou aonde estavam indo.

"Tire a minha luva", o marido respondeu, erguendo a mão direita no ar. Ela obedeceu e descobriu o coto. Soltou um grito, pois seus piores temores tinham se confirmado.

"Sim", exclamou o homem, "você amputou a minha mão e agora irá pagar por isso!" Chegaram a uma casa escondida no mato, no alto de uma encosta que dava para o mar. O homem explicou que seu trabalho era matar, e aquela casa estava cheia dos tesouros de suas vítimas. Então, deu uma risada sarcástica, acorrentou a princesa a uma árvore, como se ela fosse um cachorro, e partiu.

A princesa tentou com todas as suas forças libertar-se da corrente, mas não conseguiu. Ao longe viu quando um navio içava suas velas e partia, e acenou desesperada em sua direção. Os marujos, mercadores de algodão, viram-na, vieram para terra firme e soltaram-na. Ela lhes mostrou os tesouros da casa do vilão, e eles então carregaram toda a riqueza para seu barco, levaram a princesa com eles e partiram mar afora.

O assassino voltou e viu que tanto sua esposa como seu tesouro tinham sumido. Avistou o navio, saltou para dentro do seu próprio barco e rapidamente alcançou os mercadores. Quando o assassino estava perto, os mercadores esconderam a princesa dentro de seus fardos de algodão.

O assassino abordou o navio, em busca de sua esposa e ordenou aos mercadores que jogassem seu algodão ao mar. Os comerciantes argumentaram com o assassino: "Nós somos negociantes de algodão! Você irá levar-nos à ruína!". "Enfie sua espada nos fardos", sugeriu um dos negociantes, "assim saberá que não há nada escondido neles!" O assassino enterrou sua espada em cada um dos fardos. Feriu a princesa, porém ela se manteve calada, e o algodão absorveu seu sangue, de modo que ele não percebeu nada.

O vilão voltou ao seu próprio barco e foi no encalço de um outro navio. Os mercadores rapidamente retiraram a princesa de seu esconderijo e cuidaram de seu ferimento. Era só um corte pequeno, mas ela estava tão aterrorizada com o assassino que suplicou aos negociantes que a atirassem ao mar para que se afogasse. Eles se recusaram, e um dos velhos marinheiros ofereceu-se para levá-la à casa dele, para sua esposa. "Não temos filhos", ele disse, "então você pode ser a nossa filha!"

A princesa passou então a viver com o velho marinheiro e sua esposa. Com receio do assassino, recusava-se a sair de casa e pediu-lhes que não a deixassem ser vista. A princesa começou a bordar com a velha e terminou uma toalha de mesa. Era tão linda que a mulher quis levá-la para vender ao rei de seu país, que era um homem jovem.

O rei solteiro ficou muito admirado quando viu aquela toalha. "Quem fez isso?", ele perguntou. "Minha filha", respondeu com orgulho a mulher, mas ele se recusou a acreditar. "Como a filha de pessoas tão simples pode costurar tão bem?", ele se perguntava.

Alguns dias depois, a princesa terminou de bordar um biombo, e a mulher levou-o até o rei, que o comprou na hora. Dessa vez, ele seguiu secretamente a mulher e, quando ela abriu a porta de sua casa, ele entrou rapidamente junto com ela. A princesa desmaiou de terror, pensando que o assassino finalmente a tivesse encontrado.

Quando a princesa acordou, o rei perguntou o motivo de seu grande medo. Ela não quis explicar, e ele não a forçou. Em vez disso, visitou-a diariamente até por fim pedir-lhe a mão em casamento. A princesa concordou, mas não mencionou seu casamento com o assassino. Pediu apenas uma coisa: "Você não deve jamais permitir que homem nenhum me veja, exceto você e o velho marinheiro, meu pai". O rei concordou, e os dois se casaram numa cerimônia secreta; a partir de então, a rainha permaneceu reclusa no palácio.

Os súditos do rei estavam descontentes por não poder ver sua nova rainha, e logo começaram a circular rumores. "Ela é uma bruxa!", diziam alguns fofoqueiros. "Uma corcunda!", falavam outros à boca pequena. Para diminuir o descontentamento popular, o rei decretou que sua esposa aparecesse ao povo.

No dia marcado, o reino inteiro reuniu-se para ver a rainha. Quando ela pisou no terraço do palácio, todos festejaram ao ver sua beleza. Mas o que a rainha em particular observou foi um homem vestido de preto, em pé no meio da multidão. Ele ergueu sua mão direita, tirou a luva e mostrou seu coto. A rainha desmaiou. Ficou doente, e daquele dia em diante não saiu mais do quarto. Os médicos tentaram de tudo, entretanto nada diminuía seu padecimento.

Alguns dias depois, um nobre desconhecido pediu uma audiência ao rei. Estava ricamente vestido e falava muito bem, de modo que o rei convidou-o para um banquete. O forasteiro trouxe de presente muitas caixas de um vinho finíssimo que o rei distribuiu fartamente a todos os cortesãos. O vinho continha um sonífero, e logo o monarca, os seus servos e os guardas estavam dormindo. Então o forasteiro, que não era outro senão o assassino, percorreu o palácio, quarto por quarto, em busca da rainha.

Finalmente a encontrou. "Vim para matá-la", ele rosnou enquanto desembainhava a espada. "Antes, porém", disse-lhe, "traga-me uma bacia com água. Devo lavar seu sangue de minhas mãos depois de matá-la."

A rainha correu para acordar o rei, mas ele não despertava. Tomada pelo terror, encheu uma bacia com água e voltou para onde estava o matador. "Você esqueceu o sabão", ele disparou. Ela então saiu apressada e novamente sacudiu o marido. Mas o rei só roncou, como, aliás, todos o faziam. A rainha, desamparada, pegou uma barra de sabão e voltou para junto do assassino. "E a toalha?", ele resmungou, enquanto afiava a espada. "Você esqueceu de seus deveres de esposa?" Ela correu de volta até o marido, mas dessa vez pegou a pistola que ele carregava no cinto, escondeu-a na toalha e voltou para onde estava o assassino.

"E agora", sibilou o vilão, "prepare-se para morrer!" Ele levantou a espada, mas, no mesmo instante, ela pegou a pistola e disparou contra ele. O som despertou todos os convivas que então vieram correndo até o quarto da rainha. O rei chegou e encontrou o assassino morto, aos pés da sua esposa. Ali, no entanto, estava a rainha ereta e serena, e daí em diante não soube mais o que era medo, e ela e o rei viveram o restante de seus dias felizes e em paz.

As mulheres e a opressão

Essa história é surpreendente. A reação mais comum, quando eu a relato em *workshops*, é um silêncio estupefato, seguido por manifestações de alegria pela rainha. "A rainha e o assassino" não é única; muitas histórias do mundo inteiro são praticamente idênticas[2]. Esses contos abalam a estrutura romântica de contos juvenis como o da "Cinderela", nos quais um jovem príncipe salva a princesa desprotegida, e daí em diante eles vivem felizes para sempre.

---

2. Estas histórias são do Tipo 956 no Índice Aarne-Thompson de Motivos Folclóricos (Aarne e Thompson, 1961). Entre outros exemplos constam o conto cigano "A virgem do moinho" (Sampson, 1984), a história francesa "Anne-Marie" (Zipes, 1988), o conto húngaro "A linda aia Inbronka" (Degh, 1965) e o drama russo "Os ladrões" (Afanas'ev, 1973).

A história começa com a princesa encarcerada numa torre por seu miserável pai. Há vários significados psicológicos para essa situação. Na vida real, muitos pais são emocionalmente avaros com as filhas, oferecendo energia e afeto ao trabalho e aos filhos, mas não às filhas. Outros cobrem as filhas de atenção, mas esperam que as mulheres permaneçam-lhes devotadas, sentindo-se enciumados se suas filhas dão atenção a outros homens. Os pais constroem prisões psicológicas em volta de suas filhas.

O pai da princesa é um rei, chefe de Estado, e personifica as convenções sociais. Ao trancafiar sua própria filha, ele dramatiza a opressão que as mulheres sofrem em quase todas as culturas, e outros contos repetem esse tema. As histórias são espantosamente feministas, embora procedam de fontes tradicionais que antecedem o movimento feminista moderno. Os contos emergem do inconsciente e falam da verdade nua e crua. De forma significativa, a princesa não tem mãe, irmã ou amigas. Afora a esposa do marinheiro, que aparece mais tarde no conto, ela está bastante sozinha no mundo masculino e, dessa maneira, ainda mais vulnerável à opressão.

O assassino

Quando o assassino chega à cidade, espiona a princesa em sua torre. Personagens masculinos semelhantes — misteriosos, ameaçadores e perigosos — são comuns em outros contos sobre mulheres e assombram os seus sonhos, à noite[3]. Vilões masculinos comparáveis aparecem em obras literárias e artísticas produzidas por mulheres[4]. O assassino, no conto de fadas, é, então, uma figura arquetípica e representa ainda outro símbolo da opressão feminina: ele espia a princesa sorrateiramente, violando sua

---

3. Leonard (1982); Lauter e Rupprecht (1985); Von Franz (1908); Mankowitz (1984).
4. Lauter (1984, 1985); Pratt (1981, 1985); Waelti-Walters (1982); Pearson e Pope (1981).

privacidade e tratando-a como objeto sexual; mais tarde ele a persegue e assedia com insistência.

Quando a princesa fala do invasor para o pai, o rei recusa-se a acreditar na filha ou a protegê-la, mostrando que tipo de pai ele é. Eis aqui outro significado do assassino: ele pode ser interpretado como a "sombra" do rei. Esse é o termo que Carl Jung usa para aspectos mais complexos de uma pessoa — suas falhas, pecados e vícios. No caso do rei, sua sombra envolve avareza, egoísmo, desinteresse, características essas psicologicamente prejudiciais à sua filha. O assassino personifica essa agressão emocional[5].

Mesmo não tendo sido ouvida, a intrépida princesa pega uma faca na cozinha, passa uma corrente na janela e, quando o vilão tenta abri-la, ela lhe corta a mão. Essa atitude pode, a princípio, parecer radical; no entanto, a história indica que o homem era um assassino, e é provável que ele não estivesse só espreitando a princesa, talvez ele fosse matá-la ou estuprá-la. Aqui existe outra dimensão de significado. Encarcerada em sua torre, ignorada pelo pai, a princesa tem muitos motivos para estar frustrada e com raiva, mas não consegue expressar abertamente tais sentimentos — a maioria das sociedades condena as mulheres que demonstram raiva. Resulta disso um círculo vicioso: impedidas de expressar raiva ou de se manifestar com firmeza, as mulheres tornam-se ainda mais frustradas e iradas, mas igualmente temerosas desses sentimentos. O vilão pode ser interpretado como essa raiva reprimida e assustadora. Ele ilustra o que Jung chamou de *animus*, um personagem que representa as qualidades "masculinas" da protagonista feminina, seus aspectos de raiva e agressão. Vivenciado de início como ameaçador, ele poderia ser chamado de um *"animus* agourento"*.* Quando a princesa finalmente o mata, ela retoma sua legítima assertividade.

---

    5. O caso mais extremo de uma agressão dessa natureza seria o incesto. O presente conto não aborda esse flagelo, mas outros contos de fadas o fazem, entre eles "Maria de Madeira", da Itália (Calvino, 1980), "Pele de asno", dos Grimm, "A princesa em trajes de couro", do Egito (Bushnaq, 1986), e muitas versões de "A mulher sem mãos" (Capítulo 6).

Casando com o assassino

Quando o forasteiro convincente pede uma audiência, a princesa adverte o pai de que, na realidade, o homem é o invasor, mas o rei a ignora. Aqui fica claro o quanto a princesa é perceptiva. Sua intuição é precisa, mas ninguém o reconhece, mesmo depois de ela ter provado que estava certa a respeito dele. Na vida real, acontece o mesmo às mulheres, quando seus comentários são ignorados pelos homens detentores do poder de suas vidas — seja no trabalho, na escola, ou em casa. Como constataram Mary Belenky, Lyn Mikel Brown, Carol Gilligan e outras, as meninas são silenciadas e ignoradas tantas vezes que passam a desconfiar de seus próprios julgamentos e sensações mais instintivas. A princesa faz exatamente isso, quando se casa com o desconhecido, contrariando seu próprio bom senso. Esse é um erro comum que muitas mulheres jovens cometem — fogem de uma família disfuncional para cair num casamento igualmente disfuncional. Como é de esperar, a princesa aguardava que o encantador cavalheiro tivesse vindo para salvá-la de sua infelicidade. A história deixa claro que essa fantasia não funciona: o marido acaba se revelando um selvagem, não um herói.

No casamento, o rei dá à filha apenas um colar feito de cascas de nozes e uma velha cauda de raposa, considerados presentes simbólicos. Os antigos gregos e romanos distribuíam nozes nas celebrações de casamento como símbolos de fertilidade e longevidade. Aqui, no entanto, o rei dá apenas as cascas — vazias, sem vida, inúteis, da mesma forma que seu relacionamento com a filha. Seu segundo presente insinua a presença da astúcia e da esperteza de uma raposa, virtudes que a princesa possui, mas a cauda desse animal está usada e gasta, e logo a história demonstra como a princesa fica desgastada com os ataques desferidos contra ela. Como objetos da Mãe Natureza, o colar de cascas de nozes e a cauda da raposa também sublinham a ausência de uma figura crucial na história: a mãe. Na maioria dos contos de fada, a filha recebe um presente ou lembrança de sua mãe, e mais tarde ele a salvará de um perigo terrível, especialmente um marido cruel.

A princesa não tem essa ligação com sua mãe ou a linhagem materna, de modo que está ainda mais exposta à opressão social. Depois do casamento, o seu marido revela-se como o assassino e a prende a uma árvore usando uma corrente. Outros contos sobre mulheres repetem o mesmo tema: para a mulher, casamento significa prisão, humilhação, exílio, ou morte, por mais despreocupada ou feliz que tenha sido sua vida antes[6]. A literatura produzida por mulheres recorre ao tema. Desde George Eliot e Charlotte Brontë a Joyce Carol Oates e Joan Didion, várias autoras retratam consistentemente o casamento como degradação e confinamento da esposa, resultando em geral na sua insanidade ou morte[7]. Os contos de fada e os romances refletem a realidade social. Hoje, o casamento é para a mulher menos um vínculo de escravidão e mais um duplo vínculo. Espera-se dela que seja assertiva e tenha uma carreira profissional, ao mesmo tempo que ainda se espera que ela seja provedora de carinho, alimento e atenção, e exerça a função de mãe. Não é de surpreender que as mulheres casadas expressem mais insatisfações que as solteiras, e que estas vivam mais tempo que as casadas. O casamento é estressante para as mulheres. Muitas culturas o reconhecem e igualam, explicitamente, casamentos a funerais[8].

Da força ao desespero

Depois que o assassino acorrenta a princesa a uma árvore, ela não entra em desespero. Permanece vigilante e buscando saídas, e faz sinal para um navio que passa, cuja equipe a resgata. Observe-se que a princesa encontra ajuda quando está no meio da mata. O detalhe parece insignificante, mas reaparece com destaque em

---

6. Por exemplo, a história francesa "O barba azul", o mito grego de Perséfone, o conto sul-africano "Kenkebe" (Radin, 1983), e "As mil e uma noites" da Arábia.
7. Pratt (1981); Pearson e Pope (1981); Waelti-Walters (1982).
8. Sherman (1987); Johnson (1977); Chiriboga e Gigy (1975); Chiriboga e Lowenthal (1975).

outros contos sobre mulheres. Por mais que sejam prestativos, os comerciantes não conseguem proteger a princesa. Não são velozes o bastante para velejar mais rápido que o assaltante, nem corajosos o suficiente para lhe resistir, apesar de mais numerosos. Se a princesa estava esperando por heróis galantes para salvarem-na, novamente se desiludiu. Sua tarefa, como o conto logo deixa claro, é se salvar. O que pode ser uma lição difícil para as mulheres criadas ouvindo histórias românticas.

Quando o assassino está a bordo do navio dos comerciantes, a princesa se esconde num fardo de algodão; um esconderijo simbólico, uma vez que algodão é a matéria usada para fiar e tecer, tarefas tradicionalmente femininas. Como uma metáfora, a princesa recua ao recorrer aos estereótipos do feminino. É o que ocorre com muitas meninas, na adolescência. Durante a meninice, as garotas são atiradas, confiantes, assertivas, mas quando entram na adolescência são forçadas a se fazer de tolas e silenciar[9]. As moças são amordaçadas e imobilizadas em estereótipos femininos.

Em sua busca pela princesa, o assassino enfia sua espada em cada um dos fardos de algodão e a fere. Esse é um tema de muitos significados simbólicos[10]. O mais óbvio é a referência a um ataque sexual, e a princesa ferida dramatiza o sofrimento de todas as mulheres estupradas. Em termos mais gerais, ela simboliza todas as mulheres traumatizadas, desde a viúva hindu queimada viva junto com seu falecido marido, na pira funerária, até as mulheres americanas espancadas por seus maridos, e as moças africanas que passam pelo ritual aterrorizante da extirpação de seu clitóris. Essa história acrescenta um elemento a respeito da violência. Quando o assassino fere a princesa, ela não grita, e a espada volta limpa, pois o algodão absorveu o sangue. Está assim eliminada

---

9. Brown e Gilligan (1992); Eichorn *et al.* (1981); Belenky, Clinchy, Goldberger e Tarule (1986); Hancock (1989).

10. Por exemplo, "A mulherzinha sábia", da África (Radin, 1983), ou "Três olhos" de Chipre (Kawai, 1988).

qualquer evidência de ela ter sido ferida. Até mesmo em sua dor a princesa é silenciada, e outros contos sobre mulheres recorrem ao tema[11]. Tais narrativas são extremamente precisas, pois as meninas que sofrem abuso sexual em geral mantêm essa violência em segredo, assim como mulheres espancadas não costumam dar queixa da violência, aterrorizadas com a perspectiva de ser mais espancadas, desesperadas com a impossibilidade de encontrar qualquer forma de ajuda, ou se culpando por seu sofrimento.

É esse o desespero que invade a princesa, pois, assim que o assassino parte, ela pede aos comerciantes que a lancem ao mar. Aterrorizada pelo mau caráter, ela enxerga na morte sua única saída. A violência do assaltante impulsionou a capacidade de auto-ajuda da princesa a se tornar um estereótipo: a fêmea desamparada. Ela chega até a se tornar explicitamente suicida, e isso reflete um fato revelador: as mulheres ameaçam cometer suicídio muito mais que os homens. Inclusive muitas mulheres talentosas e bem-sucedidas, como Sylvia Plath, Virginia Woolf, Anne Sexton, se mataram, em parte movidas pela imensa lacuna entre sua capacidade e as oportunidades oferecidas pela sociedade.

Existe outro motivo pelo qual as mulheres tiram a própria vida. Como explicou uma mulher, falando por várias outras: "Antes morrer que ferir outra pessoa". Movidas por um profundo sentimento de proteção, um grande número de mulheres abomina agredir os outros mesmo que em legítima defesa, e muitas vezes elas se voltam, em vez disso, contra si mesmas. O que o conto de fadas enfatiza é que a tarefa da mulher é redirecionar sua raiva e sua frustração contra a verdadeira causa desses sentimentos: ela deve matar o assassino, simbolizando os costumes sociais opressores e os relacionamentos de abuso.

---

11. Por exemplo, "A menina que baniu sete jovens", do Marrocos, e "Um sapato de ouro perdido", da Arábia Saudita (Bushnaq, 1986), "Os sete cisnes" e "Mrizala e seu noivo morte", da Alemanha (Grimm & Grimm, 1944; Ranke, 1966), e "Caruncho" e "Silente por sete anos", da Itália (Calvino, 1980).

Recolhimento e santuário

Nessa altura, um velho marujo leva a desesperada princesa para sua casa e a entrega aos cuidados de sua esposa. O casal de velhos transforma-se em seus bons pais e, mais tarde, ela irá chamá-lo de pai. Contudo, aterrorizada pelo assassino, a princesa impõe-se a reclusão, pedindo ao velho e à esposa que não deixem ninguém vê-la. A situação é trágica: ela começou sua história aprisionada numa torre pelo pai; depois é acorrentada a uma árvore pelo assassino. Agora, finalmente livre, ela mesma se aprisiona. Em termos psicológicos, ela internalizou a opressão de seu pai e a crueldade do assassino. Na vida real, as mulheres negligenciadas pelos pais costumam escolher parceiros indiferentes, distantes e grosseiros, revivendo seu trauma original. De forma semelhante, as moças educadas em escolas que nada esperam delas crescem não esperando nada de si mesmas, e assim se impõem as mais baixas expectativas.

Enquanto permanece com o casal idoso, a princesa começa a bordar, uma atividade feminina tradicional, e isso pode ser interpretado como mais um estereótipo que lhe é impingido. Contudo, existem outros significados. Ela borda com a velha e, trabalhando com ela, vai ao encontro de um recurso poderoso: a solidariedade feminina. Ao trabalharem em conjunto, as mulheres expressam suas contrariedades a respeito de maridos e acontecimentos grupais, encontram simpatia e solidariedade junto de outras mulheres, e pedem ajuda das mais experientes, como o faziam as americanas colonizadoras que discutiam as questões da comunidade enquanto costuravam os *quilts* ou faziam conservas de alimentos; ou ainda as mulheres das tribos africanas que ajudam umas às outras no plantio de suas roças ou na coleta grupal de fundos para dar início a seus próprios negócios.

Costurar é, em si, um ato profundamente significativo. Por costume uma habilidade feminina, essa atividade é considerada secundária ou trivial na maioria das culturas em que predominam os homens. Contudo, costurar representou uma grande inovação tecnológica no alvorecer da civilização humana. Agulha e linha foram, presumivelmente, inventadas por mulheres, e esses novos objetos tornaram possíveis roupas mais bem ajustadas, as quais permitiram que a humanidade sobrevivesse à era glacial.

A velha às vezes saía para resolver coisas fora de casa, o que significa que a princesa precisava costurar sozinha em algumas ocasiões. Trabalhar reclusa oferece a ela o tempo de que precisa para pensar sobre sua vida. Antes, jogada de uma adversidade a outra, ela não tinha chance de atinar com o que lhe estava acontecendo, nem de ouvir sua voz interior. Na tranqüilidade da casa da mulher mais velha, a princesa pode começar agora a discernir melhor os fatos. Atualmente, as mulheres na maioria das vezes criam esse santuário na psicoterapia, ou escrevendo seu diário. O que o conto revela, todavia, é que esse local de cura e restabelecimento é só um estágio de uma jornada mais longa. A princesa, em breve, deve voltar ao mundo e lidar com seus problemas. Vale o mesmo para a psicoterapia e para qualquer outro modelo de trabalho consigo mesmo.

O jovem rei

A velha vende o bordado da princesa ao rei daquele país e com isso a leva até a atenção dele. Ao vincular os dois, a mulher mais velha desempenha o papel tradicional da casamenteira, da intermediária. Por sua interferência, ela também força a princesa a sair de sua confortável reclusão, instigando-a a retomar sua história de vida. Nesse sentido, a velha é guia e aguilhão, ou seja, o arquétipo da velha sábia. Figuras semelhantes aparecem nos sonhos das mulheres, oferecendo conselhos, encorajamento e às vezes coerção.

De sua parte, o jovem rei parece ser um homem decente, opondo-se à figura do pai mesquinho da princesa. Na vida real, esse papel pode ser desempenhado por um mentor masculino prestativo, ou um namorado atencioso, que apóia o desenvolvimento real da mulher. A mulher que conta com um homem assim em sua vida pode pensar que seus problemas terminaram, mas a história diz que não.

Quando o rei segue a velha até em casa, a princesa desmaia de terror, confundindo-o com o assassino. O jovem monarca pergunta do que ela sente tanto medo, porém ela nada diz. Seu silêncio é dolorosamente realista; é o silêncio das mulheres espancadas que temem a retaliação do amante violento, e o das mulheres acostumadas a ser dispensadas ou ignoradas. Felizmente, a princesa não está de todo paralisada e, depois de algum tempo, casa com o rei. Ela reúne coragem de fontes profundas e ocultas e começa a levar a vida adiante.

Contudo, ela concorda em casar com o rei com uma condição: ela insiste em que homem algum possa vê-la além do rei e do velho marinheiro, e após o casamento tranca-se no palácio. Ela havia começado sua história aprisionada num palácio pelo pai miserável, e agora ela mesma se faz de prisioneira, em outro palácio. É significativo que seja casada com dois homens, o assassino e o jovem rei. O terror em relação ao primeiro lança uma sombra sobre a rainha, revelando que relacionamentos abusivos do passado podem comprometer os novos vínculos sadios. Por exemplo, crescer em companhia de um pai destrutivo em geral traz dificuldades para a mulher quanto a relacionamentos íntimos com um homem. A história mostra como uma mulher pode exorcizar esse efeito negativo.

Os súditos daquele reino ressentem-se da reclusão de sua nova rainha, de modo que o rei quebra sua promessa e a obriga a aparecer em público. Ao ignorar o desejo de sua esposa, revela uma faceta do pai dela. Os dois monarcas ignoram seus temores e forçam-na a fazer o que eles querem. Embora o jovem rei seja mais decente e atencioso do que o pai da princesa, ainda é um rei, acostumado à autoridade patriarcal, e provavelmente nunca experienciou o terror e a vulnerabilidade que sua esposa conheceu a vida toda, não podendo, assim, entender sua tormenta.

Terror e doença

Quando a rainha aparece em público, reconhece o assassino de uma só mão e imediatamente desmaia. Sua situação inconsciente e desamparada dramatiza sua condição social, ignorada e descartada por todos. Episódios de desmaio estão, de forma estereotipada, associados com mulheres, em especial na literatura vitoriana, em que se descrevem suas vertigens assim que elas escutam algo de teor traumático ou sexual. Se isso realmente acontecia na vida real é outra história, embora muitas, forçadas a usar o apertado espartilho em moda na época, quase sufocassem. Existe, porém, uma lógica no desmaio. Como observa Irene Stiver, em culturas que ignoram seus sentimentos e suas necessidades, as mulheres devem expandir sua comunicação para ser notadas. Quando uma simples observação verbal costuma ser ignorada, desmaiar pode comunicar uma parte dos padecimentos de uma mulher.

Quando ela vê o assassino, a rainha fica doente, e seu terror adquire uma forma nova e mais virulenta. Simbolicamente, os traumas agora atacam seu corpo e sua saúde. Na realidade, as mulheres têm mais problemas de saúde do que os homens, e essas dificuldades costumavam ser ignoradas pelos médicos como fatos sem importância, ou como afecções psicossomáticas. O conto de fadas revela a verdadeira causa: uma sistemática opressão cultural, o medo de ataques violentos e a frustração de ser constantemente desvalorizada. É, de fato, um testemunho de sua resistência e força o fato de ela não ter desmaiado antes.

Novamente, o assassino adota o disfarce de um forasteiro encantador, e o novo marido da rainha sente prazer em sua companhia, recebendo-o no palácio. O monarca então cai na armadilha do assassino, da mesma forma que o pai da rainha anteriormente. O jovem rei é mais generoso e atencioso com a esposa do que o fora seu pai, mas ainda é descuidado ou cego.

"A bela adormecida" às avessas

Durante o banquete, o assassino coloca uma droga no vinho, e o rei e todos do palácio estão logo profundamente adormecidos. O sono drogado explicita o estado mental do rei. Ele não conseguia enxergar que estava sendo ludibriado pelo assassino e, portanto, está psicologicamente inconsciente. Aqui a história inverte a trama do conto "A bela adormecida", pois são os homens — e não as mulheres — que estão inconscientes, embalados até o sono pelas prerrogativas masculinas.

O assassino persegue a rainha até encontrá-la e ordena-lhe que traga água, sabão e uma toalha com a qual se lava após matá-la. Primeiro, ela corre até o rei em busca de ajuda, mas o encontra inconsciente; ela então volta para onde está o vilão. Aqui, lembra as incontáveis esposas vítimas de abuso: depois de em vão buscar ajuda e ser posteriormente espancadas pelos maridos por terem tentado escapar, é comum as mulheres caírem numa espécie de torpor aterrorizante. Essa condição é uma resposta humana básica, não exclusiva de um gênero ou outro, e conhecida como a síndrome do refém. Quando mulheres, ou homens, são levados como reféns pelos terroristas, ou na condição de prisioneiros de guerra, não é incomum que depois de algum tempo comecem a ajudar seus seqüestradores não tentando nem sequer fugir, mesmo quando surge uma oportunidade.

Ao ordenar à rainha que vá buscar-lhe água, sabão e uma toalha, o assassino humilha-a deliberadamente e refestela-se com seu poder sobre ela. Esse elemento sádico destaca-se nos estupradores, cuja conduta típica de ataque é motivada não tanto por razões sexuais, mas para se sentirem poderosos e dominadores. Felizmente, a rainha não é desprovida de astúcia. Depois de ter tentado duas vezes despertar o marido, ela por fim decide resolver de fato o problema com as próprias mãos. Em sua terceira tentativa, ela se apodera da pistola do marido, volta até o local do assassino e atira nele, quando ele tenta matá-la. Esse é o clímax da história e, como o ponto-chave de um sonho, tem significados profundos. *Grosso modo*, algumas mulheres são levadas ao desespero após longos anos de abuso nas mãos de um marido ou amante, e finalmente os matam. Claro que a maioria das mulheres não se compõe de assassinas, seja qual for sua idade. Porém, a imagem de matar o agressor malvado tem um apelo profundo para as mulheres que sofreram injustiças e abuso. Esse tema tornou-se mais em evidência na literatura e nos filmes do século XIX, como observaram Carol Pearson e Katherine Pope, Irene Neher e Jennifer Waelti-Walters.

Enfrentando os demônios

Se interpretarmos o assassino como símbolo do aspecto demoníaco da sociedade, que restringe, denigre e ataca as mulheres, parece urgente matar o vilão. A rainha mata as convenções sociais opressoras e abre caminho para uma nova sociedade. Na vida real, muitas mulheres atingem esse momento de libertação quando abraçam o feminismo. A partir de então libera sua raiva e sua frustração e, com o apoio de outras mulheres, rejeitam estereótipos femininos constritivos. Muitos homens e mulheres consideram assustadora a paixão por trás do empreendimento feminista, mas aqui essa história se mostra instrutiva. Se tivéssemos conhecimento apenas do final do conto, em que a rainha atira no assassino dando fim a ele, poderíamos chocar-nos com dada violência e nos perguntar afinal que espécie de pessoa ela é. Quando, porém, se nos apresenta a história inteira, o fim já não parece horrorizante. É simplesmente justiça poética.

O assassino representa também o lado sombrio do pai da rainha, o velho rei miserável. Ao atirar no assassino, ela está simbolicamente enfrentando a sombra de seu pai e destruindo o poder desta sobre si. Na vida real, a filha adulta pode precisar encarar o pai exigindo que ele explique suas atitudes em relação a ela. Como já mencionamos, o assassino também é uma figura do *animus*, que personifica a energia "masculina" da rainha, sua raiva e assertividade. Ao matá-lo, ela retoma suas energias agressivas. Esse tema reaparece num grande número de contos de fadas — as mulheres devem retomar sua assertividade e, em geral, começam a fazê-lo na meia-idade. Processo esse que transcorre em muitas culturas: as tribos brasileiras no Amazonas, as atabascas da América do Norte, as raças bemba e kaliai da África, assim como a Índia hindu e a China de Confúcio. As mulheres que não se reapossam das energias do *animus* na meia-idade com freqüência se tornam deprimidas e infelizes ao envelhecer[12].

---

12. Faço uma análise mais abrangente em *Once upon a midlife*.

Por mais surpreendente que possa parecer, "A rainha e o assassino" não é somente um conto de fadas, uma vez que seu tema emerge nos sonhos das mulheres. Por exemplo, tive uma cliente de pouco mais de 20 anos, a quem chamarei Júlia, que sonhou que era um policial no encalço de um perigoso assaltante. Ela finalmente o encurralou numa viela e, quando ele tentou atacá-la, ela atirou nele. Esse sonho foi um momento decisivo para Júlia, em que ela começou a expressar o que queria, na tentativa de realizar um sonho de infância, ou seja, tornar-se escritora. Assim como aconteceu com a rainha, depois de ter matado o assassino, o sonho de Júlia em que ela atirava no criminoso deu início a uma nova e mais gratificante fase de sua vida.

Ao atirar no assassino, a rainha oferece às mulheres uma lição importante. A individuação — o processo de tornar-se uma pessoa singular e de concretizar o próprio talento e potencial — envolve, às vezes, alguma necessidade de ruptura psicológica, que nos contos de fadas vem dramatizada como violência. Isso é especialmente verdadeiro nas culturas competitivas em que a independência tem mais valor que o relacionamento, e funciona muito mais à base do poder do que da negociação ou colaboração. As mulheres tendem a evitar ferir os outros, porque continuidade e relacionamento são para elas muito importantes[13]. Entretanto, "A rainha e o assassino" demonstra que às vezes um confronto veemente e uma conduta assertiva são necessários, mesmo que a outra pessoa vá se sentir ferida.

O inimigo interno e o desenvolvimento das mulheres

Um detalhe a respeito do assassino é sutil, porém significativo. Embora ele seja descrito como um vilão e se intitule assassino profissional, jamais o vemos realizando algo criminoso, exceto ao espionar a princesa e acorrentá-la a uma árvore. Claro que, no

---

13. Horner (1987); Gilligan (1982); Birkhauser-Oeri (1988).

final, ele ameaça matá-la. No entanto, ele lhe oferece três chances de escapar, quando a envia a fim de lhe trazer água, sabão e uma toalha. Sua atitude tem implicações ritualísticas.

Homens agourentos estão, de fato, presentes nas iniciações femininas de algumas culturas indígenas. Por exemplo, entre os nyoro de Uganda, somente um homem tem permissão de participar dos rituais de iniciação das mulheres, e seu papel é específico — ele finge que ataca a iniciada com uma lança. Ele é o "inimigo ritual". Ela não sabe que seus ataques fazem parte do ritual, de modo que fica aterrorizada e seu medo ajuda a dissipar suas noções infantis, preparando-a para um entendimento mais profundo dos mistérios femininos, ensinados pelas mulheres mais velhas. (O terror da iniciada é momentâneo, e as mulheres mais velhas rapidamente assumem a situação, despachando o agressor masculino.) O assassino no conto de fadas desempenha um papel que lembra o do inimigo ritual. Quando a princesa está trancada na torre, o criminoso a espiona até ela finalmente assumir uma atitude mais firme, passando uma corrente na janela e cortando-lhe a mão, o que obriga o rei a deixá-la sair da torre. Sendo assim, o assassino força a princesa a ingressar num mundo mais amplo, objetivo esse da maioria das iniciações. Mais tarde, o assassino persegue a princesa com uma determinação ferrenha, forçando-a a continuar seu desenvolvimento. Esse inimigo ritual, porém, deve ser cuidadosamente distinguido das figuras externas que em geral pretendem de fato causar danos à mulher. O inimigo ritual não é destrutivo, mas estimula o crescimento da mulher. Ele serve ao seu ser feminino mais profundo.

Reapossar-se da sombra e liberar a sociedade

Se, de alguma maneira, o assassino não é tão mau quanto parece, em termos psicológicos a rainha deve projetar nele sua sombra. Aqui, a história faz uma advertência. Pode ser tentador para as mulheres castigar os homens por serem violentos, agressivos e competitivos, deixando que elas reivindiquem os papéis de pacificadoras e mediadoras. Várias feministas têm alertado com eloqüência para essa tentação: Shahla Chehrazi, psicanalista; Madonna Kolbenschlag, crítica social; e Carol Pearson e Katherine Pope, duas literatas. A tarefa feminina, na maturidade, é enfrentar e reconhecer a sombra da sociedade — e a sua própria também. Como observa Clarissa Pinkola Estés, as mulheres devem enfrentar seu predador interno, aquilo que Linda Leonard chamou de "a louca interior". (Naturalmente os homens têm a mesma incumbência.)

No final, quando a rainha pega a pistola do marido e atira no assassino, o som desperta o palácio inteiro. Num aspecto simbólico, quando ela se impõe de fato, acorda a sociedade toda, até então entorpecida pela droga das convenções sociais. O mesmo tema aparece na literatura recente produzida por mulheres, como notaram Carol Pearson e Katherine Pope. O resultado do desenvolvimento da rainha — e do das mulheres em geral — é a transformação da sociedade. Esse motivo vem à tona também nos sonhos de mulheres, como é ilustrado pelo sonho de uma cliente de quase 40 anos, a quem chamarei Jan.

Jan sonhou que visitava um país do Terceiro Mundo, governado por um ditador malvado e assolado por uma guerra civil pontilhada por guerrilhas que se confrontavam para tentar derrubar o tirano. Jan era uma turista inocente e não tinha sido informada do conflito, mas, para sua surpresa, descobriu que tinha uma arma na sacola. Naquele momento apareceu o ditador do país, com sua guarda habitual, e Jan atirou nele e o matou, sabendo que não havia outra maneira de dar fim à guerra. Como a rainha deste conto de fadas, Jan impôs-se de fato e com isso emancipou todo um país.

capítulo 2

"A esposa guerreira":

A retomada do poder

(conto do Pueblo Tiwa)[1]

m uma tribo, havia muito tempo, viviam uma mulher e seu marido. O pai daquela mulher era o chefe, e seu marido era um guerreiro chamado Falcão Azul. Um dia, Falcão Azul partiu numa expedição de guerra com seu melhor amigo, Falcão Vermelho. Quando estavam a caminho, Falcão Vermelho disse: "Você está deixando sua mulher sozinha. Aposto como ela vai dormir com outro homem hoje à noite!".

Falcão Azul balançou a cabeça. "Minha esposa é fiel a mim e eu confio nela."

Falcão Vermelho, que não era casado, riu. "Aposto como posso voltar e dormir com sua mulher esta noite!"

Falcão Azul ficou indignado. "Você está enganado!"

Falcão Vermelho disse: "Aposto tudo o que eu tenho como consigo dormir com sua esposa hoje à noite". Relutando, Falcão Azul concordou com a aposta, e os dois empenharam seus cavalos, armas e roupas – todas as suas posses — nessa aposta.

Falcão Vermelho voltou à aldeia e rodeou a esposa de Falcão Azul o dia inteiro, sorrindo para ela, mas ela o ignorou. "Ela é fiel

---

1. Erdoes e Ortiz (1984).

a Falcão Azul", pensou Falcão Vermelho, desesperado porque iria perder a aposta. Por fim, buscou a ajuda de uma mulher mais velha, explicou-lhe a aposta com Falcão Azul e prometeu pagar-lhe generosamente por sua ajuda. "Você só precisa descobrir como é a esposa de Falcão Azul sem roupa", disse Falcão Vermelho. "Se eu ficar sabendo qual é a aparência dela assim, posso dizer a Falcão Azul que dormi com ela." A mulher concordou e foi até a tenda da esposa.

A velha aproximou-se mancando, com a expressão mais cansada e abatida que conseguiu forjar. A esposa de Falcão Azul ficou com pena dela. "Vovó, a senhora parece cansada, entre e descanse."

"Obrigada", respondeu a velha. "Estou longe de casa e não tenho onde passar a noite, hoje."

"Ora", prontificou-se a esposa, "a senhora pode ficar aqui". Quando veio a noite, a esposa ofereceu à velha peles macias e cobertores. A velha fingiu que dormia, mas ficou olhando com atenção quando a esposa se despiu para se deitar. A esposa escovou um longo tufo dourado de cabelos que crescia em seu abdome, trançou-o e depois enrolou-o em torno de sua cintura cinco vezes. A velha viu também que a esposa tinha uma marca de nascença nas costas.

Na manhã seguinte, a mulher agradeceu à esposa e depois correu até onde estava Falcão Vermelho, para lhe contar o que tinha visto. Este riu deliciado e cavalgou até o local onde se encontrava Falcão Azul. "Ganhei a aposta", exultava Falcão Vermelho. "Na noite passada, dormi com sua esposa!"

Falcão Azul recusou-se a acreditar, mas Falcão Vermelho descreveu a trança de cabelos dourados e a marca de nascença. Falcão Azul caiu em silêncio.

"Você deu sua palavra", Falcão Vermelho prosseguiu, "por isso entregue-me seu cavalo, seu pacote e todos os seus bens." Falcão Azul não disse nenhuma palavra, voltou com Falcão Vermelho para a aldeia e deu-lhe tudo o que possuía.

"O que você está fazendo?", perguntou a esposa de Falcão Azul. Este continuou em silêncio, saiu da tenda, e com peles de animais fez uma espécie de baú, onde colocou utensílios de cozinha, dinheiro e alimento. Depois, disse para a esposa que iria fazer uma viagem pelo rio e queria que ela viesse com ele. Ele lhe pediu que vestisse o que tinha de mais belo e depois entrasse no baú. Quando ela fez o que ele pedira, ele amarrou o grande pacote, encaminhou-se para o rio e jogou-o na água.

Depois, Falcão Azul voltou sozinho para a aldeia, e quando os vizinhos perguntaram onde estava sua esposa ele se recusou a responder. Após alguns dias, o chefe ficou preocupado com a filha e perguntou a Falcão Azul onde ela estava. Como ele continuasse calado, o chefe ordenou que um buraco fosse cavado até o fim do inferno, e jogou Falcão Azul nele.

Enquanto isso, a esposa flutuava rio abaixo dentro do seu baú. Um homem que estava pescando viu aquele grande embrulho, puxou-o para a margem, desamarrou e descobriu a esposa, que saiu dali. Ela lhe pediu que trocassem de roupa, com o que ele concordou; assim, ela ficou vestida como um homem e então se dirigiu para uma aldeia nas redondezas.

Uma expedição de guerra estava se preparando para partir, e a esposa uniu-se ao grupo. Quando partiram, os jovens guerreiros começaram a conversar entre si: "O desconhecido tem rosto de mulher!", murmurou um. "E mãos de mulher", acrescentou outro. Um terceiro disse: "Vou fazer amizade com ele e descobrir se é mulher".

Naquela noite, quando o grupo acampou, a esposa armou sua tenda longe dos outros. "Sou xamã", ela explicou "e preciso proteger meu poder para o nosso ataque." Ela mostrou aos homens a pena sagrada de águia branca que possuía e disse que sua cura vinha do Sol. Quando todos haviam se recolhido para dormir, um guerreiro veio até ela e pediu-lhe licença para dormir em sua tenda. Ela se recusou, mas ele era insistente, e assim se deitaram em lados opostos da tenda.

No meio da noite, o jovem estendeu o braço para tocar a esposa, entretanto ela estava de guarda. "O que está fazendo?", ela perguntou. O jovem esperou e tentou de novo, um pouco mais tarde, mas a esposa ainda não tinha dormido. "Não gosto que você me toque!", ela exclamou, e ele desistiu. Na noite seguinte, quando o grupo acampou de novo, outro jovem pediu para dormir na tenda da esposa e tentou tocá-la, mas ela ainda estava acordada e frustrou a tentativa do rapaz. Na última noite, a expedição aproximou-se do território inimigo, e eles instalaram as tendas.

A esposa então disse aos homens que permanecessem dentro delas, enquanto ela usava seu poder de cura.

Ela pegou seu pacote de feitiçaria e fez o feitiço, com o que matou instantaneamente todos os guerreiros inimigos. Deu um grito de guerra, acordando os jovens de sua tribo, e eles saíram atordoados de suas tendas, pensando que estavam sofrendo um ataque.

"Matei o inimigo!", a esposa declarou. "Vou sair agora para tomar seus escalpos e armas." Saltou no lombo do seu cavalo, foi até o acampamento do inimigo e voltou com seus troféus. Os homens ficaram estupefatos. "Bom", eles pensaram, "esse sem dúvida é um homem, para matar sozinho todos os inimigos." O grupo de guerreiros retornou à aldeia e os jovens cantaram em homenagem ao valor da esposa. O chefe da tribo quis oferecer-lhe uma festa de agradecimento, mas ela não aceitou.

"Estou voltando agora para a minha tribo e desejo chegar depressa", ela disse. O chefe ofereceu-lhe escolta, mas ela só pediu um cavalo e ele lhe deu o melhor que havia. A esposa começou a viagem de regresso e, a caminho de casa, ainda disfarçada de homem, encontrou-se com um grupo de sua própria tribo. "Quais são as novidades?", ela perguntou. Eles lhe contaram a história da aposta de Falcão Vermelho com Falcão Azul, e que Falcão Vermelho tinha visto os cabelos dourados e a marca de nascença na esposa de Falcão Azul. Acrescentaram que Falcão Azul tinha matado a esposa infiel e que o pai dela, o chefe, jogara o genro num buraco. Quando a esposa ouviu a história, entendeu tudo.

Ela voltou para a aldeia e mostrou a todos os escalpos e as armas que conquistara. Então despiu suas roupas de guerreiro e revelou-se como a esposa de Falcão Azul. "Falcão Azul trancou-me num baú e mandou-me embora, porque pensou que eu lhe havia sido infiel, mas ele foi enganado por Falcão Vermelho", a esposa declarou. Ela explicou que este e a velha tinham sido cúmplices na tramóia, e então ordenou que Falcão Azul fosse libertado, e assim o resgataram de dentro do poço, e ele estava pálido e magro. Quando viu a esposa, correram um para o outro e se abraçaram.

A esposa dirigiu-se aos membros de sua tribo dizendo: "Agora devemos punir Falcão Vermelho e a velha!". Pediu aos seus parentes que trouxessem esses dois à sua presença, e, para puni-los, os dois foram amarrados a cavalos selvagens que os arrastaram até a morte. Então a tribo toda promoveu uma festa para celebrar o retorno da esposa, homenageando-a por sua grande coragem. Daí em diante, viveu com seu marido, felizes pelo resto de seus dias.

Mulheres protagonistas

Este conto indígena americano é semelhante a outros espalhados pelo mundo[2]. A história começa focalizando Falcão Azul e Falcão Vermelho, e a ênfase nos dois é de certo modo paradoxal, uma vez que na realidade a trama centraliza-se na esposa — ela é a única pessoa que sofre uma mudança dramática. O que se evidencia é que as histórias sobre mulheres em geral começam focalizando os homens, para só depois introduzir a protagonista feminina. Essa incongruência é simbólica. Na maioria das culturas, espera-se das mulheres que centralizem sua vida nos homens e, desde a adolescência, as garotas são forçadas a isso. Contos como "A esposa guerreira" sugerem que a tarefa das mulheres adultas é cuidar de si mesmas.

O enredo tem início com uma aposta em que Falcão Vermelho diz que poderia dormir com a esposa de Falcão Azul. Ao selar a aposta, os dois tratam a esposa de Falcão Azul como objeto sexual, e isso reflete a desvalorização das mulheres em muitas culturas. A história acentua ainda mais esse aspecto ao não nomear a esposa em nenhum momento — só os homens têm nomes próprios. Mais tarde, quando Falcão Vermelho alega ter dormido com a esposa de Falcão Azul, este não pergunta a ela o que aconteceu. Ignora a versão que ela teria a dar para os fatos, como acontece com as mulheres em muitas sociedades.

---

2. Por exemplo, o conto alemão "O estalajadeiro de Moscou" (Ranke, 1966), a história chinesa "O amor de uma mulher" (Liyi, 1985), o conto italiano "A bela de sete vestidos" (Calvino, 1980) e o conto dos índios Pueblo "Pohana, a mulher guerreira" (Stone, 1979).

A mãe negativa

Quando Falcão Vermelho não consegue seduzir a esposa, recorre à ajuda de uma mulher mais velha, e esta faz para ele o papel de espiã. Essa velha negativa é uma figura comum nos contos juvenis, em que assume a forma da madrasta malvada — como em "Cinderela" — ou da bruxa perversa — como em "Joãozinho e Maria". Essas mulheres ruins são figuras negativas de mãe, que simbolizam nesta todos os elementos detestáveis, insuportáveis, destrutivos, que as filhas muitas vezes devem enfrentar. Neste conto, a velha também pode ser interpretada como o lado feminino de Falcão Vermelho, personificando sua capacidade distorcida de relacionar-se com as outras pessoas, algo que não é de todo surpreendente num jovem guerreiro, treinado para matar e não para amar. A velha também funciona como um personagem externo à trama central — a mulher intrometida que interfere nos assuntos das outras pessoas. Nesse papel, ela lembra as mulheres que podem ser prejudicadas ou oprimidas por outras mulheres e não só pelos homens, numa constatação ao mesmo tempo reveladora e dolorosa, como Luise Eichenbaum e Susie Orbach observam em *Between women*.

O conto da esposa possibilita uma explicação sobre o aspecto destrutivo da velha: Falcão Vermelho promete-lhe um pagamento generoso. A mulher pode ter agido por cobiça ou também ser desesperadamente pobre e carente de dinheiro. As mulheres velhas vivem quase sempre em condições bastante precárias, principalmente nas sociedades que não oferecem um lugar honrado para elas, valorizando, em vez disso, as mais jovens.

Sinais de grandeza

Quando a esposa se despe e prepara-se para deitar, a velha observa dois traços distintivos: uma marca de nascença nas costas e uma longa trança de cabelos dourados que lhe sai do abdome. Marcas de nascença são bastante comuns na vida real, e nos contos de fadas costumam aparecer como recurso para identificar um personagem. A trança dourada é incomum. Localizada no abdome, região do útero, pode apontar uma referência a um poder exclusivamente feminino: o de conceber. A região abdominal também remete ao cordão umbilical, o elo original de todos com sua mãe. A trança alude, nesse sentido, à linha materna — às tradições e à sabedoria transmitidas de mãe para filho, especialmente para a filha. A cultura dos índios *pueblo* Tiwa era matrilinear, traçando uma descendência pela linguagem da mãe, não do pai. Sendo assim, a referência na história à linha materna não é uma surpresa, mas surpreende que seja tão superficial. Uma das razões para tanto podem ser as dramáticas mudanças induzidas pelo contato das culturas americanas nativas com o branco ocidental[3]. Conforme os colonizadores brancos foram invadindo os territórios indígenas, forçando muitas tribos a adotar uma cultura guerreira, o *status* das mulheres despencou vertiginosamente. Guerreiros masculinos e seu equipamento bélico tornaram-se de suma importância, e, em algumas tribos, as mulheres em pouco tempo valiam menos que bons cavalos para a guerra.

Apesar de aludir à linha materna, a história não menciona crianças. Isso é típico dos contos sobre mulheres, ainda que espantoso, pois dar à luz implica uma tarefa árdua na vida das mulheres em todas as culturas. Uma das razões para a ausência de crianças nos contos é o fato de as mães pensarem muito nos filhos, o que acontece de forma natural. Em vez disso, as mães precisam ser encorajadas a pensar em seu próprio desenvolvimento, o que ocorre por intermédio dos contos de fadas sobre mulheres.

Existe outro significado simbólico por trás da trança dourada da esposa. No mundo americano nativo, o abdome é uma fonte de poder místico, e algumas tradições descrevem filamentos de energia emanando do abdome de uma pessoa. Em outras culturas, como a do Japão e da Índia, esse tema é recorrente. Isso sugere que a trança simboliza uma fonte numinosa de

---

3. Sanday (1981); Trocolli (1992); Gewertz (1988).

poder, e o dourado — cor incomum para os nativos americanos — acentua esse aspecto.

Morte e renascimento

Depois de Falcão Azul ter dado todos os seus bens a Falcão Vermelho, ele fabrica um baú de couro, pede à esposa que entre nele, a tranca lá dentro e joga o volume no rio. Falcão Azul não parece estar tentando matar a esposa, pois cria um *container* à prova d'água e coloca dentro dinheiro, comida e utensílios de cozinha, na intenção de que ela se sirva deles ao chegar a seu destino. Não obstante, estar enclausurada no baú é um símbolo significativo para a morte. Ela até usa suas melhores roupas, da mesma forma que o cadáver no caixão.

A morte simbólica da esposa é algo que muitas mulheres experienciam na meia-idade. As que adotam papéis tradicionais na juventude, como esposa e mãe, em geral descobrem na meia-idade que sua vida está entrando em colapso. Ela pode se surpreender com um romance paralelo do marido, ou sentir sua vida sem propósito depois que os filhos saem de casa. A menopausa também tem um sentido de morte: a de sua capacidade de gerar filhos. Ou ela pode ter investido grande parte de sua energia na carreira profissional, até dar de encontro com o infame telhado de vidro e, ao encontrá-lo, em geral sente a destruição de sua fé no sistema, dando cabo de seus próprios sonhos e esperanças. Essas experiências semelhantes à morte são dolorosas, como dramatizado nesta história da esposa: é fácil imaginar sua confusão, seu medo, sua raiva e a sensação de traição enquanto está dentro do baú, descendo o rio.

A esposa flutua até ser resgatada, uma alusão à história de Moisés, também abandonado às águas do rio, tendo entretanto sido resgatado posteriormente. Nos contos de fadas, é com freqüência um bebê do sexo masculino que é abandonado, tornando-se mais tarde um grande herói. A história da esposa inverte o gênero do protagonista, enfatizando que grandeza e liderança não são exclusividades masculinas.

Inversão de papel e vigilância

Quando a esposa é libertada pelo pescador, ela troca de roupas com ele e entra na aldeia disfarçada de homem. O tema da troca de roupas aparece nos contos sobre mulheres em todo o mundo[4], e seu motivo é profundamente simbólico. No sentido prático, levando-se em conta o risco de estupro ou de outros tipos de ataque, é perigoso para uma mulher viajar sozinha. Além disso, ao se disfarçar de homem, a esposa se liberta dos papéis femininos constritivos e adquire privilégios masculinos. Essa farsa não é mera fantasia; duas escritoras modernas, George Sand e Willa Cather, às vezes se fantasiavam de homem para poder usufruir de maior liberdade pessoal. Muitas artistas performáticas e cantoras de *rap*, atualmente, agem da mesma forma[5].

No nível psicológico, quando a esposa se veste como um homem, ela reivindica simbolicamente sua energia masculina, sua assertividade, sua força e capacidade de liderança. Isso é difícil para as mulheres que vivem em culturas competitivas, porque são punidas por serem assertivas, mas esta característica é necessária à sobrevivência. O profundo estresse vivenciado pelas mulheres evidencia-se na história, quando a esposa entra para a expedição de ataque e os jovens guerreiros tentam desmascarar seu disfarce, dormindo em sua tenda e tentando tocá-la. Ela logra os homens ficando acordada a noite toda; imagina-se o quanto está esgotada, depois de ter cavalgado o dia todo e vigiado a noite inteira. Sua situação dramatiza o estresse vivido por muitas mulheres que, além de abraçarem uma carreira num mundo competitivo, ainda criam seus filhos. Durante o dia devem ser incansavelmente ativas no trabalho, e à noite espera-se delas que sejam mães solícitas, exímias donas-de-casa e esposas sedutoras.

---

4. Por exemplo, "O estalajadeiro de Moscou", da Alemanha (Ranke, 1966), "O amor de uma mulher", da China (Liyi, 1985), "Fanta-Ghiro, a bela", da Itália (Calvino, 1980), e "O tocador de alaúde", da Rússia (Afanas'ev, 1973).
5. Lippard (1976); Keyes (1993).

A esposa identifica-se como xamã para os outros guerreiros, e lhes exibe a pena de águia branca, prova de seu poder. Penas de águia são difíceis de conseguir e altamente valorizadas entre os nativos americanos. Possuí-la equivale a ter uma trança dourada no abdome: ela leva as marcas de grande poder pessoal, ou mana. Para prová-lo, a esposa recorre à feitiçaria a fim de matar os guerreiros inimigos a distância.

As mulheres dotadas de poderes sobrenaturais são quase sempre condenadas como bruxas. Como se supõe que, "por natureza", elas sejam cordatas e solícitas, mulheres veementes, assertivas, ameaçam os papéis tradicionais de seu gênero e são consideradas "antinaturais". A história rejeita esse estereótipo ao elogiar a esposa, não a condenando. Traços "masculinos" como coragem e liderança são simplesmente atributos humanos. Mulheres guerreiras históricas, como Joana d'Arc, são exemplo disso. Quando a França foi invadida pela Inglaterra, o rei francês hesitou entre pleitear a paz ou atacar de volta, e os franceses perdiam batalhas consecutivas. Então Joana d'Arc apresentou-se, vestindo uma roupa de homem, com armadura, assim como a esposa no conto Tiwa, e levou as tropas francesas à vitória contra os ingleses. Hoje, reivindicar a própria assertividade não significa que as mulheres devam se tornar guerreiras. No contexto atual, denota que elas podem assumir a posição de liderança em postos no governo, nas instituições e diante da comunidade.

Depressão e agressão

Quando a esposa sai de dentro do baú, dá-se o seu renascimento simbólico, e ela se torna uma guerreira, matando outras pessoas. Por que aqui a libertação e o renascimento estão ligados a uma agressão letal?

Psicologicamente, a mulher muitas vezes tem de assumir atitudes arrojadas, as quais rompem com papéis sociais constritivos ou com relacionamentos restritivos, eliminando, no sentido simbólico, essas limitações. Daí então ela encontra uma nova vida, e isso é especialmente verdadeiro em culturas competitivas cujo foco de atenção se concentra no poder e em que o ganho de um significa a perda para outro. Esse é um tema dramático no mito milenar da descida de Inanna ao mundo inferior. Ela é morta ali, e a condição de sua ressurreição era encontrar uma recolocação: ela precisava matar alguém para poder nascer de novo.

A prisão da esposa dentro do baú de couro e a descida de Inanna ao mundo inferior constituem símbolos que caracterizam a depressão. Esses dois contos sugerem que a retomada da agressão, em muitos casos, pode curar essa depressão. O caso de "Esther" ilustra como isso ocorre na vida real. Esther foi criada com um pai alcoólatra que regularmente a espancava e a seus irmãos. Ela tinha poucas recordações da violência, embora fosse atormentada por uma depressão crônica e dores de cabeça. Hesitava em se impor, chegando inclusive a concordar com as sugestões do marido a respeito do que vestir diariamente. Certa vez Esther foi assaltada à mão armada, e esse violento episódio inundou-a com as lembranças da embriaguez e brutalidade de seu pai. Buscou ajuda na terapia e, durante um ano, lutamos juntos com suas traumáticas recordações, sua profunda depressão, seus pesadelos, pensamentos suicidas e suas dores de cabeça agonizantes. Mas ela lidou também com sua raiva, oriunda das injustiças que havia sofrido, e aprendeu a se impor, enfrentando o marido. Seus pesadelos foram gradualmente se modificando. Em vez de ser atacada e espancada pelo pai, ela passou a sonhar que atacava e matava outras pessoas. Conforme a terapia progredia, ela foi reapossando-se cada vez mais de sua agressividade e passou a se posicionar com mais firmeza perante o marido, a família e os amigos. Os pesadelos, as dores de cabeça e a depressão diminuíram, e ela enfrentou o pai, largou o emprego mal remunerado de secretária e voltou à escola para poder obter um diploma. No mesmo simbolismo, Esther tornara-se uma esposa guerreira, tendo se libertado da depressão e renascido para levar uma vida nova e autêntica.

No conto, a esposa guerreira não encontra dificuldades para reivindicar suas energias agressivas. Ela simplesmente usa roupas de homem e parte para a guerra. Por certo, há duas razões para isso, e a primeira diz respeito a seu pai. Quando Falcão Azul voltou do rio sem a esposa, o pai da moça exigiu saber onde ela estava. Falcão Azul recusou-se a responder, e o chefe então mandou que o jogassem num buraco. Claramente, o chefe importava-se com a filha, observou que ela estava sumida e tentou fazer algo a esse respeito. Outras histórias confirmam que um pai dedicado e atento ajuda em muito a mulher no exercício de sua força. Em segundo lugar, a história é do povo Tiwa, em que as mulheres tradicionalmente exercem papéis importantes, confirmando-se assim o apoio à esposa por sua assertividade e liderança.

Retorno e reconciliação

Depois da vitória, a esposa é homenageada pela tribo a qual ajudou, contudo insiste em regressar para seu povo. Ela não se rejubila da recém-conquistada glória e do poder, da forma como o fazem os jovens heróis. Em outros contos sobre mulheres há a reincidência do tema: quando elas adotam modos de guerreiro, é para sobreviver ou defender seu povo, não para conseguir poder e glória.

Quando a esposa retorna à tribo, revela-se como a mulher de Falcão Azul e conta a todos suas vitórias na guerra, mostrando os escalpos dos guerreiros inimigos que ela derrotara. Esse episódio é importante porque muitas mulheres subestimam suas conquistas, e até mesmo mulheres altamente bem-sucedidas minimizam seu êxito. Em suas autobiografias, Golda Meir e Eleanor Roosevelt, por exemplo, atribuem seus feitos à sorte mais do que a esforços concentrados de trabalho, coragem e capacidade de usar a própria criatividade. Esse padrão é ainda mais forte entre amigas mulheres, que em geral não falam de seu sucesso temendo o constrangimento das amigas. A esposa guerreira abandona essa modéstia artificial. Exige reconhecimento para suas realizações e a sociedade lhe concede.

A esposa denuncia Falcão Vermelho e a velha, e pede que Falcão Azul seja libertado. Os membros da tribo obedecem, deixando claro que a esposa se tornou uma pessoa com certa autoridade diante de sua tribo. Tendo reivindicado sua assertividade, a esposa assume agora uma posição de liderança entre os seus. Não retorna ao papel tradicional de esposa, mas tem voz ativa nas decisões da vida tribal. Seu desenvolvimento individual a conduz a um papel comunitário, público.

Ao resgatar Falcão Azul do buraco, a esposa introduz um tema recorrente nos contos que abordam a meia-idade, no mundo todo: a esposa corajosa deve salvar um marido impotente, invertendo o drama habitual dos contos juvenis, em que a princesa desamparada é salva pelo herói. Essa inversão enfatiza as tarefas complementares que homens e mulheres enfrentam na metade da vida, nas culturas heróicas: as mulheres devem reivindicar sua energia corajosa, assertiva, ao passo que os homens têm de reconciliar-se com sua vulnerabilidade, dependência e importância dos relacionamentos. Somente quando homens e mulheres realizarem esse trabalho interior será possível um relacionamento autêntico e profundo.

Justiça

Depois que Falcão Azul é libertado, a esposa ordena que Falcão Vermelho e a velha sejam arrastados por cavalos selvagens até morrer. A situação histórica explica a severidade dessa sentença. (A presença de cavalos e a ausência de armas, na história, ajudam a situá-la no tempo.) Nas culturas americanas nativas não eram incomuns as execuções, assim como não o eram entre os colonizadores americanos em Massachusetts que, por volta dessa época, estavam queimando em fogueiras mulheres acusadas de feitiçaria.

A velha e Falcão Vermelho podem ser considerados figuras interiores, psicológicas. Na qualidade de símbolo da mãe negativa, a morte da mulher mais velha representa a resolução final das questões maternas com as quais a mulher deve ter lutado muitos anos. De sua parte, como personagem interno, Falcão Vermelho poderia representar uma parte da psique da esposa. Ele é uma figura do *animus* negativa, que personifica uma forma imatura da assertividade centrada na agressão direta, no auto-engrandecimento, na força bruta e nas brigas. A esposa adota essa postura simplista de guerreira na primeira vez em que sai a galope e mata "o inimigo", sem se perguntar por que ele merece morrer. Quando ela volta para o seu próprio povo, porém, está madura, com mais capacidade de reflexão. Embora exija a morte da velha e de Falcão Vermelho, ela não o faz com suas mãos. Pede à tribo que aja, e isso transforma a questão de vingança pessoal em justiça comunitária. O que é ainda mais significativo, ela perdoa o marido e ordena que seja solto. Ela pode equilibrar justiça e amor, agressão e perdão.

A execução de Falcão Vermelho e da velha pode ser interpretada também como o fim de uma antiga ordem tribal. Falcão Vermelho personifica a mentalidade guerreira por trás de muitas culturas patriarcais, ao passo que a velha incorpora a desvalorização das mulheres. Ambos devem ser destruídos para a promoção de uma nova sociedade, em que relacionamentos autênticos entre homens e mulheres tornam-se possíveis.

O conto não explicita por que a esposa perdoa Falcão Azul. Talvez ela se dera conta de que ele havia sido enganado. Como se vê em outros contos sobre mulheres, é o homem quem está inconsciente e adormecido, e a mulher é quem deve despertá-lo e dizer-lhe o que está acontecendo. Além disso, sua reconciliação não é um simples final feliz de contos de fadas românticos. Antes de mais nada, a esposa é quem salvou o marido, sendo seu novo relacionamento por certo mais igualitário! Ela agora também é um líder inconteste diante de sua comunidade. Assim, sua reconciliação com Falcão Azul representa um relacionamento mútuo mais profundo entre homem e mulher, entre masculino e feminino, diferentemente do que ocorre nos romances tradicionais.

Celebrando a amazona

Para resumir "A esposa guerreira", recorro a uma série notável de pinturas feitas por Anna Fengel[6]. Intitulada *Amazons with their serpents and dragons* [Amazonas com suas serpentes

---

6. Gottner-Abendroth (1991).

e dragões], sua seqüência de imagens recapitula os principais temas deste conto de fadas.

As cinco pinturas visionárias de Fengel, realizadas entre 1976 e 1982, começam com "Lancelot", a qual retrata um rapaz que parece delicado demais para ser um guerreiro. O segundo trabalho, "The prince of hell" [O príncipe do inferno], mostra um homem lutando como um demônio enfurecido. Ele tem serpentes e dragões saindo de sua cabeça e lutando entre si. Essas duas primeiras pinturas são um paralelo à cena de abertura de "A esposa guerreira", ao focalizar os dois homens daquela forma como o faz a maioria das sociedades, colocando os homens adiante das mulheres. Além disso, Lancelot é delicado e suave, e parece etéreo demais para ser um verdadeiro guerreiro. É como Falcão Azul, dócil demais para rejeitar a aposta de Falcão Vermelho e sua declaração de que dormira com a esposa de Falcão Azul. O segundo macho de Fengel, em "The prince of hell", enfatiza o lado escuro do guerreiro, e Falcão Vermelho desempenha esse papel na história, sendo impetuoso, arrogante, competitivo, destrutivo, considerando as mulheres meros objetos.

A terceira pintura de Fengel apresenta uma mulher melancólica, parecida com uma índia americana. Cercada pelo nevoeiro, deprimida e recuada, a mulher lembra a esposa guerreira, quando presa dentro do baú e jogada à deriva no rio. A pintura e a história dramatizam um processo de morte e renascimento que muitas mulheres experienciam, descendo até o mundo sombrio do luto e dele retornando energizadas e fortalecidas. Fengel retrata o renascimento em sua quarta pintura, "She wants to become a knight" [Ela quer se tornar um cavaleiro], em que pinta uma moça resoluta e pronta. Dragões estão à sua volta, mas não de modo ameaçador: são seus ajudantes. O dragão maior é azul e paira sobre a cabeça da mulher, enquanto uma luz desce em torno dela. Os dragões simbolizam graficamente a assertividade da mulher, atributo que ela retomou. Com isso, o tema depressivo desaparece.

Dragões são seres mágicos, e o fato de auxiliarem e protegerem a mulher em "She wants to become a knight" sugere que ela tem apoio sobrenatural. Este aspecto alude à pena de águia branca que a esposa guerreira possui e lhe confere grandes poderes mágicos, permitindo-lhe matar o inimigo a distância. Tanto a pintura como o conto rompem aqui com as convenções, recusando-se a condenar uma mulher poderosa como bruxa.

A última pintura de Fengel exibe uma mulher madura com serpentes e dragões à guisa de cabelos. Essa figura feminina irradia luz, e um dragão cósmico arqueia-se sobre ela. Psicologicamente, ela integrou por completo a energia de sua "amazona", e seu halo dramatiza sua auto-realização. Isso equivale à esposa guerreira que exige reconhecimento por seus feitos.

Nas pinturas de Fengel falta o último estágio — o retorno da mulher à sociedade, a reconciliação com os homens e sua investidura num papel de liderança. Essa é a importância do conto "A esposa guerreira" e de outros, sobre as mulheres, ao revelarem a história completa, enfatizando que o desenvolvimento das mulheres não resulta apenas em mudanças pessoais e psicológicas, mas também na transformação da sociedade — ou seja, em nada menos que despertar o mundo.

capítulo 3

"Maria Morevna":

Os limites do poder

(*Rússia*)[1]

van era um príncipe, que vivia com suas três irmãs, as princesas Olga, Maria e Anna. Antes de morrer, seus pais lhe pediram que providenciasse para que suas três irmãs se casassem logo. Ivan prometeu que o faria. Um dia, enquanto Ivan e as irmãs caminhavam pelo jardim, formou-se uma tempestade, um relâmpago atingiu o castelo e um falcão entrou voando. A ave revelou-se um lindo cavaleiro que pediu a mão da princesa Olga em casamento. Ivan respondeu: "Se for do agrado de minha irmã, que assim se faça". Ela concordou, casou-se com o cavaleiro e foi viver com ele no seu castelo.

Um ano depois, enquanto Ivan caminhava pelo jardim com Maria e Anna, uma nova tempestade se formou, outro relâmpago atingiu o castelo e, dessa vez, uma águia entrou voando; uma vez lá dentro, transformou-se num galante cavaleiro que pediu a mão da princesa Maria. "Se for do agrado de minha irmã, que assim se faça", Ivan respondeu. Maria concordou, casou com o cavaleiro e mudou-se para o distante castelo em que ele morava.

---

1. Afanas'ev (1973); Phelps (1981).

Um ano depois, Ivan caminhava pelo jardim com sua irmã mais jovem, Anna, quando uma tempestade soprou contra o castelo, relâmpagos atingiram seus muros e um corvo entrou voando. O pássaro transformou-se num audacioso cavaleiro que propôs casamento a Anna. "Se for do agrado de minha irmã, que assim se faça", Ivan respondeu. Ela concordou, os dois se casaram, e Anna partiu com o marido.

Um ano se passou, e Ivan cansou-se de morar sozinho, decidiu então visitar as irmãs. Depois de muito andar, chegou num campo recoberto de corpos de soldados mortos. Uma batalha terrível terminara recentemente.

"Quem obteve tão grande vitória?", Ivan perguntou a um soldado.

"Foi nossa czarina, a bela Maria Morevna", respondeu o recruta.

Ivan caminhou até onde estava armada a tenda da rainha. Ela estava sentada do lado de fora, em companhia de seus generais, e Ivan curvou-se diante dela. "Saudações, majestade", disse o príncipe.

"Deus esteja contigo", respondeu Maria Morevna. "Quem é você e para onde se dirige?", ela perguntou. "Está viajando por sua livre vontade ou por necessidade?"

"Sou o príncipe Ivan", ele disse, "e viajo porque quero."

Os dois conversaram por mais algum tempo, e a czarina gostou de Ivan. Logo estavam apaixonados e se casaram. Ivan foi viver com Maria Morevna no grande castelo do qual ela era proprietária, e os dois eram muito felizes. Um dia, a rainha foi convocada para a guerra. Reuniu suas tropas e entregou aos cuidados de Ivan o reino e o castelo. Antes de partir, ela lhe disse: "Vá onde quiser no castelo, mas nunca abra este armário". Ela lhe mostrou uma porta trancada com muitos cadeados e depois partiu com seu exército.

Ivan era curioso e pensou: "O que será que há nesse armário?". A rainha mal partira e ele já estava abrindo a porta proibida. Ficou horrorizado ao encontrar ali dentro um velho, atado à parede por doze correntes.

"Quem é você?", perguntou Ivan.

"Eu sou Koschey, o imortal", o velho respondeu debilmente. "Por favor, em nome de Deus, dê-me um pouco de água. Há dez anos que estou preso neste armário sem alimento nem água." Ivan sentiu pena do pobre coitado e buscou-lhe um barril de água. Koschey bebeu-o de um gole só. "Ainda estou com sede! Tenha piedade e traga-me mais!", implorou o velho. Ivan trouxe outro barril, e Koschey engoliu toda a água instantaneamente, e o príncipe deu-lhe então um terceiro.

"Ah, minhas forças voltaram", Koschey declarou após ter esvaziado o conteúdo do último. Arrebentou as correntes e deu uma risada sarcástica. "Graças a você, seu príncipe idiota", cacarejou o velho, "estou livre. E agora você nunca mais verá Maria Morevna de novo, porque eu irei capturá-la e trancá-la em meu castelo!" Depois disso, Koschey saiu voando magicamente pela janela.

Temendo pela esposa, Ivan partiu em sua busca, andando o mais depressa que podia. Acabou encontrando seu exército disperso e confuso, e os soldados explicaram que a rainha havia sido raptada por Koschey, o imortal.

"Devo encontrar Maria Morevna", ele disse, e "desfazer meu erro estúpido!" Então seguiu em frente até chegar a um castelo majestoso. Um falcão estava empoleirado no galho de um carvalho próximo e veio voando até o chão onde se transformou num belo cavaleiro.

"Salve, príncipe Ivan, meu cunhado!", disse o cavaleiro. Ao ouvir tais palavras, a princesa Olga veio correndo do castelo para cumprimentar Ivan, e este ficou com eles por três dias. Depois preparou-se para partir.

"Não posso ficar mais tempo", ele explicou. "Estou à procura de minha esposa, Maria Morevna, que foi raptada pelo malvado feiticeiro Koschey, o imortal."

"Essa é uma árdua tarefa", respondeu o cavaleiro. "Mas, se você tem de partir, deixe-nos sua colher de prata, assim sempre que olharmos para ela nós nos lembraremos de você." Ivan deu-lhes a colher e partiu. Andou por mais três dias, até chegar a um castelo ainda maior que o do falcão. Em um carvalho, uma águia poderosa estava empoleirada e, quando viu Ivan, voou até o chão e transformou-se num galante cavaleiro.

"Salve, príncipe Ivan, querido cunhado!", declarou a águia. Ao ouvir estas palavras, a princesa Maria saiu correndo do castelo e abraçou o irmão. Ivan ficou com eles três dias e depois aprontou-se para partir. "Não posso demorar-me mais", Ivan explicou. "Estou procurando minha esposa, Maria Morevna, que foi aprisionada pelo malvado Koschey."

"Isso será perigoso", advertiu o cavaleiro-águia. "Mas, se você tem de partir, deixe conosco seu garfo de prata, e assim toda vez que olharmos para ele nos lembraremos de você." Ivan deu-lhes o garfo, abraçou a irmã e o cunhado e seguiu em frente. Ele andou mais três dias, até que chegou a um castelo ainda maior que o da águia. Em um carvalho, encontrava-se um corvo empoleirado que, ao ver Ivan, veio voando até o chão onde se transformou num audaz cavaleiro.

"Salve, príncipe Ivan, querido cunhado!", declarou o cavaleiro. Ao ouvir o nome de Ivan, a princesa Anna veio correndo para fora e abraçou o irmão. "Fique conosco", ela pediu a Ivan. Ele ficou por três dias e depois decidiu partir. "Estou em busca de minha esposa, Maria Morevna, que foi capturada por Koschey, o feiticeiro", ele explicou.

"Que pena", o cavaleiro murmurou, "isso será difícil." Ele pensou por um momento e disse: "Deixe conosco sua caixa de rapé de prata, para lembrarmos de você sempre que olharmos para ela". Ivan deu-a a eles e partiu.

Ivan caminhou e caminhou, até alcançar um castelo escuro, sombrio e agourento. Uma mulher espiou pela janela, e não era outra senão Maria Morevna. Quando Ivan viu a esposa, invadiu o castelo, correu para junto dela, e num instante estavam abraçados.

"Que lástima, Ivan querido", Maria Morevna lamentou-se, "por que você me desobedeceu e olhou dentro do armário? Você nos desgraçou a ambos! Koschey, o imortal, recuperou seus poderes e aprisionou-me. Ele hoje está fora, caçando, senão certamente já o teria matado."

"Querida esposa", o príncipe Ivan exclamou, "perdoe-me por minha estupidez! Mas não percamos tempo com lamúrias agora. Devemos fugir deste local amaldiçoado." Maria Morevna e Ivan rapidamente reuniram algumas provisões e fugiram do castelo.

Longe dali, Koschey estava cavalgando quando seu cavalo tropeçou. "Por que tropeçou, minha fiel montaria?", perguntou o feiticeiro. "Algum contratempo está se formando?"

"Maria Morevna e o príncipe Ivan fugiram de seu castelo", respondeu o animal mágico.

"Você consegue apanhá-los?", Koschey indagou.

"Tão certo quanto o é o Sol nascer amanhã", replicou o animal, e saiu a galope. Em pouco tempo já havia alcançado os fugitivos. Koschey capturou a rainha e ameaçando Ivan disse: "Eu deveria matá-lo, mas como você me deu água eu o perdoarei desta vez. Mas estou avisando: se tentar salvar Maria Morevna de novo, sua vida está acabada!". Então Koschey partiu com a rainha.

Ivan ficou sentado a noite toda na floresta, chorando. No dia seguinte, voltou pelo caminho que levava até o castelo de Koschey, invadiu-o novamente e foi até Maria Morevna. "Você deve fugir", ela o aconselhou, "ou Koschey irá matá-lo!"

"Não me importo", declarou Ivan, "desde que estejamos juntos. Se é preciso que eu morra, pelo menos ficarei mais algumas horas com você." Maria Morevna e Ivan então correram, fugindo do castelo, mas longe dali, onde Koschey estava caçando, o seu cavalo tropeçou.

"Por que você tropeçou, fiel montaria?", perguntou o feiticeiro. "Há algum contratempo se avizinhando?"

"O príncipe Ivan voltou ao seu castelo", o animal respondeu. "Ele e Maria Morevna estão fugindo."

"Você consegue alcançá-los?", perguntou Koschey.

"Tão certo quanto o é o Sol se pôr amanhã", respondeu o animal, e saiu a galope. Num piscar de olhos, alcançou Maria Morevna e Ivan. Koschey capturou a rainha mais uma vez. "Eu o perdoarei desta segunda vez", o feiticeiro disse a Ivan, "em consideração ao segundo barril de água que você me deu. Mas tente salvar Maria Morevna uma terceira vez e eu o cortarei em pedacinhos." Koschey arrastou a rainha de volta ao seu castelo.

O príncipe Ivan chorou a noite toda e, na manhã seguinte, levantou-se para voltar ao castelo de Koschey. Quando invadiu a fortaleza, Maria Morevna veio correndo. "Você deve fugir, meu querido Ivan", aconselhou a rainha. "Certamente Koschey o matará desta vez."

"Não me incomodo", Ivan exclamou. "Eu a amo demais." Então, Maria Morevna e Ivan fugiram juntos do castelo.

Longe dali, o cavalo de Koschey tropeçou. "Por que você tropeçou?", o feiticeiro perguntou. "Algum contratempo está se avizinhando?"

"Maria Morevna e o príncipe Ivan escaparam pela terceira vez", respondeu o cavalo.

"Você consegue alcançá-los?", Koschey perguntou.

"Tão certamente quanto é certo que as trevas descem com a noite", respondeu o animal, e saiu a galope. Num momento, alcançaram Maria Morevna e Ivan. Koschey agarrou a rainha e então gritou: "Agora, seu tolo, prepare-se para morrer". Koschey levantou a espada, desferiu um golpe mortal contra o príncipe e depois retalhou o corpo de Ivan em pedacinhos. Jogou-os dentro de um barril, lacrou-o e lançou-o ao mar; depois disso, arrastou Maria Morevna de volta ao seu castelo.

Na casa das três irmãs, a colher, o garfo e a caixa de rapé de prata ficaram escuros. O falcão, a águia e o corvo observaram essa mudança e gritaram: "Que desgraça! Alguma coisa terrível aconteceu a Ivan!". Os três pássaros voaram juntos e adivinharam o terrível destino de Ivan. A águia voou até o oceano e resgatou o barril com os pedaços de seu corpo. O falcão voou em busca da água da vida, enquanto o corvo foi buscar a água da morte. Quando as três aves reuniram-se novamente, montaram o corpo de Ivan juntando-lhe os pedaços. O corvo banhou-o com a água da morte, para que todos os pedaços se unissem, e o falcão despejou a água da vida sobre o cadáver, e, um instante depois, Ivan estava abrindo os olhos.

"Ah, que sonho terrível eu tive", ele disse. "Sonhei que Koschey, o imortal, tinha me matado."

"Não foi sonho", responderam os três pássaros. "Ele o matou e cortou em pedacinhos, mas nós o trouxemos de volta à vida. Agora você deve repousar conosco e suas três irmãs."

"Não", Ivan declarou, "meu lugar é com minha esposa, Maria Morevna. Ela ainda continua como prisioneira do malvado Koschey e eu devo ir até onde ela está." O falcão, a águia e o corvo tentaram dissuadi-lo, mas Ivan não mudava de idéia. Voltou até o castelo de Koschey e encontrou Maria Morevna lá dentro.

"Você voltou do mundo dos mortos!", ela exclamou.

"Meus cunhados devolveram-me a vida", respondeu Ivan, explicando como o falcão, a águia e o corvo haviam-no ressuscitado. E acrescentou: "Agora eu vejo que não conseguimos escapar de Koschey porque seu cavalo mágico sempre nos alcança. Mas tenho um plano. Você deve perguntar a Koschey onde ele arrumou esse animal, para que eu possa obter um igual. Desse jeito, conseguiremos escapar sãos e salvos". Maria Morevna concordou, e Ivan saiu do castelo para se esconder nas imediações. Quando Koschey retornou de sua caçada, Maria Morevna conversou docemente com ele e lhe perguntou sobre suas aventuras e vitórias. Em pouco tempo, ele estava se vangloriando de seu cavalo mágico.

"Ninguém mais tem um cavalo como o meu", ele declarou "porque Baba Yaga, a grande bruxa, deu-o para mim. Ela vive depois de três vezes nove terras, no décimo terceiro reino, atravessando um rio de fogo. Ela tem uma égua que pode galopar em torno da terra em poucas horas, e todos os seus potros também são mágicos. Meu cavalo é um desses animais, e a bruxa deu-o para mim porque eu cuidei de suas éguas durante três dias."

"Mas como você chegou até Baba Yaga, tendo de atravessar o rio de fogo?", Maria Morevna quis saber.

"É simples", o feiticeiro explicou. "Tenho um lenço mágico e quando o aceno três vezes à direita ele constrói uma ponte alta o suficiente para atravessar aquelas chamas. Quando o aceno três vezes à esquerda, a ponte desaparece." Depois de mostrar o pano encantado a Maria Morevna, ele saiu do castelo.

A rainha roubou o lenço e, quando Ivan voltou ao castelo, deu-o para ele, contando-lhe tudo o que havia descoberto. Ivan pôs-se imediatamente a caminho, em busca de Baba Yaga. Caminhou e caminhou até ficar desesperado de fome. Então viu uma ave de além-mar, chocando os ovos em seu ninho. "Estou morrendo de fome", Ivan lhe disse. "Preciso comer um dos seus filhotes, senão vou morrer."

"Nobre príncipe", pediu a ave marinha, "poupe meus filhotes e um dia será recompensado."

Ivan suspirou e seguiu adiante. Andou e andou, até encontrar uma colméia na floresta. "Preciso chupar um pouco desse mel", Ivan disse às abelhas, "ou irei perecer." A abelha-rainha saiu voando de dentro da colméia e implorou: "Poupe o mel para minhas abelhas, príncipe Ivan, e um dia poderei ser-lhe útil".

Ivan teve compaixão e seguiu caminho. Andou e andou até encontrar uma leoa com seus filhotes, no meio da mata. Ivan puxou a espada. "Preciso comer um desses filhotes ou vou morrer de fome", ele disse.

"Poupe meus filhotes", suplicou a leoa, "e você não se arrependerá!" Ivan não conseguiu matar nenhum daqueles animais e prosseguiu.

Finalmente, chegou a um rio de fogo. Pegou o lenço mágico de Koschey e acenou-o três vezes à direita. Apareceu uma ponte alta, acima das chamas, e Ivan atravessou o rio a salvo. Depois, acenou o lenço três vezes à esquerda e a ponte desapareceu. Logo depois, Ivan chegou à casa de Baba Yaga e viu que era cercada por doze estacas de madeira. Em onze delas havia crânios humanos, porém uma estava vazia. Baba Yaga saiu da casa, e Ivan cumprimentou-a. "Bom dia, querida avó", ele disse.

"Bom dia, príncipe Ivan", respondeu Baba Yaga. "O que o traz aqui, tão longe de casa? Você veio por sua livre vontade ou por alguma razão deliberada?"

"Busco um cavalo mágico que você tem", Ivan respondeu. "E, para ganhar esse cavalo, estou disposto a trabalhar como seu tratador."

"Isso é mais fácil de falar do que de fazer", disse Baba Yaga. "Mas, se você quer mesmo tentar, só tem de cuidar de minhas éguas por três dias e não perder nenhuma delas. Se você conseguir, eu lhe darei um dos animais. Se fracassar, eu o mato e enfio sua cabeça no poste que está ali", e apontou para a estaca vazia. "Mas não o empunhe contra mim", ela concluiu.

Ivan consentiu com um movimento de cabeça, e Baba Yaga ofereceu-lhe uma lauta refeição. Depois, enviou-o com suas éguas para o pasto. Assim que os animais chegaram no campo, correram em todas as direções. Ivan tentou pegá-los, mas eram muitos e bastante rápidos. Esgotado, sentou-se numa rocha, chorando de desespero, e depois caiu no sono. Assim que o Sol começou a se pôr, o pássaro de além-mar veio voando até ele.

"Ivan, Ivan", chamou a ave, despertando o príncipe. "Volte imediatamente para Baba Yaga. Reuni muitas aves e nós levamos as éguas de volta para casa." Ivan correu de volta para a casa de Baba Yaga, onde pôde ouvi-la gritando com as éguas. "Eu lhes disse que não voltassem para casa hoje à noite!", ela berrava. "Não posso matar Ivan hoje!"

"Não conseguimos ficar longe!", os cavalos explicaram. "Apareceram pássaros de todo lado que ficaram bicando nossos olhos até voltarmos para cá."

Baba Yaga franziu a testa e pensou por um momento. "Bem, amanhã, não fiquem no pasto. Corram e se escondam na floresta. Ivan não conseguirá encontrá-las lá."

Na manhã do dia seguinte, quando Ivan levou as éguas para pastar no campo, elas dispararam para a floresta e desapareceram. Ivan tentou caçá-las, porém inutilmente. Sentou-se, chorou de exaustão e caiu no sono. Quando o Sol começou a descer, uma leoa apareceu de dentro da mata.

"Ivan, Ivan", chamava a leoa. "Volte rapidamente para Baba Yaga. Eu juntei os animais que estavam na floresta e os conduzi até em casa para você."

Ivan correu de volta e pôde ouvir Baba Yaga brigando com suas éguas. "Eu disse para vocês fugirem, e vocês acabaram voltando para casa!"

"Não tivemos coragem de ficar no mato", as éguas exclamaram. "Leões e animais selvagens nos atacaram e mal conseguimos escapar com vida!"

Baba Yaga franziu a testa. "Amanhã, corram para o mar e fiquem lá. Ivan não consegue pegá-las no mar! Então, conseguirei decepar-lhe a cabeça!"

Na manhã do dia seguinte, Ivan levou as éguas para o campo, entretanto elas imediatamente saíram em disparada para o oceano. Ele tentou recuperá-las, mas não conseguiu. Então, sentou-se na areia da praia, chorando de cansaço, e adormeceu. Quando o Sol começou a descer, a abelha-rainha voou até onde ele estava.

"Ivan, Ivan", ela chamou. "Volte para Baba Yaga depressa. As éguas já estão em casa." Em seguida, a abelha deu-lhe um conselho. "Quando chegar, não deixe que Baba Yaga o veja. Esconda-se no estábulo, atrás do cocho. Ali verá um potrinho doente, em cima de um monte de esterco. À meia-noite, pegue o potrinho e fuja com ele. Senão, Baba Yaga irá matá-lo!"

Ivan agradeceu à abelha-rainha e regressou à casa de Baba Yaga. Escondeu-se no estábulo e ouviu a mulher criticando as éguas. "Eu disse para vocês ficarem no mar até amanhã. O que estão fazendo aqui, de volta?"

"As abelhas voaram para cima de nós e nos picaram até que voltamos para cá", responderam as éguas. Baba Yaga rangeu os dentes de ódio. "Agora preciso encontrar alguma outra desculpa para matar o príncipe!"

Quando a bruxa saiu do estábulo, Ivan foi até o cocho e encontrou o potrinho doente ali, exatamente como a abelha havia descrito. Esperou até a meia-noite, depois montou no potrinho e partiu. Quando alcançou o rio de fogo, pegou o lenço encantado, acenou com ele três vezes à direita, criou a ponte mágica e atravessou-a a salvo. Depois, parou e acenou o lenço à esquerda apenas duas vezes. A ponte ficou, mas muito tênue. Ivan dirigiu-se para uma região de pastagem e deixou que o potrinho se alimentasse. Assim que o animal comeu alguns bocados do mato rasteiro, cresceu e se tornou um cavalo grande e imensamente forte.

Quando Baba Yaga acordou no dia seguinte, descobriu que faltava um potrinho e Ivan sumira. Num acesso de cólera, correu até o seu pilão mágico e subiu nele. Ele a suspendeu no ar e carregou-a rapidamente atrás de Ivan. Chegou ao rio de fogo, viu a ponte que Ivan havia deixado para trás e começou a atravessá-la. Mas a ponte caiu, jogando Baba Yaga no rio de fogo onde ela se afogou e queimou até morrer.

Longe dali, Ivan galopava na direção do castelo de Koschey. Quando Maria Morevna o viu, gritou: "Você voltou com um cavalo de Baba Yaga!".

"Sim, mas temos de sair do castelo de Koschey imediatamente!", Ivan retrucou.

"Koschey nos apanhará de novo", a rainha protestou, "e vai matá-lo."

"Não", disse Ivan. "Meu cavalo é mais poderoso que o dele. Estaremos a salvo." Maria Morevna montou na garupa e eles fugiram.

Longe dali, Koschey, o imortal, estava caçando quando seu cavalo tropeçou. "Por que você tropeçou, fiel montaria?", perguntou o feiticeiro. "Algum contratempo está se avizinhando?"

"Maria Morevna e o príncipe Ivan escaparam novamente", o cavalo respondeu.

"O príncipe voltou à vida?", Koschey perguntou. "Bom, será fácil alcançá-los, tal como das outras vezes", declarou o feiticeiro.

"Talvez isso não seja possível", replicou o cavalo. "Ivan está montado num animal de Baba Yaga, e esse é mais poderoso que eu."

"Silêncio!", ordenou o feiticeiro. "Não deixarei que Maria Morevna escape! Vá atrás de Ivan! Desta vez eu cuidarei para que esse príncipe miserável fique morto!"

Koschey e seu cavalo galoparam como o vento, e depois de muito tempo alcançaram Maria Morevna e Ivan. Koschey voltou-se para o príncipe e gritou: "Prepare-se para morrer!". O feiticeiro desmontou e desembainhou a espada.

Naquele momento, o cavalo de Ivan empinou e atingiu Koschey. O feiticeiro caiu no chão, inconsciente, e Ivan atacou o vilão com um porrete, matando-o. Depois, o príncipe queimou o corpo do bruxo, espalhando suas cinzas ao vento, para que não restasse o menor vestígio de sua maldade. Finalmente, Ivan montou de novo, enquanto Maria Morevna tomava o animal de Koschey. Cavalgaram lado a lado e dirigiram-se até a casa das irmãs de Ivan, as princesas Olga, Maria e Anna. Ivan e Maria Morevna agradeceram ao falcão, à águia e ao corvo por terem salvo Ivan, e em cada castelo festejaram e comemoraram por vários dias. Maria Morevna e Ivan regressaram ao seu próprio reino, e lá viveram felizes e em paz pelo resto de seus dias.

Mulheres de força

A história começa apresentando o príncipe Ivan e depois relata suas múltiplas aventuras. Nesse sentido, o conto parece abordar a sua figura e a psicologia masculina — exceto pelo importante detalhe do título: "Maria Morevna" e não "Príncipe Ivan". Além disso, diferentes versões da história nomeiam o príncipe de forma variada, como "Alexey", por exemplo; contudo, em todas as versões a rainha é chamada de "Maria Morevna". Ela é o elemento invariante, indicando que é o verdadeiro foco da narrativa. Vários detalhes da história confirmam seu papel central.

Em primeiro lugar, só Maria Morevna tem um nome completo. Todos os outros personagens têm apenas um prenome, como Ivan, Olga ou Koschey, ou nenhum nome, como o falcão, a águia e o corvo. Assim, de maneira simbólica, a história revela que só Maria Morevna é uma pessoa especial. Ela é o personagem principal. Em segundo, a história sempre se refere a Maria Morevna por seu nome completo, rejeitando a tradição patriarcal, em que é típico as mulheres serem citadas apenas por seus prenomes, como as crianças, enquanto os homens são tratados com mais formalidade. Em terceiro, Maria Morevna detém o mais alto título do conto, o de rainha ou czarina. Ivan é só um príncipe, mesmo após seu casamento com Maria Morevna. Por fim, em quase toda a história, aonde quer que Ivan se dirija, ele vai a pé, ao passo que Maria Morevna, sempre a cavalo. A história a coloca de fato acima dele.

Quando nos detemos nas aventuras de Ivan, embora a rainha seja a protagonista, "Maria Morevna" lembra "A esposa guerreira", que no início focaliza Falcão Azul e Falcão Vermelho, para em seguida mudar o foco em direção à verdadeira protagonista — a esposa. Os dois contos assemelham-se a um sonho: alguém pode sonhar com muitos personagens diferentes, e ele mesmo desempenhar apenas um papel secundário ou discreto. Mas, na realidade, o sonho fala de quem o sonha.

Maria Morevna é uma rainha guerreira poderosa, independente e vitoriosa. Diversamente da princesa em "A rainha e o assassino", Maria Morevna nunca abriu mão de sua coragem e força juvenis. Sua história é muito relevante para as mulheres de hoje, que se beneficiaram do movimento feminista e começaram a assumir posições influentes na sociedade. O drama de Maria Morevna revela as armadilhas que as mulheres enfrentam no caminho rumo à autoridade e à liderança.

A filha do papai

A história apresenta uma primeira insinuação do tema mulheres e poder com um detalhe sutil, porém significativo: o "Morevna" no nome "Maria Morevna" contém o sufixo — *evna*, que indica "filha de", referindo-se em geral ao pai. (*Czarevna*, por exemplo, significa "filha do czar".)[2]

Uma versão do conto observa explicitamente que ela herdou o trono do pai. Isso reflete um fato histórico da maioria das culturas: mulheres regentes, como Isabel de Castela e Elizabeth I da Inglaterra, com freqüência herdam essas posições de seus pais poderosos. (As mulheres muitas vezes tinham de lutar para manter seu poder por ser questionada sua capacidade de governança.)

Aqui existe também um significado psicológico: as mulheres que hoje demonstram alto nível de realização gozaram, na infância, de um estreito relacionamento com seus pais[3]. Geralmente chamadas de "filhas do papai", essas mulheres tiveram pais que as encorajaram em suas iniciativas no mundo, mostraram orgulho com suas conquistas e ofereceram-lhes um modelo de assertividade, confiança e independência. Se Maria Morevna, todavia, começa como a filha de seu pai, logo se transforma na mulher que na verdade é. Ser filha de seu pai é um estágio de seu desenvolvimento, não a dimensão final de sua personalidade, e reflete sua adaptação a uma espécie particular de sociedade — ou seja, a de natureza heróica, pautada pelo masculino.

Ivan

No conto, o príncipe Ivan é uma figura complexa e intrigante. Podemos interpretá-lo como um personagem interior, uma figura

---

2. Sou grato ao meu colega Vassily Barlak por seus comentários sobre os nomes russos desta história.
3. Young-Eisendrath e Wiedermann (1987); Kraisonswasdi (1989); Stiver (1991c); Astin e Leland (1991); Northcutt (1991); Leonard (1982); Helgesen (1990).

do *animus*, que personifica o lado masculino de Maria Morevna. No entanto, Ivan não corresponde aos estereótipos masculinos tradicionais. Ele é suave, atencioso e dócil. Por exemplo, quando o falcão, a águia e o corvo surgem para cortejar-lhe as irmãs, a única condição que Ivan impõe é que elas desejem se casar. Ele não exige dotes, nem tenta arranjar casamentos que possam ser-lhe politicamente proveitosos. Em vez disso, respeita o desejo de suas irmãs e honra-lhes a vontade. Dá mais valor ao relacionamento que ao poder, à emoção mais do que à riqueza. Acima de tudo, depois que ele e Maria Morevna se casam, Ivan vai viver com ela, o que não é comum, pois nas culturas patriarcais normalmente é a noiva que abandona a família e os amigos para ir viver com o marido. Por certo, Ivan é o regente de seu próprio país, tendo herdado o trono de seu pai. No entanto, ele deixa sua terra ancestral para ir para a de Maria Morevna. Novamente, escolhe o amor e não a autoridade. A ida de Ivan para a terra natal de Maria Morevna também lembra os costumes das antigas culturas matrilineares, matrifocais, nas quais o marido em geral deixava sua família e mudava-se para o clã de sua esposa.

Mais adiante na trama, Ivan volta sempre para a czarina, apesar das ameaças de Koschey de matá-lo — e até mesmo depois que o feiticeiro o faz! Ivan é dedicado a Maria Morevna e diz que não pode viver sem ela. Ele dramatiza o amor e o relacionamento. Aqui chegamos a um simbolismo ainda mais profundo em Ivan. A czarina é capaz de matar e está disposta a fazê-lo — a sua primeira aparição na história ocorre logo depois de uma batalha, quando está entre soldados mortos, e depois conduz seu exército novamente para a guerra. Ivan, por outro lado, evita matar — poupa os filhotes da ave, da leoa e o mel das abelhas. Psicologicamente, Ivan evidencia as qualidades que Maria Morevna negligenciou em si mesma. Mergulhada em seu papel de regente, ela teve de desenvolver sua agressividade, independência, astúcia e disponibilidade para lutar quando necessário. Ivan acena a Maria Morevna para a comunhão e a intimidade em vez de para a competição e o poder. Aqui o conto inverte claramente os papéis tradicionais de cada gênero ao dar exemplo de como são subversivos — e libertários — os contos sobre mulheres.

Ivan exemplifica o *animus* suave, que contrasta acentuadamente com o *"animus* agourento" presente em "A rainha e o assassino". Sua função, até como *animus* suave, é a mesma: levantar questões que a mulher ignora ou negligencia em sua vida. Para muitas mulheres que entraram pelo caminho do poder e das realizações na juventude, a tarefa da meia-idade é reconciliar-se com a família, os relacionamentos e a intimidade[4]. Nem sempre esse é um processo fácil, como o mostra "Maria Morevna".

Koschey, o imortal

Pouco tempo depois de casada com Ivan, Maria Morevna parte para a guerra e o deixa incumbido da casa. Mais uma vez, há uma inversão de papéis. Maria Morevna diz a Ivan para não espiar dentro de determinado armário, entretanto ele cumpre as expectativas dos contos de fadas, e logo a porta proibida está aberta. Essa é uma trama comum a mitos e lendas, mas em geral quem rompe o tabu é a mulher. Nesse sentido, Maria Morevna e Ivan invertem seus papéis.

No armário, Ivan encontra Koschey, o imortal, que quebra as algemas e rapta Maria Morevna. A princípio, Koschey força Maria Morevna a adotar o papel feminino estereotipado: esperar pelo herói masculino que venha salvá-la. Esse tema, familiar no folclore e na literatura[5], dramatiza o revide desfechado contra as mulheres quando elas rompem com os papéis convencionais. Quando se tornam mais firmes e assertivas, os homens à sua volta — maridos, pais e colegas de trabalho — na maioria das vezes se sentem ameaçados pela mudança e opõem-se a ela, consciente ou inconscientemente. Koschey destaca-se também num nível societário mais amplo: em muitas culturas, a caça às bruxas começa

---

4. Robbins (1990); Lowinsky (1992); Young-Eisendrath e Wiedermann (1987).

5. Por exemplo, *A megera domada* de Shakespeare. Essas são histórias de tipo 900 e 905 A* no Índice Aarne-Thompson de Motivos Folclóricos.

quando as mulheres passam a assumir papéis mais ativos, extrovertidos e não tradicionais[6].

Koschey representa ainda uma figura de sombra, incorporando o lado escuro da própria Maria Morevna como rainha. Quando Ivan a vê pela primeira vez, está aturdido com tantos soldados mortos no campo de batalha. Essa cena sombria sugere que a czarina, na qualidade de rainha guerreira, tem um lado cruel ou sedento de sangue em sua própria natureza. Seu nome, neste momento, é relevador. *Evna* em "Morevna" significa "filha de", como já mencionado, e *mor* relaciona-se ao termo russo para "morte". Assim, Maria Morevna pode significar Maria, filha da morte. Na realidade, os regentes muitas vezes têm de ser implacáveis. Koschey personifica a violência e a crueldade que em geral acompanham o poder. Ele representa o poder e a sombra de alguém que enverede pelo caminho da liderança e da autoridade.

A sombra do pai

Uma versão do conto de Maria Morevna esclarece que Koschey havia sido feito prisioneiro pelo pai. O nome Koschey reforça o tema paternal. Em russo, *koschey* significa "esquelético" ou "cadavérico" e, desse modo, também implica morte. Como *morevna* refere-se à "filha da morte", Koschey pode representar a sombra do pai de Maria Morevna. Aqui há uma alusão psicológica bastante sutil. As mulheres bem-sucedidas costumam admirar seus pais poderosos e moldar-se à imagem deles, deixando de reconhecer-lhes o lado escuro[7]. Joan é um exemplo desta dinâmica.

Joan era uma executiva bem-sucedida, formada por uma prestigiada Faculdade de Administração, que com mais de 30 anos já havia ascendido rapidamente na companhia em que trabalhava. Naquela época, porém, entrou em depressão, e um antigo proble-

---

6. Hoch-Smith (1978).
7. Northcutt (1991); Young-Eisendrath e Wiedermann (1987); Woolger e Woolger (1989); Surrey (1991a, b, c), Lowinsky (1992).

ma de compulsão alimentar reapareceu depois de um longo intervalo. Em terapia, logo ficaram claros os motivos de sua depressão e do distúrbio alimentar. Joan nutria ambições praticamente ilimitadas a respeito de sua vida, que na maior parte eram inconscientes. Diante de seu talento, seus sonhos seriam realistas a longo prazo, mas ela se sentia impaciente — até mesmo compelida — a ter um sucesso imediato. Constantemente se recriminava por não avançar rápido o suficiente, por não ser tão bem-sucedida quanto desejava. Conforme os inevitáveis obstáculos, atrasos e desapontamentos multiplicavam-se em sua carreira, ela se deprimia e entregava-se ao impulso de comer, como uma forma de se acalmar. Embora não tivesse um problema significativo de peso, ficava obcecada quando constatava dois quilos a mais na balança. A fonte da ambição compulsiva de Joan era seu pai, um empresário altamente bem-sucedido. De imigrante pobre ele fizera uma grande fortuna, mas também alimentava ambições ilimitadas e, por causa delas, sentia-se frustrado e deprimido, apesar de suas notáveis conquistas. Na época da aposentadoria, colocara todas as suas esperanças na filha. Essa expectativa inconsciente era o motor da compulsividade de Joan. Como uma metáfora, ela era cativa de Koschey na psique de seu pai.

O infortúnio de Joan introduz aqui um detalhe significativo na história: quando Ivan encontra o feiticeiro dentro do armário, na primeira vez que o vê, Koschey pede água e a bebe compulsivamente. Privado de alimento e bebida por muito tempo, Koschey dramatiza os instintos e as necessidades corporais ignorados ou suprimidos, e personifica um problema que assola mulheres profissionalmente realizadas. Um resultado freqüente é a bulimia, quadro no qual a mulher segue uma dieta severa, periodicamente se empanturrando para em seguida vomitar tudo. Nesse simbolismo, ela trancafia sua fome e seus instintos físicos num armário secreto, mas, como Koschey, aqueles por vezes irrompem com violência, apoderando-se dela.

Maria Morevna com certeza sabia do poder perigoso do feiticeiro. Apesar de acorrentado, ele se mostra uma fonte de ameaça permanente. Assim, em algum nível, ela deveria ser ansiosa e insegura. Isso é verdade para muitas mulheres bem-sucedidas. Apesar de suas conquistas sociais, sentem-se sob uma constante ameaça[8], da qual uma parte é o medo realista de um revide dos homens — e das mulheres — que se ressentem de mulheres bem-sucedidas. Outro receio, porém, implica sentirem uma fraude: "Se as pessoas realmente me conhecessem, não iriam gostar de mim", essa mulher pode dizer a si mesma, ou "Não mereço este sucesso — é só uma questão de sorte". Seu medo é que um Koschey possa escapulir, deixando-as expostas e arruinadas.

Reclusão

Depois de seqüestrada por Koschey, Maria Morevna é aprisionada, aparentemente sozinha, no castelo do bruxo. Sua inatividade forçada é compensatória. Até então, a rainha manteve-se sempre ativa, governando seu reino e participando de muitas guerras. Logo após se tornar prisioneira de Koschey, ela é forçada à introspecção e, dessa maneira, pode descobrir novos aspectos em si. (Aqui, Maria Morevna lembra a princesa em "A rainha e o assassino", que se escondeu na casa da velha esposa do marujo.) Na vida real, esse período de reclusão pode ser impingido à mulher por alguma doença ou pela depressão.

Em muitas culturas indígenas, a menstruação se oferece como oportunidade para tal: as mulheres retiram-se para uma cabana separada e ali ficam vários dias sozinhas, ou em companhia de outras mulheres, livres das suas responsabilidades sociais. Para mulheres acostumadas às atividades e ao comando das situações, esse retiro pode parecer uma prisão; no entanto, a reclusão oferece-lhes uma oportunidade para se renovarem e refletirem.

Na qualidade de personagem sombrio e demoníaco, Koschey é uma figura do mundo inferior. O fato de Maria Morevna tornar-se sua prisioneira equivale a uma viagem pelo mundo inferior, reino dos mortos e dos padecimentos. A descida da mulher ao inferno lembra a viagem de Inanna até o mundo inferior e simboliza uma experiência comum às mulheres que entram no caminho do poder

---

8. Woolger e Woolger (1989); Robbins (1990).

e das realizações. Em algum momento na meia-idade, essas mulheres altamente bem-sucedidas em geral entram em depressão. As que postergam casar e constituir uma família começam a desejar tais vivências e temem jamais conseguir ter marido e filhos. Muitas mulheres de sucesso também começam a lidar com certa vulnerabilidade reprimida há muito tempo — carências infantis ignoradas, como aponta de forma comovente Gloria Steinem em seu *Revolution from within* [A revolução que vem de dentro]. Em verdade, na história da czarina, só depois de ser aprisionada é que os símbolos da vitalidade feminina começam a surgir, afastando-a dos temas guerreiros e dos modelos masculinos de poder.

Vitalidade feminina

Quando Ivan é morto por Koschey, é ressuscitado pelas aves mágicas: o falcão, a águia e o corvo. Portanto, três pássaros machos, que o ajudam porque são casados com suas irmãs. Nesse sentido, a ajuda chega até o príncipe pelo feminino. Esse elo lembra as antigas sociedades matrilineares, que articulavam seu parentesco segundo a linha das irmãs e esposas, em vez da dos pais e maridos. De modo sutil, o conto introduz o poder doador de vida do feminino.

Símbolos femininos tornam-se mais proeminentes quando Ivan vai em busca de Baba Yaga. Ela é o equivalente da grande deusa, com poder sobre a vida e a morte. A caminho de encontrá-la, Ivan depara com três animais: uma ave marinha, uma abelha e uma leoa. As três são mães, o que enfatiza uma capacidade estritamente feminina: a de criar vida nova. Essas três criaturas vinculam-se em especial a antigas deusas. Esculturas de mulheres semelhantes a aves, por exemplo, aparecem nos primeiros assentamentos agrícolas na Europa, como observa Marija Gimbutas. Muitas dessas mulheres-aves sentam-se em tronos, sugerindo sua divindade. As abelhas também estão relacionadas com as deusas. A grega Deméter, por exemplo, era conhecida como Mãe Abelha, e a Pítia — a mulher que servia ao Oráculo de Delfos — era conhecida como a Abelha Délfica. Leoas, por sua vez, estão associadas a deusas ancestrais como a Sekhmet, no Egito, ou a Atargatis, na Mesopotâmia.

Quando Ivan ameaça comer os ovos da ave, o mel da abelha e os filhotes da leoa, os animais persuadem-no a não fazê-lo. Essas criaturas não se oferecem como substitutas para salvar seus filhos, mas protegem a eles e a si mesmas. Rejeitam o estereótipo tradicional da mãe que se sacrifica, que abre mão da própria vida pelos filhos. Aqui, o conto abre uma perspectiva importante. A tradição ocidental separa o poder do nutrir. Se as mulheres se tornam mães, espera-se que elas abram mão de sua ambições e cuidem de seus filhos. Se seguem suas carreiras e buscam o poder, elas não correspondem adequadamente ao papel de mãe e esposa, ou seja, o de provedoras. "Maria Morevna" recusa essa tradicional dicotomia com as mães animais, que são simultaneamente provedoras e poderosas. Embora as aves fêmeas passem boa parte de seu tempo chocando os ovos, ou alimentando os filhotes, mantêm o poder de voar, um símbolo potente de liberdade. A abelha-rainha dedica todo o seu tempo a pôr ovos, sendo mãe de toda a colméia. Entretanto, as abelhas também podem ferroar, símbolo de uma energia agressiva. Por sua vez, a leoa é famosa no folclore por sua ternura e capacidade de proteção de seus filhotes. Naturalmente, elas podem ser ferozes e matar presas de grande porte. Assim, esses três animais na história simbolizam o poder e a capacidade de cuidar, a assertividade e a ternura. Integrar os dois lados é a tarefa de Maria Morevna e das mulheres contemporâneas.

A ave marinha, a abelha-rainha e a leoa, ao lado do falcão, da águia e do corvo, os machos, completam-se como uma seqüência simbólica. O falcão e a águia são aves predadoras, geralmente associadas com guerreiros e reis; a águia é uma imagem tradicional do poder patriarcal. As duas primeiras aves simbolizam, portanto, o poder inicial de Maria Morevna: a energia masculina, bélica. Entra então em cena o corvo, não predador, e sim o que come carniça, ou seja, ligado à morte; ele pressagia a descida de Maria Morevna ao mundo inferior, ao ser aprisionada por Koschey. Durante sua descida, ela é forçada a desistir de todo seu poder masculino, emergindo então os símbolos da vitalidade feminina — a ave-mãe, a abelha-rainha e a leoa.

Pastorear cavalos

Quando Ivan encontra Baba Yaga, ele lhe pede um de seus animais mágicos, todas éguas, o que acentua o foco sobre o feminino. Em troca do cavalo mágico, Baba Yaga lhe diz para pastorear os animais por três dias. Se ele perder um deles que seja, ela adverte Ivan, ele perde a sua cabeça. Não é fácil lidar com ela! Ao mesmo tempo, ela alimenta Ivan. Ao ser simultaneamente perversa e nutridora, ela lembra as antigas grandes deusas que possuíam as chaves do nascimento e da morte. Aproximar-se de um arquétipo feminino numinoso como esse requer um grande cuidado e muita cautela, o que explica por que Ivan age como intermediário entre Maria Morevna e Baba Yaga. A czarina até então teve pouco contato com o feminino arquetípico. Sempre foi a filha de seu pai, brandindo seu poder de maneira tipicamente masculina, e para lidar com o feminino mais profundo ela precisa de ajuda. Por outro lado, uma mulher criada por figuras femininas positivas, envolvida pela linhagem maternal, talvez não precisasse de um intermediário.

A tarefa que Baba Yaga dá a Ivan é aparentemente simples: cuidar das éguas no pasto e trazê-las de volta todos os dias. O desafio é bastante simbólico. Os cavalos galopando em todas as direções alude às múltiplas exigências colocadas sobre as mulheres, consumindo-lhes toda sua atenção, em especial hoje em dia, quando a sociedade espera delas que se tornem esposas e mães ao mesmo tempo que devem ter sucesso em suas profissões. As mulheres são como malabaristas, tendo de lidar simultaneamente com muitos valores, desejos, obrigações e ambições rivais. (Ao contrário dos homens, que em geral concentram toda a sua energia numa só coisa, quase sempre sua carreira; é como se os homens colocassem o arreio no cavalo e forçassem o animal a se movimentar em determinada direção, ao passo que as mulheres pastoreiam os cavalos.)

Pastorear animais é um tema comum em contos de fadas sobre mulheres, mas não sobre homens, o que sugere que essa é uma atividade mais feminina do que masculina. Na realidade, as mulheres costumam se referir ao pastoreio quando descrevem o seu modo de pensar e agir[9]. Quando se criam filhos, pastorear é algo inevitável, daí a vigilância das mães para que as crianças não se desviem do caminho. Contudo, excesso de controle pode sufocar o crescimento infantil. As mães aprendem a equilibrar disciplina e espontaneidade. Nesse processo, aprendem a lidar com constantes fontes de distração — um aspecto inevitável do pastoreio. Em especial quando as crianças são pequenas, no momento exato em que a mãe se concentra numa atividade ocorre alguma interrupção, que requer sua imediata atenção em outra coisa. Pastorear cavalos não pode ser mais difícil!

Essa tarefa também é uma nova imagem da psique. O cavalo concretiza sentimentos, impulsos, imagens ou inspirações, que procedem do inconsciente. O desafio é manter alguma espécie de ordem entre todos esses conteúdos e levá-los de volta para casa — tornar os instintos e vislumbres úteis à vida consciente. Na psicologia tradicional, essas tarefas recaem sobre o ego e o superego, os quais impõem ordem pela repressão ou supressão de impulsos inaceitáveis. Ego e superego mantêm os cavalos contidos nos currais, cercados, ou de alguma forma arreados, e o objetivo implícito é domá-los, revelando a tradição patriarcal e heróica. Na atividade do pastoreio, os cavalos estão livres para andar, dentro de determinados limites. Essa abordagem reflete um tipo mais flexível, intuitivo, criativo e menos linear de pensamento, no qual prevalece uma maior abertura para o inconsciente, mais tolerância para com o irracional, confiança no que é espontâneo e disponibilidade para acompanhar o fluxo ao mesmo tempo que há o mover-se consistentemente na direção de um objetivo.

Além de fornecer outro modelo de psique, o pastoreio oferece um novo paradigma à administração e à liderança, como observam Mary Catherine Bateson, Sally Helgesen, Helen Astin e Carole Leland. Em vez de dominar ou coagir as pessoas, a imagem heróica do poder, pastorear, depende de cooperação, coesão grupal, persuasão, e a evolução gradual de muitos interesses rivais até que se constituam uma única meta. As habilidades mencionadas, ligadas ao pastoreio, são hoje essenciais para quem está no mercado de

---

9. Douglas (1990); Jordan (1991).

trabalho, em que executivos e gerentes convivem com funcionários instruídos e preparados capazes de fazer maiores exigências, e com indivíduos de origens socioculturais bastante diversificadas.

Fortalecimento

Ivan consegue pastorear os animais porque tem a ajuda de numerosas aves, abelhas e animais selvagens, os quais simbolizam com precisão as intuições, as inspirações e os palpites inesperados que, em geral, resolvem dificuldades pessoais. Quando alguém, por exemplo, tem um problema e vai dormir, depois de tê-lo tentado resolver o dia inteiro, é comum sua solução aparecer em forma de um sonho ou, simplesmente, quando ele despertar. É essencial a esse processo que tal pessoa esteja aberta ao inconsciente. Ivan poupou os ovos da ave marinha, o mel da abelha-rainha, os filhotes da leoa, e por isso estes animais ajudaram-no. Numa referência psicológica, ele respeitou o inconsciente e não tentou devorá-lo. Chegamos aqui a um ponto sutil, porém importante. Ao poupar os animais, Ivan nega sua fome, sublimando esse desejo. Isso lembra Koschey, trancafiado sem água nem alimento, representando a repressão dos instintos corporais. Em que Ivan é diferente? Ele se priva da satisfação de necessidades básicas em resposta a mensagens que brotam do inconsciente, da natureza. Koschey está detido pelas correntes, pelas convenções sociais. A auto-restrição de Ivan envolve equilibrar, de um lado, a fome, os instintos, e, de outro, as intuições originárias de suas profundezas.

Na terceira e última vez em que Ivan pastoreia os animais, a abelha-rainha lhe orienta para que roube o potrinho adoentado, em vez de um animal grande e sadio, e em seguida ele se transforma numa égua poderosa. Essa imagem introduz o conceito do fortalecimento, o espírito de promover o crescimento das outras pessoas. Apresenta-se como uma alternativa ao conceito convencional de poder, baseado na tentativa de controlar ou intimidar as pessoas — escolhendo um cavalo grande e forte e depois domando-o. Fortalecimento é, ao contrário, uma questão de treinar e instruir os outros; nessa metáfora, alimentar um potrinho é poder com o tempo atingir a realização de seu pleno potencial. A chave desse processo é desenvolver, não dominar. Evidentemente, criar filhos é a experiência paradigmática do processo do fortalecimento, mas esse conceito se aplica a todas as situações de liderança em geral, no trabalho e em atuações comunitárias.

O feminino cindido

Tanto a abelha-rainha como Baba Yaga estão vinculadas a figuras de grandes deusas da mitologia, mas a abelha é quem frustra os esforços de Baba Yaga para matar Ivan. Por isso, temos dois aspectos aparentemente conflitantes do feminino arquetípico. Essa cisão no feminino fica clara em muitas histórias juvenis, que envolvem a madrasta malvada e a generosa fada-madrinha, como em "Cinderela".

Nesses contos, a cisão dramatiza os lados bom e mau de uma mãe, que as crianças precisam aprender a integrar. O conto de Maria Morevna envolve um significado mais profundo. O conflito entre Baba Yaga e a abelha-rainha reflete uma cisão na psique feminina, evidenciada na maioria das culturas. A bruxa revela uma visão altamente negativa da grande deusa e da energia feminina — o preconceito misógino de que mulheres poderosas são bruxas malvadas. As mulheres que seguem o caminho da realização e da autoridade com freqüência internalizam essa mensagem, porque se identificam intensamente com os valores masculinos tradicionais. (Elizabeth da Inglaterra, por exemplo, acreditava que todas as mulheres eram ingênuas e tolas, exceto ela mesma, é claro, já que era a soberana.) Para contrabalançar esses estereótipos negativos, o inconsciente envia imagens positivas do feminino, em forma de sonhos, intuições, visões e contos de fadas. A abelha-rainha simboliza essas afirmações autênticas, espontâneas e instintivas do feminino, ainda não distorcidas pelas convenções humanas. A tarefa da mulher é procurar a abelha-rainha e ouvir sua mensagem.

Quando Baba Yaga persegue Ivan, ela viaja a bordo de seu pilão mágico. Esse é um tema tradicional nos contos de fadas russos, porém a imagem é subversiva. Normalmente, usa-se o pilão para triturar os grãos ou outros alimentos — um trabalho exaustivo destinado às mulheres, obrigadas a ficar em casa para fazê-lo. Baba Yaga usa o pilão a fim de viajar para onde quiser. Usa um símbolo da lida doméstica enfadonha e faz dele um emblema do seu poder e da sua liberdade, zombando assim das convenções sociais.

Ivan consegue matar Baba Yaga enfraquecendo a ponte sobre o fogo. Age assim em nome de Maria Morevna, o que ecoa o tema central de "A rainha e o assassino" — às vezes, a mulher tem de romper com os relacionamentos para se proteger e continuar a se desenvolver como ser individual. Baba Yaga também pode ser interpretada como a mãe negativa, assim como a desvalorização do feminino internalizada pela própria mulher, e esses dois aspectos devem ser eliminados.

Depois de matar Baba Yaga, Ivan retorna a Maria Morevna e os dois fogem na égua de Ivan. Quando Koschey finalmente consegue alcançá-los, é o animal de Ivan que derruba o malvado feiticeiro. Ivan só mata Koschey quando este está inconsciente no chão. A égua mágica derrota Koschey; com isso, novamente a energia feminina é crucial.

Ivan como o novo masculino

Até aqui, interpretei Ivan como uma figura do *animus*, ou seja, uma parte da psique de Maria Morevna, mas ele também pode ser interpretado como uma figura de homem. Aqui, a história apresenta às mulheres algumas informações de como lidar com os homens. Ivan começa como um homem atencioso, amoroso, leal, que supre as necessidades de Maria Morevna. É aquela espécie de homem que muitas mulheres tanto esperam encontrar nos maridos ou namorados, e que freqüentemente aparecem nos romances e contos femininos. Annis Pratt chama essas figuras masculinas de "amantes do mundo verde", porque em geral estão associados a florestas e matas, distantes dos heróis machões e dos patriarcas tirânicos.

"Homens como Ivan não existem!", podem exclamar as mulheres. A história de Maria Morevna é, afinal, um conto de fadas. Mas os contos de fadas não são apenas fantasias de desejo, são pensamentos utópicos e vislumbram o que a vida pode ser, não o que ela geralmente é. Homens como Ivan podem ser raros na sociedade ocidental competitiva, mas são mais comuns em outras culturas, como a da Tailândia, de Bali, ou do Taiti[10]. Podemos assim interpretar Ivan como o "novo masculino", o que o homem idealmente se torna quando recebe informações do feminino e age de maneira sintônica a ele. Hoje, esses podem ser os homens que o feminismo transformou, os quais cultivaram sua própria faceta feminina. Por mais atraentes que possam parecer, no entanto, "Maria Morevna" aponta neles várias questões.

Por exemplo, Ivan é de início ingênuo e indisciplinado. Depois de advertido a não abrir o armário proibido, ele impulsivamente o faz. A seguir, é levado pela compaixão a dar água a Koschey, sem nem sequer questionar a razão de Maria Morevna trancafiá-lo tão fortemente. Ivan é o que Robert Bly chama de *soft male* [o masculino suave]. Na vida real, as mulheres costumam descobrir que, na verdade, esses homens são adolescentes. São o que os junguianos chamam de *puer*, os eternos meninos, incapazes de se comprometer ou se envolver em vínculos emocionais profundos. Buscam uma figura materna capaz de cuidar deles, e sua docilidade muitas vezes mascara mais as carências do que uma verdadeira delicadeza. As mulheres então caem na armadilha de tomar conta deles. Elas precisam dos homens para se desenvolver em toda sua plenitude. Ivan faz exatamente isso, adquirindo maturidade e força ao se opor a Koschey e Baba Yaga. Torna-se uma figura heróica, entretanto não age como machão, ufanando-se diante de Maria Morevna ou tentando controlá-la. Quando Ivan a encontra presa no castelo de Koschey, por exemplo, ela o recrimina por ter aberto o armário secreto e soltado o feiticeiro. Ivan se desculpa e reconhece o erro, algo que o herói machão raramente faz. Porém

---

10. Kraisonswasdi (1989).

Ivan afirma que em vez de se deterem no passado devem tentar escapar de Koschey. Dessa maneira, demonstra uma ênfase masculina tradicional na solução de problemas e na ação. Ivan é o homem pós-heróico, que integra poder e delicadeza, heroísmo e relacionamento.

Aqui, a história da czarina revela uma importante introvisão. "Novos homens", como Ivan, não se encontram já prontos. Ao contrário, eles se desenvolvem por um longo período de tempo. As mulheres precisam da habilidade de escolha, ou seja, perceber o que tenha potencial de desenvolvimento, assim como a czarina Maria reconheceu o valor de Ivan ao casar-se com ele.

Ao descrever as aventuras de Ivan, "Maria Morevna" mostra percepções sutis e precisas do desenvolvimento dos homens, o que é verdadeiro a respeito dos contos femininos em geral. Estes, porém, não insinuam que as mulheres devam cuidar dos homens, sacrificando-se por esse objetivo. Pelo contrário, no conto de Maria Morevna, Ivan é quem deve cuidar dela e trabalhar para que ela se desenvolva. A história enfatiza também o crescimento dos dois: Ivan resgatando seu lado heróico e Maria retomando sua energia de nutriz. Somente, então os dois podem se relacionar num nível profundo, mútuo e autêntico.

Encontrando um novo equilíbrio

Para resumir a discussão de "Maria Morevna", apresento um sonho alusivo a esse conto de fadas. Nele, "Karen" andava por uma terra desconhecida. Chega num edifício de aço e vidro em que mulheres, usando uniformes militares, estão fazendo exercícios calistênicos de maneira dura e rígida. Karen sente-se repelida por elas e dá a volta no edifício sem ser notada. Continua seu caminho e chega numa grande piscina de água suja, estagnada. Percebe que tem de atravessá-la a nado, mas hesita, nauseada, antes de finalmente mergulhar. Depois, entra num chalé em que um fogo vivo ardia na lareira, perto de uma cama de armar, coberta por peles luxuriantes. Tudo naquela cabana é caloroso, aconchegante, delicioso. Aparece, então, uma mulher dizendo a Karen ser aquele um lugar para o amor. Ela deseja levar seu marido, David, àquela cabana para uma noite romântica, e então acorda.

Karen associou a viagem de seu sonho ao desenrolar de sua vida e à sua dedicação às realizações profissionais. Para ela, a aula de exercícios das mulheres militares simbolizava seu receio quanto ao que ela estava se tornando: uma mulher que deixara para trás toda delicadeza e capacidade de importar-se com os outros. O fato de as mulheres no sonho estarem em grupo, movimentando-se em massa, num exercício militar, sugeria que representavam uma energia coletiva, uma força de conformismo, em vez de individualidade. Elas correspondiam, no conto de fadas, a Maria Morevna como a rainha guerreira, exercendo um tipo de poder tradicionalmente masculino. Como a czarina, Karen também era uma filha do papai, sentindo mais afinidade com ele e com o masculino do que com a mãe e o feminino.

No sonho de Karen, as mulheres militares faziam os exercícios calistênicos de modo duro e rígido, que Karen associou ao tratamento que dava a seu próprio corpo. Seguia dietas rígidas, muitas vezes não realistas, até que sua fome explodisse em momentos de estresse, e ela começasse a devorar qualquer coisa. O menosprezo com que tratava seu corpo, o modo como o deixava à míngua, remete à imagem de Koschey, trancado no armário, privado de alimento e bebida.

Karen interpretou a piscina de água suja como sua sombra, e todas as coisas escuras nela, e à sua volta, que preferia não encarar. Entre elas os conflitos com sua mãe depressiva que, durante sua infância, lhe parecera por demais carente; o sentimento de pena por seu pai não entendê-la realmente e não conseguir falar de mais nada exceto seus negócios, apesar do apoio geral que lhe dava; e também a raiva e a vergonha pelas humilhações que sofrera na adolescência, na escola católica só para meninas. O mergulho de Karen na água podre equivale à prisão de Maria Morevna por Koschey. As duas mulheres são forçadas a encarar a sombra e a descer até o inferno.

No sonho de Karen, ela chega numa cabana aconchegante após atravessar a água. Para ela, essa cabana simbolizava o amor, o relacionamento, a sensualidade e o relaxamento — todos elementos negligenciados por ela, em favor da competitividade e do progresso em sua carreira. Nesse lugar mágico, Karen queria que seu marido estivesse com ela, e logo percebeu que ele personificava todas as qualidades da cabana: ele era emocionalmente expressivo, atencioso e cordato. David desempenhava o mesmo papel na vida de Karen que Ivan na de Maria Morevna.

O sonho de Karen pressagiava uma fase criativa em sua vida. Ela assumiu novas responsabilidades na universidade onde lecionava, contudo passou a lidar com as tarefas de maneira diferente. Em vez de tentar controlar todas as coisas, como costumava fazê-lo, começou a delegar trabalho, incentivando a discussão e a cooperação. O resultado foi um caos ainda maior do que o que estava acostumada, mas também mais iniciativas criativas. Seu modelo de liderança mudou, de controlar e competir para "pastorear" e fortalecer os outros. Nesse novo posicionamento, Karen sentia-se menos extenuada, e sua voracidade alimentar cessou. Também calou a voz de seu crítico interior que, até então, a havia aguilhoado em quase todas as áreas de sua vida, como uma bruxa má. A metáfora era: ela havia eliminado sua Baba Yaga interior. Em casa, Karen começou a explorar uma dimensão mais vulnerável e atenciosa de si, admitindo abertamente para o marido as suas carências, algo que evitara até então. Tornou-se mais firme e ao mesmo tempo cordata, e o relacionamento com o marido desabrochou e aprofundou-se. Como a czarina e Ivan, Karen e David chegaram a um relacionamento mais profundo e autêntico, baseado na integração de poder e amor, de conquistas e intimidade.

Essa integração é a mensagem final de "Maria Morevna" — um desafio e uma promessa. A história convoca mulheres e homens a ultrapassar os papéis tradicionais que lhes são atribuídos, encontrando um novo e mais profundo equilíbrio entre o feminino e o masculino, entre o amor e o poder. O conto acena também como orientação ao se percorrer um caminho e traz tranqüilização, pois outros foram bem-sucedidos nessa viagem, deixando suas histórias como balizas para os que tomarem o mesmo rumo.

PARTE II

Sabedoria

capítulo 4

"Os três ovinhos":

O poder da intuição

(conto swazi da África)[1]

á muito tempo, uma mulher vivia com seu marido e os dois filhos. O marido era cruel e forçava a esposa a trabalhar desde o alvorecer até o cair da noite, espancando-a sem motivos e queimando-a com gravetos em brasa. Finalmente, a mulher não suportou mais. Quando seu marido foi para um festival, ela muniu-se de coragem, juntou os filhos e fugiu para as montanhas. Havia várias aldeias além das colinas, onde esperava encontrar trabalho com que sustentar a si e aos filhos.

A mulher andou muito com a garotinha ainda bebê às costas e o filho pequeno ao lado. Acompanhou o riacho que, na estação da seca, mal chegava a um fio de água escorrendo no fundo do leito. Quando parou para descansar, observou um ninho de pássaros numa árvore sem folhas. Pegou o ninho, pensando que poderia servir de brinquedo para seus filhos e encontrou dentro dele três ovinhos, embora estivessem no inverno. "Cuidado para não quebrarem os ovos", ela disse aos filhos, quando lhes deu o ninho para brincar.

---

1. Berger (1969).

A mãe prosseguiu viagem até cair a noite. Olhou à sua volta, não achou nada que servisse de abrigo, e ficou com medo. "O que vou fazer?", perguntava a si mesma, pensando nos animais selvagens que saíam à noite para caçar e em como proteger seus filhos. Uma vozinha respondeu: "Vá pelo caminho da direita". A mulher espantou-se, pois a voz vinha de um dos ovos no ninho. E à sua direita havia um caminho quase escondido entre as moitas.

A mulher seguiu a trilha e chegou a uma ampla cabana. Ninguém respondeu quando ela chamou. Entrou e encontrou a casa cheia de vasilhas com leite fresco e dezenas de frutos maduros. A mulher alimentou seus filhos, depois comeu fartamente e, a seguir, todos adormeceram, esgotados pelo esforço do dia.

Pela manhã, a mulher levantou-se, acordou os filhos, e retomaram a caminhada pelas montanhas. Quando chegaram a um cruzamento na estrada, a mulher parou, indecisa quanto ao caminho a seguir.

"Escolha o da esquerda", disse uma voz, e foi o segundo ovo que falou. A mulher seguiu o conselho e chegou a uma cabana gigantesca. Lá dentro, viu um ogro tão imenso que seu ronco fazia a terra tremer. Aquela criatura era coberta de pêlos vermelhos, tinha dois chifres enormes e uma cauda muito comprida. Por toda parte havia tigelas com sangue. Ela não ousou se mover, com medo que a besta acordasse e a devorasse juntamente com os filhos.

Naquele momento, ela ouviu o terceiro ovo que dizia: "Pegue a pedra branca e redonda, perto da porta, suba no telhado e jogue-a no monstro!".

"A pedra é muito pesada!", ela protestou docemente. "Como posso levantá-la?"

"Faça como estou dizendo", o ovo insistiu.

A mulher levou os filhos para o telhado, a fim de mantê-los a salvo, depois pegou a pedra perto da porta e, para sua surpresa, ergueu-a com facilidade. Subiu até o telhado, espiou pela chaminé e preparou-se para jogar a pedra no monstro. Subitamente, outro ogro entrou na cabana, arrastando os corpos de várias pessoas.

A mulher abafou um grito e deixou a pedra de lado. "Não posso matar os dois de uma vez! Um certamente vai nos pegar e nos comer! O que devo fazer?"

Os três ovos sussurraram-lhe imediatamente: "Espere até que durmam e então fuja". A mulher, portanto, ficou quieta e embalou os filhos para mantê-los calmos. O segundo ogro aspirou algumas vezes, deu de ombros, cozinhou as pessoas mortas e comeu-as. Finalmente, pegou no sono.

Quando o ronco dos dois monstros sacudiu a cabana, a mulher desceu rastejando do telhado, com os filhos, e fugiu. Correu até não conseguir mais ver a cabana dos ogros, e então continuou atravessando as montanhas. O caminho enveredou por um trecho de mata fechada, e a mulher mal conseguia enxergar adiante. De repente, após uma curva, ela chegou a uma clareira, embaixo de uma enorme árvore sempre-viva. A mãe se deteve horrorizada. Embaixo da árvore estava um monstro enorme, ainda maior que os dois ogros. A criatura tinha cabelo grosso, emaranhado, focinho de chacal, chifres enormes e um longo rabo.

"Uma ogra!", sussurrou a mulher, aterrorizada. Não havia como seguir em frente, exceto passando pela monstra, e a mulher não ousava voltar, com medo dos dois ogros na cabana. "O que devo fazer?"

Os ovos responderam em uníssono: "Pegue o machado que está perto da ogra, suba na árvore e deixe-o cair na cabeça dela!".

A mulher pensou por um momento, colocou os filhos no alto de uma árvore para mantê-los a salvo e depois pegou o enorme machado. Tremendo de medo, ela subiu num galho que ficava acima da ogra e deixou o machado cair. Ele atingiu a cabeça da monstra, mas ela só resmungou, um pouco zonza.

"Rápido", os ovos disseram. "Desça daí e use o machado para matá-la antes que acorde!"

A mulher saltou da árvore e tornou a pegar o machado. A ogra começou a abrir os olhos, e a pobre mãe tremia de cima a baixo. Correu na direção da monstra e golpeou-a com o machado. A ogra guinchou, rolou de lado e morreu.

No momento seguinte, o corpo da monstra abriu-se no meio e de lá saíram centenas de mulheres, homens e crianças, com seus bois, porcos e bodes. As pessoas reuniram-se em volta da mulher e agradeceram-lhe.

"Você nos libertou da ogra", disseram. "Ela nos engoliu inteiros e há anos estamos vivendo na barriga dela." Em sinal de gratidão, pediram à mulher que se tornasse sua rainha.

Ela objetou. "Não fui eu quem os salvou, mas estes três ovos!", disse e apontou para o ninho da ave. Naquele momento, a terra tremeu, os ovos desapareceram, e, em seu lugar, surgiram três belos príncipes.

O mais velho dos três homens ajoelhou-se diante da mulher. "Por causa de sua coragem", ele disse, "você libertou a mim e aos meus irmãos de um feitiço maligno". Então, pediu a mão da mulher em casamento. "Você está livre para agir como desejar", explicou o príncipe, "porque seu marido, em sua antiga aldeia, está morto". A mulher pensou por um momento e consentiu. Assim, perante todo o povo reunido, a corajosa mulher desposou o príncipe. Tornou-se a rainha da nova terra, e ele, seu consorte. E, desde esse dia, a nova rainha, seu marido e os filhos viveram felizes e em paz.

Opressão e autolibertação

A protagonista desta marcante narrativa africana é uma mulher que sofre abusos de um marido cruel, o tema da opressão das mulheres. A mãe reúne toda a sua coragem para se esquivar do abuso, e, para tanto, um fator significativo é sem dúvida a presença dos dois filhos. Na vida real, muitas mulheres abusadas, espancadas para acreditarem não ter nenhum valor e sentir absoluto terror de agressões futuras, deixam seus maridos violentos somente quando os filhos são ameaçados.

Ao abandonar o marido cruel, a mulher faz o melhor para si e para seus filhos, retirando-se da situação de perigo e oferecendo-lhes um modelo de coragem, ao mesmo tempo que, para si, encontra uma nova vida. Ao se proteger, também está ajudando as crianças, pois integra assertividade e capacidade de cuidar. Essa é uma tarefa particularmente relevante hoje, pois as mulheres combinam a carreira e a família. "Os três ovinhos" dramatizam a qualidade estressante da situação: a mãe deve se preocupar com seus dois filhos enquanto viaja por território desconhecido, e sua viagem é uma metáfora sutil para as mulheres que abrem seu caminho no mundo do trabalho, equilibrando como malabaristas a carreira e a família, as realizações profissionais e a intimidade. Como sugere o conto swazi, há muitos monstros soltos à espreita, mas a chave do sucesso da mulher está em ela ouvir seu verdadeiro ser, a sabedoria de sua alma.

O ninho da ave

Enquanto está andando, a mãe encontra um ninho de ave com três ovos. Os ovos são um símbolo feminino arquetípico e aparecem com destaque nos contos sobre mulheres e nos rituais de muitas sociedades femininas secretas, como as Lisimbu, na África, ou as antigas Mordvins, na Rússia[2]. Aqui a presença dos ovos é incomum, visto que a narrativa observa ser inverno, período em que as aves não costumam pôr ovos. A estação invernal é um paralelo à difícil situação da mulher. Ela deixou o seu mundo antigo e conhecido, no qual morria psicologicamente, como acontecia à esposa guerreira no Capítulo 2, encerrada no baú e lançada ao rio. Não obstante, em meio a essa desoladora situação, emerge uma nova vida, simbolizada pelos ovos.

A mulher pega o ninho a fim de usá-lo como brinquedo para acalmar e confortar seus filhos. Cansados e assustados, por certo exigiram-lhe atenção, repouso e alimento. Embora a mulher devesse concentrar-se em suas atitudes — escapar de um marido capaz de seguir seu rastro —, ela não negligencia as necessidades de seus filhos, equilibrando agir e sentir, movimentar-se e experienciar as emoções. Representa assim um novo modelo de liderança, que contrasta com o paradigma patriarcal e sua evitação dos sentimentos. Essa mãe integra eficiência e empatia, capacidade de decisão e ternura, o que se verifica atualmente na maioria das mulheres profissionais bem-sucedidas[3].

---

2. Eliade (1975).
3. Helgesen (1990); Stiver (1991); Northcutt (1991).

A voz interior

Quando cai a noite, a mãe receia os ataques dos animais selvagens. (Lembre-se, a história é ambientada na África, habitat de leões e hienas, não só de lobos, como nas histórias européias.) Nesse momento sombrio, um dos ovos fala com ela. Estes podem ser interpretados como a fonte feminina da sabedoria, como o *self* feminino mais profundo. Nos contos de fada sobre meninas, essa voz interior geralmente vem associada à mãe — por exemplo, quando uma boneca dada pela mãe aconselha a filha numa situação de crise. A mulher aqui não tem mãe para lhe auxiliar, nem qualquer ligação com a linha materna, e é provável haver duas razões para isso. Primeiro, ela saiu de sua família para ir viver com o marido, o que interrompe seu contato com a mãe. Segundo, a mulher é adulta, e sua tarefa é encontrar sua própria voz e sabedoria interiores. Diferentemente das meninas nos contos de fadas juvenis, não basta recorrer à mãe, em busca de respostas. Elas têm de encontrar seu próprio caminho.

Um fator importante é que a mulher presta atenção aos conselhos dos ovos. Ela não os ignora quando falam, tampouco acha que está ficando maluca. Dá ouvidos a eles, por mais estranho e irracional que isso possa parecer, invertendo o condicionamento social imposto à maioria das mulheres. Como demonstraram Lyn Mikel Brown, Carol Gilligan, Mary Belensky e outras, as meninas começam ignorando sua voz interior, na adolescência, sucumbindo a incessantes pressões sociais para que ouçam mais do que falem, e acabam por concordar em lugar de argumentar. Após anos de autocensura, quando a verdadeira essência da mulher se pronuncia, ela em geral aparece como uma vozinha facilmente desconsiderada, ou ignorada. E o que esse *self* feminino diz pode parecer estranho ou absurdo a princípio, porque contraria as convenções sociais.

Na história, os ovos falam à atribulada mãe, e falar e ouvir a própria voz são metáforas significativas para as mulheres. Elas lutam para encontrar sua voz, dizer suas verdades, ser ouvidas. (Por outro lado, os homens se concentram mais na visão do que na voz, partindo, por exemplo, em buscas visionárias. Muitas mulheres observam também que os homens em geral não ouvem!)

A mãe encontra os ovos no mato, próximo a um fio d'água, cenário típico de contos femininos. As mulheres encontram ajuda no terreno selvagem, no inconsciente, não na civilização e nas convenções sociais. A ajuda também está associada à água, indicando a dimensão fluida e geradora de vida dos sentimentos e da intuição. Ressalta-se na história que aquele fluxo de água mal passa de um fio, pois a estação é de seca. A metáfora é: a sabedoria e a vitalidade femininas quase foram destruídas, mas mesmo um exíguo fio de água é suficiente.

O santuário

Após seguir o conselho do primeiro ovo, a mulher encontra um abrigo repleto de alimentos, sem ninguém por perto; ela e os filhos comem até se fartar e passam a noite ali. Nota-se que o dono da cabana não retorna, e ninguém a desafia. Na vida real, naturalmente, nenhum proprietário de uma cabana na mata a deixaria repleta de provisões e desprotegida, pois os animais a encontrariam e devorariam o que encontrassem pela frente! Essa cabana, portanto, é um lugar mágico, e seu surgimento pode parecer uma mera realização de desejos. Esse é um tema recorrente nas histórias sobre mulheres e, na psicologia, é de grande relevância. A maioria das mulheres encontra na natureza um santuário e uma renovação, percorrendo caminhos solitários ou cuidando de um jardim. Distantes de outras pessoas, e livres das exigências sociais, as mulheres podem ouvir o conselho de sua verdadeira natureza. (Ao contrário, os protagonistas masculinos lutam contra e sofrem em razão desse isolamento, pois estão privados de suas prerrogativas masculinas.)

De manhã, a mulher e seus filhos deixam o refúgio e continuam em sua jornada. Ela não se sente tentada a permanecer na cabana mágica, por mais confortável que lhe pareça. Em vez disso, ela vai ao encontro do desconhecido e enfrenta perigos. Uma de suas razões talvez seja o receio de o marido a seguir, mas ela insiste em sua caminhada porque algo profundo em si mesma reconhece a necessidade de prosseguir.

Os dois ogros

Quando a mãe chega à encruzilhada do caminho, o segundo ovo a conduz até uma cabana gigantesca, onde um monstro está deitado, dormindo. O ogro é macho e canibal — sua companheira surge mais tarde — e no jantar se alimenta de várias pessoas. Ele tem cabelos vermelhos e está rodeado por vasilhas de sangue, por certo humano. A sua cor e o sangue reforçam a agressividade e a violência do monstro. Ele é outro exemplo de *animus* execrável. Tal como o marido violento da protagonista, o ogro é um símbolo das pressões sociais e dos homens violentos nas sociedades competitivas, os quais com freqüência atacam as mulheres.

O terceiro ovo mágico lhe sugere que mate o ogro jogando-lhe uma pedra em cima. O mais fácil seria fugir, evitando-o completamente. No entanto, a voz interior da mulher impele-a ao confronto. Na vida real, isso reflete uma importante etapa da jornada feminina, em que ela reconhece a opressão sofrida, se enraivece e empunha suas armas contra a situação. Uma vez que os homens posicionam-se em geral como as autoridades estabelecidas, eles se tornam o alvo da indignação feminina — são ogros[4].

A mulher hesita em pegar a pedra, argumentando que é pesada demais. O ovo insiste, ela tenta erguê-la e descobre que pode fazê-lo com facilidade. Ela supusera que não daria conta da tarefa, entretanto conclui que é muito mais forte do que imaginara. Esse é o ponto-chave de seu confronto com o ogro: ela começa a conhecer melhor sua força e seus recursos.

Lançar a pedra sobre o ogro é uma estratégia indireta, porém sábia. A mãe não tem estrutura física comparável ao ogro e deve estar atenta a seus filhos; por isso, usa de astúcia, introduzindo um tema fundamental nos contos sobre mulheres — a sabedoria feminina —, que outras histórias desenvolverão de forma mais abrangente. Ao deixar a pedra cair sobre o monstro, também aqui se recorre à força da natureza — a gravidade — em vez de usar a

---

4. Belenky, Clinchy, Goldberger e Tarule (1986).

sua própria força. Ou, em outros termos, a natureza lhe dá uma ajuda. A pedra, além isso, é branca e redonda, assemelhando-se a um ovo. Muitas culturas africanas usam pedras brancas como parte da iniciação nas sociedades de mulheres, sugerindo ser a provação da mãe uma experiência iniciática.

No momento em que a mulher está prestes a jogar a pedra no ogro, surge outra figura inimiga e rapidamente a mulher se dá conta de que seu plano pode falhar. Se ela matar um dos monstros, o outro irá atacá-la. A mãe não tem uma agressividade impulsiva. Ela reflete, pondera, é flexível. A história aborda um temor inconsciente de muitas mulheres — a fantasia de que, se forem assertivas, se tornarão agressivas ou destrutivas, incapazes de se controlar. Isso não ocorre quando a mulher ouve sua voz interior.

Ao recuar, a mulher rompe com o modelo heróico tradicional de poder. O herói é em geral um guerreiro solitário que luta até a morte, todavia só tem a si mesmo com quem se preocupar. A mulher tem seus dois filhos para proteger. A agressão heróica é o procedimento típico dos machos solteiros, isentos de outras responsabilidades. Por outro lado, a sabedoria concentra-se nas responsabilidades para com a família, os amigos, a comunidade. E é sabedoria o que essa mãe mostra.

Ao sair em silêncio da cabana dos ogros e prosseguir na viagem, a protagonista simboliza uma nova fase no desenvolvimento das mulheres. Após se enfurecer por causa de uma situação opressora, enxergando os homens e a sociedade como ogros e lutando contra eles, as mulheres normalmente vão em frente, assumindo a raiva e usando dessa energia para construir uma vida nova, mais gratificante. As mulheres retiram sua atenção dos demônios sociais e dirigem-na para os seus objetivos. Isso esclarece as questões que vêm a seguir.

A ogra

A mulher depara com uma ogra, e os ovos mágicos aconselham-na a matá-la. Essa tarefa tem muitos significados. Por exemplo, a ogra empunha um machado e devora pessoas inteiras, fazendo de si mesma uma expressão da agressão e da violência desenfreadas, exatamente como os ogros machos. Entretanto, aqui a ogra é maior e mais aterrorizante do que aqueles. O que reflete a crença, da maioria das culturas, de que as mulheres agressivas são monstros, ao passo que os homens agressivos são heróicos. Muitas mulheres, portanto, imaginam que sua assertividade é odiosa e uma ogra está escondida, espreitando, no fundo de suas almas[5]. As mulheres têm de eliminar esse conceito equivocado.

Na qualidade de monstra, a ogra representa também a sombra das mulheres. Confrontar a sombra, afinal de contas, é uma tarefa atinente a homens e mulheres. Observe-se que a ogra surge em seguida aos dois ogros machos, sugerindo que as mulheres devem, primeiro, confrontar as sombras dos homens e depois voltar-se para a sua. Essa é uma seqüência realista. A maioria das culturas culpa mulheres como Eva e Pandora pelas misérias da humanidade. Maridos e patrões assumem a mesma atitude; as mulheres dessa forma tendem a se culpar quando as coisas dão errado. Em "Os três ovinhos" insiste-se para que as mulheres abandonem essa falsa auto-recriminação e, em vez disso, confrontem os ogros dos estereótipos opressores. O passo seguinte, porém, é confrontar a sombra feminina: a ogra.

Ao final da história, um grande número de pessoas e animais — o bastante para povoar um reino — sai de dentro do corpo da ogra. Assim, ela dá à luz um mundo novo, e isso remete ao arquétipo da maternidade e da maternalidade. Como caráter perigoso, contudo, a ogra enfoca o lado sombrio do arquétipo. Na vida real, grande parte das mulheres sente-se devorada pelos estereótipos maternais, pelas expectativas de com freqüência serem pacientes, capazes de se sacrificar, sempre disponíveis para os outros. As mulheres precisam romper com esse estereótipo detestável.

Na história, a ogra é o derradeiro desafio que a mulher enfrenta, obstáculo que aparece antes de ela alcançar um grande triunfo, ao libertar todo um país e tornar-se sua rainha. O elo

---

5. Gilligan (1982); Woodman (1987); Birkhauser-Oeri (1988); Caplan (1987); Stiver (1991b); Kaplan (1991).

entre a "ogra" e o "sucesso" suscita uma questão importante: o "medo do sucesso" pelas mulheres ou, mais exatamente, o receio de que, para ser bem-sucedidas, precisarão sacrificar a família e os relacionamentos[6]. Aquelas bem-sucedidas também deparam com muitos preconceitos, como: mulheres de carreira não são "femininas", ou são frias, impiedosas, quer dizer, uma espécie de ogra. Elas devem desafiar esses estereótipos femininos negativos. Como figura materna negativa, a ogra revela também como as questões atinentes à maternalidade costumam irromper na consciência no momento em que a mulher está prestes a ter sucesso[7]. Por exemplo, ela pode sentir-se culpada por conquistar algo que sua mãe não conseguiu, ou temer a rejeição de sua mãe caso tenha sucesso.

Matar a ogra e libertar o mundo

O ovo sugere à mulher um ataque à monstra enquanto esta dorme, tomando-lhe o seu machado e deixando-o cair sobre sua cabeça. Novamente, a voz interior da mulher insinua que ela adote uma abordagem indireta. Aqui, ela deve usar o poder da ogra, simbolizado pelo machado, contra aquela. Isso é *aikidô* psicológico, isto é, a arte marcial que se resume em redirecionar a energia do inimigo contra ele mesmo.

Quando a protagonista joga o machado, não consegue matar a ogra, tendo de atacá-la diretamente. Dessa maneira, a mulher desempenha o papel tradicional do jovem herói masculino que se engalfinha com o monstro malvado e o mata. Evidencia-se aqui que heroísmo e coragem não são atributos "masculinos", porém humanos, e é preciso sabedoria para determinar o momento de ser heróico e o de recuar, quando usar um modo direto de confronto e quando usar um indireto. Está claro que isso ocorre à mulher, no momento em que é necessário, procedente de seu *self.*

---

6. Horner (1987); Weigle (1982).
7. Surrey (1991c); Stiver (1991c); Miller (1991); Young-Eisendrath e Wiedermann (1987); Eichenbaum e Orbach (1987); Jordan, Kaplan, Miller, Stiver e Surrey (1991).

Após a morte da ogra, centenas de pessoas emergem de seu corpo. Numa interpretação psicológica, ao matar a ogra, a mulher rompe o último obstáculo antes de se reapossar de seu verdadeiro ser. As pessoas e os animais, que emergem do corpo da monstra, simbolizam sua força e vitalidade, obstruída previamente por aspectos maternos negativos e por estereótipos opressores de maternalidade. Há também implicações de caráter social na morte da ogra. Ao reapoderar-se de sua própria força e desenvolver-se como pessoa individuada, a mulher desperta a todos de um sono longo e profundo, como acontece com a protagonista em "A rainha e o assassino". As duas mulheres criam, simbolicamente, uma nova ordem social. Se o resultado da individuação da mulher é despertar o mundo, não é este, portanto, um dever. A mulher audaciosa mata a ogra para se proteger e a seus filhos, e só mais tarde descobre o inesperado desdobramento de sua atitude: a libertação da sociedade.

A princesa

Depois de sua libertação, o povo agradece à mulher, mas ela atribui o crédito desse resultado ao conselho dos ovos mágicos. As mulheres costumam valorizar seu sucesso em público, porque a maioria das culturas repudia as mulheres bem-sucedidas, como observa Carolyn Heilbrun. Nas culturas misóginas, muitas mulheres aprendem a se menosprezar: "Se eu o fiz, com certeza não é grande coisa". Somente ao escrever seus diários particulares é que as mulheres se dão o devido crédito. Contudo, a modéstia feminina também reflete sabedoria. As mulheres são em geral muito sensíveis aos relacionamentos e reconhecem a necessidade da cooperação. Elas costumam dar-se conta de que o crédito pelas realizações deve ser normalmente repartido entre várias pessoas.

Quando a mulher elogia a sabedoria dos ovos, eles de imediato revelam-se três lindos príncipes que lhe agradecem a libertação de um encantamento malvado. O mais velho casa-se com a protagonista, e eles se tornam os regentes do novo país. Novamente, é a mulher que liberta um príncipe desamparado — na verdade, três.

Como personagens do mundo interior, os príncipes são figuras do *animus* e ilustram como o masculino evolui na experiência da mulher: no conto, primeiro aparece um marido que abusa da esposa, seguido pelos ogros monstruosos e, finalmente, pelos príncipes gentis. Conforme as mulheres vão reconquistando sua força[8], sentem-se menos ameaçadas ao ser assertivas e defender abertamente suas opiniões, a malevolência do *animus* então diminui. Essa é uma seqüência clara nos sonhos de mulheres, como Karen Signell, Polly Young-Eisendrath e Florence Wiedermann observaram.

Os três príncipes também podem ser interpretados como figuras externas, representando o homem na vida da mulher. Prestativos e solícitos, os príncipes são os "novos homens", como Ivan, em "Maria Morevna". Mas a mulher corajosa deve libertá-los de seu encantamento, ou seja, do feitiço dos privilégios patriarcais tradicionais e dos ideais de macho. Aliás, a viagem interior de uma mulher costuma forçar os homens a se desenvolver.

O surgimento de príncipes dos ovos é de certo modo paradoxal: figuras masculinas irrompendo de um símbolo feminino. Isso não implica que a alma feminina incorpora uma essência masculina. Sugere, antes, que no fundo da psique feminina reside um interesse pelo "outro". Esse interesse quase sempre se manifesta como atenção aos relacionamentos, mas "o outro" também poderiam ser idéias, imagens, a natureza, a arte.

Fortalecimento

A mulher surge como a esposa maltratada e termina como a rainha do novo reino, porém a trajetória se inicia com um simples ato: ela pega o ninho da ave no intuito de dá-lo como brinquedo a seus filhos. Seu ato de provimento da necessidade alheia leva enfim à sabedoria, à energia e à liberdade. Isso é fortalecimento, o poder de amar e cuidar, tema central nas histórias seguintes.

---

8. Douglas (1990); Young-Eisendrath e Wiedermann (1987).

capítulo 5

"A esposa sábia":

Astúcia e coragem

(Iraque)[1]

Era uma vez um seleiro e sua esposa, que viviam com suas três filhas. O homem trabalhava bastante e, ao longo dos anos, economizou uma centena de moedas de ouro colocando-as dentro de uma sela e a costurou como medida de segurança. Certo tempo depois, vendeu essa sela por engano e só descobriu o erro depois que o cliente saiu de sua loja e da cidade.

Um ano depois, o cliente voltou para fazer um conserto na sela. O artífice não conseguia acreditar em sua boa sorte, quando encontrou suas economias ainda dentro da sela. Recuperou o tesouro e criou uma pequena canção para celebrar sua fortuna, e todo dia a entoava:

> Escondi e perdi.
> Esperei e encontrei.
> É meu pequeno segredo.
> E ninguém jamais o conhecerá.

---

1. Adaptado de "The Sultan's Camp Follower" em Bushnaq (1986).

Certo dia, o sultão passou pela loja e ouviu essa canção. Perguntou: "Qual é o seu segredo?".

"Se eu lhe contasse", respondeu o seleiro, "seria um segredo?" O monarca franziu a testa. "Sou o sultão. Conte-me o segredo." O seleiro recusou-se. Então o sultão perguntou-lhe: "Você tem família?".

"Uma boa esposa e três lindas flhas, ainda solteiras", respondeu o seleiro.

"Nesse caso", ordenou o sultão, "traga suas filhas amanhã ao meu palácio e providencie então para que as três estejam grávidas. Caso contrário, cortarei sua cabeça!"

"Mas Majestade!", exclamou o pai horrorizado. "Minhas filhas são virgens! Como podem ficar grávidas? E, se isso acontecer, quem se casará com elas? Elas estarão arruinadas pelo resto de suas vidas!"

"Esse é problema seu", e o monarca ria enquanto se afastava.

O coitado do homem voltou desesperado para casa. Sua filha mais jovem, a mais sábia das três, observou a aflição do pai. "O que o aflige?", ela indagou, e o pai explicou-lhe o problema.

A filha pensou por um momento e depois disse: "Não se desespere, pai. Apenas me compre três vasilhas de água, e eu mostrarei ao sultão como três virgens podem engravidar!".

Na manhã seguinte, a mais jovem das filhas colocou uma vasilha sob o vestido, disse para as irmãs fazerem o mesmo e instruiu-as quanto ao que dizer. Quando as virgens compareceram perante o sultão, ele perguntou à mais velha: "Há quanto tempo está grávida? Do que tem mais desejo?".

A mais velha curvou-se e disse: "Estou grávida há três meses, senhor, e o que mais desejo são pepinos salgados". O sultão perguntou o mesmo à filha do meio, e ela explicou: "Estou grávida há seis meses e o que desejo são berinjelas picantes". Quando o sultão interpelou a mais jovem, ela respondeu: "Posso dar à luz a qualquer momento agora, e o que mais desejo é peixe assado sob os sete mares".

"Mas como se pode assar peixe debaixo d'água?", o sultão protestou. "Isso é impossível!"

"Da mesma maneira como uma virgem pode engravidar", ela retrucou, e as três irmãs rapidamente saíram do palácio.

No dia seguinte, o sultão convocou uma velha, entregou-lhe uma bolsa cheia de ouro e enviou-a até a casa do seleiro para que pedisse em seu nome a mão da filha mais jovem. "Uma mulher esperta como essa", pensou o sultão com seus botões, "deverá ser minha esposa." Quando a velha olhou dentro da bolsa e viu o ouro, roubou duas moedas. Depois, pôs-se a caminho da casa do seleiro, onde a filha mais jovem abriu-lhe a porta.

"Sua mãe está em casa?", perguntou a velha.

"Não", respondeu a filha mais nova, "ela está transformando um em dois."

A velha não conseguiu entender essa resposta, então disse: "Bom, então deixe-me falar com sua irmã mais velha".

"Ela está mudando o preto em branco", explicou a filha mais nova.

A velha insistiu. "Sua irmã do meio está?"

"Ela está colhendo rosas", respondeu a filha.

"Mas é inverno", protestou a velha. "Não há rosas em lugar algum!" Ela balançou a cabeça, pensando que a jovem era louca. "Aqui está um presente do sultão para você", resmungou a velha, entregando-lhe a bolsa.

A filha mais jovem contou as moedas de ouro e devolveu a bolsa à velha. "Tenho um recado para o sultão. Pergunte-lhe o seguinte: "Quando se dá um carneiro de presente, corta-se-lhe a cauda?".

A velha balançou a cabeça de novo, voltou até o sultão e contou tudo o que a virgem dissera. "Tenho a impressão de que ela é louca", disse, suspirando. O sultão pensou por um momento e sorriu.

"Ela não é, minha velha", disse o sultão. "Ela é realmente astuta — perfeita para ser minha esposa! Quando disse que a mãe tinha saído para transformar um em dois, queria dizer que ela era parteira, e tinha ido fazer um parto. A irmã que estava mudando o preto em branco é esteticista e estava arrancando os pêlos do corpo de alguma mulher. E a irmã que estava colhendo rosas no inverno estava bordando flores num tecido." Então o sultão ficou sério. "Quanto ao carneiro sem rabo, ela queria dizer que você roubou dinheiro da bolsa que lhe dei! Nunca mais faça isso, ou eu a punirei!"

No dia seguinte, o sultão mandou a velha de volta, com outra proposta de casamento e, dessa vez, o seleiro e a filha mais jovem aceitaram. O casamento foi celebrado logo, mas, naquele mesmo dia, quando a esposa esperava na câmara nupcial, o monarca partiu para a guerra contra a terra de Siin. A mulher esperou muito pelo marido. Como ele não aparecia, ela perguntou aos servos onde ele havia ido, e sentou-se pensativa, por alguns instantes. Depois, retirou as roupas do casamento, colocou um uniforme de general, reuniu um exército e partiu atrás do sultão.

Vários dias depois, ela encontrou as tropas do marido acampadas à margem de um rio. Reuniu seu exército do outro lado, como se fosse o inimigo. Em seguida, enviou um mensageiro até o sultão, desafiando-o para uma partida de xadrez, e o sultão aceitou o jogo. Quando os dois se encontraram, ele não reconheceu a esposa, e ela ganhou a primeira partida. Como prêmio, ela exigiu do sultão sua adaga cravejada de pedras preciosas. Ele lha entregou, jogaram outra partida, ele venceu e exigiu a adaga de volta.

"Sugiro um prêmio melhor", disse a esposa. "Tenho uma linda escrava, virgem, e deixarei que passe a noite com ela." O sultão concordou.

A esposa saiu, tirou o uniforme, adornou-se com jóias e perfume e foi até o sultão. O monarca ficou deliciado com a beleza da jovem e nem uma só vez reconheceu a esposa. No dia seguinte, ela voltou para casa com o seu exército, enquanto o sultão partia para a guerra em Siin.

Nove meses depois, a esposa deu à luz um lindo menino, que chamou de Siin. Dois anos depois, o sultão voltou da guerra, mas só cumprimentou sua esposa rapidamente antes de partir para outra batalha, na terra de Masiin. No dia seguinte, a esposa despiu os mantos, envergou o uniforme de general e comandou a partida de seu próprio exército. Seguiu o marido, armou seu acampamento próximo ao dele e enviou um arauto ao sultão, desafiando-o para um torneio de xadrez.

O sultão aceitou e, quando os dois se encontraram, não reconheceu a esposa. Ela ganhou a primeira partida e pediu o colar de orações do sultão como prêmio. O sultão venceu a segunda partida e pediu o colar de volta. "Tenho uma oferta melhor", rebateu a esposa. "Uma linda escrava, que só esteve com um homem uma única vez. Se quiser, pode tê-la por uma noite." O sultão concordou, e assim a esposa saiu, adornou-se, foi até o sultão, e eles passaram a noite juntos. No dia seguinte, o sultão partiu para Masiin, enquanto a esposa voltava para casa com seu exército. Nove meses depois, ela deu à luz outro lindo menino, que chamou de Masiin.

Cerca de um ano depois, o sultão regressou da guerra, carregado de despojos. Mal olhou para sua esposa, recrutou mais tropas e partiu para outra campanha, bem depois de Gharb. Assim, ela se vestiu novamente de general, reuniu suas tropas e foi atrás do sultão.

Quando o alcançou, enviou um mensageiro convidando-o para jogar xadrez. Ele aceitou e ela venceu a primeira partida, pedindo o turbante do sultão como prêmio. Ele venceu a seguinte e pediu o turbante de volta.

"Tenho idéia melhor", sugeriu a esposa. "Ofereço-lhe uma linda escrava que conhece todas as artes do amor. Você pode passar a noite com ela." O sultão concordou, e ela saiu, vestiu uma linda túnica e foi ter com o marido. Na manhã seguinte, o monarca partiu para sua guerra contra Gharb enquanto ela voltava com suas tropas. Nove meses depois ela deu à luz uma linda menina, que chamou de Gharb.

Três anos se passaram antes que o sultão voltasse para casa dessa guerra. Ele não falou com a esposa porque decidira arrumar uma nova esposa e planejava casar-se com uma princesa, mais adequada à condição de realeza do que a filha de um seleiro. Quando chegou o dia do casamento, a primeira esposa vestiu com elegância os três filhos, e ao mais velho entregou a adaga do sultão para que usasse em seu traje. Colocou o colar de orações nas mãos da criança do meio e o turbante na filha. Depois ensinou uma canção às três crianças.

Pouco antes do início da cerimônia de casamento, as crianças apareceram diante do sultão e cantaram:

> Ele vence na guerra,
> Vence no xadrez.
> Vence no amor,
> Vence em suas buscas.
> Nosso pequeno segredo,
> Ele o descobrirá?

O sultão olhou para as crianças e reconheceu a adaga, o colar de orações e o turbante. Então olhou fixamente para a mãe deles e finalmente percebeu o que ela fizera. "Você foi os generais que me desafiaram e as escravas que dormiram comigo!", exclamou o sultão. "São estes meus filhos?" A esposa confirmou com um movimento de cabeça.

O sultão cancelou o novo casamento, mandando embora a princesa, e voltou-se para a esposa. "Você é mais astuta do que qualquer mulher do mundo. Ninguém mais será minha esposa além de você!" O sultão e a esposa abraçaram-se e o monarca abraçou os três filhos. Depois ordenou que houvesse uma festa para sua verdadeira esposa e família recém-encontradas. E desse dia em diante todos viveram felizes, com amor, sabedoria e paz.

Pai e filha

A protagonista deste conto do Iraque é astuta, sábia, talentosa, forte, sensual, corajosa. Tampouco a trama é incomum, porque outras histórias de outras partes do mundo são-lhe quase idênticas[2]. Os contos celebram a vitalidade e a astúcia das mulheres adultas. Contudo, à semelhança de outras histórias sobre mulheres, o conto se inicia enfocando um homem, o pai da mulher sábia, antes de deslocar-se para ela, a verdadeira protagonista.

O pai perde seu ouro por causa de um equívoco e recupera-o por um golpe de sorte. O pai é afortunado, e esse é um detalhe importante. Em sociedades essencialmente patriarcais, como o Iraque muçulmano, um pai que não tem filhos "homens" é considerado terrivelmente desafortunado. O conto repudia essa convenção ao insistir que o seleiro é abençoado pela boa sorte e seu verdadeiro tesouro é sua "filha" sábia.

---

2. Por exemplo, "Catarina, a sábia", da Itália (Calvino, 1980), "Três medidas de sal", da Grécia (Carter, 1990), "Kamala e os sete ladrões", de Punjab (Phelps, 1978), e "Morto por um cavalo", dos Hausa da África (Abrahams, 1983).

Eufórico por haver recuperado seu ouro, o pai inventa uma cantiga para celebrar esse feliz acaso e depois se recusa a explicá-la para o sultão. O pai é um sujeito teimoso e com isso coloca as filhas em risco. Sua falha causa-lhes problemas, da mesma forma como ocorre na vida real. A filha mais jovem deve, portanto, remediar a situação.

O sultão irado ordena ao seleiro que envie suas filhas ao palácio, todas grávidas. Isso arruinaria as jovens, pois, para a tradição muçulmana, as noivas devem ser virgens. A atitude do sultão evoca um tema familiar: o da opressão das mulheres.

O pai entra em desespero, e sua filha mais jovem está atenta à sua aflição; ela é sensível e perceptiva. Quando ele explica o problema, ela lhe diz o que fazer e *ele lhe dá ouvidos*. Parte da confiança e da coragem que ela irá demonstrar adiante vem, sem dúvida, do fato de ter sido respeitada e validada pelo pai. Outros contos sobre mulheres enfatizam esse ponto: mulheres bem-sucedidas foram encorajadas por seus pais e mães[3].

O poder da metáfora

A irmã mais nova instrui as outras duas, e as três donzelas se apresentam ao sultão com vasilhas de água sob túnicas, para dar a impressão de que estão grávidas. As duas mais velhas fingem ter desejos inusitados de gravidez: pepinos salgados e berinjelas picantes, enquanto a mais nova explica que seu desejo é peixe assado sob os sete mares. Quando o sultão pergunta como é possível assar peixe debaixo d'água, ela retruca com uma frase cuidadosamente elaborada: "Da mesma maneira como uma virgem pode engravidar".

Como o pai, ela é audaciosa e desafia diretamente o sultão. Mas é sutil, recorrendo a uma metáfora, para que o sultão possa ignorar sua crítica, se assim o quiser. Ela é também por demais

---

3. Por exemplo, o conto "A filha sábia do camponês" (Grimm e Grimm, 1944) ou "A lenda do Derrubamuitos", da Irlanda (Phelps, 1978).

astuta, manobrando o sultão para que ele questione a possibilidade de um peixe ser assado sob a água do mar, incitando-o a reconsiderar seu modo habitual de agir, ou seja, exigir e ordenar, como fazem os patriarcas. Só quando ele se torna aberto e curioso, capaz de ouvir, mesmo por um breve momento, é que a sábia mulher introduz seu ponto de vista. Ela também o impele a declarar algo semelhante ao que ela quer dizer. O monarca afirma ser absurdo assar peixe debaixo d'água; ela replica que o mesmo é esperar que virgens engravidem.

O uso perspicaz dessas metáforas evidencia-se de forma recorrente na literatura, na arte e no artesanato produzidos por mulheres[4]. No passado, as autoras de peças literárias recorriam à ironia, à sátira, à parábola e à alegoria, da mesma forma como o fez a filha esperta, usando uma voz dupla: de um lado, a convencional e óbvia, e, de outro, a subversiva e oculta. Até mesmo as antigas canções de ninar contêm esses significados duplos: a música acalma, contudo as palavras em geral refletem a ambivalência da mãe a respeito do seu papel tradicional na educação dos filhos, além de seu desejo de se ver livre da criança.

Ao se utilizar de metáforas com o sultão, a filha sábia oferece um modelo prático às mulheres de hoje, na tentativa de comunicar-se com os homens. Criados segundo os moldes tradicionais, muitos homens evitam a troca emocional, tão importante para as mulheres. O conto de fadas sugere que, apesar de tudo, as mulheres conseguem se comunicar por meio de metáforas e histórias. "Barbara", uma executiva de quase 60 anos, é um exemplo. Ela e o marido tinham dificuldades com seu filho mais novo, que passava quase todo o seu tempo em "festas" na faculdade. Barbara tentava conversar com ele, mas os diálogos sempre terminavam em discussões acaloradas. Ela pedia ao marido que lidasse com o filho, porém ele insistia que o rapaz só estava vivenciando uma fase. Então Barbara teve um sonho notável, em que viu um navio da Marinha ancorado, com sua tripulação sentada ociosamente no convés. O navio logo estaria partindo em um cruzeiro de treina-

---

4. Bateson (1990); Heilbrun (1988); Weigel (1985); Radner e Lanser (1993); Stewart (1993); Langlois (1993).

mento, e os mais novos membros da tripulação estavam esperando pelos oficiais de treinamento. Ela tentou aproximar-se do navio, entretanto a polícia militar afastou-a. Quando ela despertou, entendeu o sentido do sonho e contou-o ao marido, o qual também lhe compreendeu a mensagem: seu filho estava lidando com questões de iniciação masculina e precisava de uma liderança nesse sentido. O sonho teve o efeito de provocar o marido de Barbara, que então demonstrou um empenho especial em conversar com o filho. As dificuldades do jovem aos poucos foram se resolvendo. O sonho de Barbara repercutiu como uma poderosa metáfora, a qual seu marido e filho conseguiram ouvir.

A linha materna

O sultão fica intrigado com as metáforas da filha mais jovem do seleiro e envia uma mulher idosa para propor casamento à jovem, em seu nome. Ela acaba se revelando uma pessoa ávida por dinheiro, incapaz de entender as charadas da jovem, como uma advertência: se as moças não exercitarem sua criatividade e astúcia, podem acabar se tornando mulheres tolas. Num aspecto mais profundo, a velha personifica o lado feminino do sultão, não desenvolvido. Acostumado ao poder, o sultão não é sensível a relacionamentos e sentimentos.

A filha mais jovem diz à velha que sua mãe está transformando um em dois, que sua irmã mais velha está mudando o preto em branco, e que a outra irmã está colhendo rosas no inverno. Essas metáforas confirmam que a filha mais jovem é astuta e sábia, o que a faz adivinhar que a velha roubou dinheiro da bolsa do sultão.

A mãe e suas filhas estão envolvidas em tarefas tradicionalmente femininas, como auxiliar no parto, embelezar outras mulheres, bordar. Embora não sejam figuras poderosas, na trama proporcionam um contexto feminino: a linha materna. Essa sabedoria feminina ajuda a explicar um detalhe inicial. A filha esperta usa vasilhas de água para simular a gravidez. Teria sido bem mais simples valer-se de travesseiros; portanto, essa escolha é simbólica. Vasilhas com água são uma metáfora para o útero, em razão do fluido amniótico. Mas há ainda um significado mais direto. Não nos damos conta, hoje, de que a cerâmica foi um imenso avanço tecnológico nos primórdios da história humana, e é provável ter sido uma invenção de mulheres. (Antigos fragmentos de cerâmica exibem, com mais freqüência, marcas de dedos femininos do que masculinos e infantis.) Objetos de cerâmica permitiam a armazenagem prolongada de líqüidos, o que tornou possível a fermentação e a fabricação de queijo, cerveja e vinho. Os potes também são resistentes ao calor e permitem o cozimento e a fervura, o que transforma plantas venenosas ou indigestas em alimentos comestíveis. Desse modo, a cerâmica, como o bordado e o trabalho de parteira, alude à ancestral engenhosidade feminina.

A mulher guerreira

Impressionado pelo destemor e pela sabedoria da filha mais jovem, o sultão decide casar-se com ela. Isso é extraordinário. Em contos e cantigas folclóricas, o desfecho costumeiro das mulheres fortes é ou a morte ou a ruína[5], o que reflete as convenções sociais que preferem mulheres submissas. "A esposa sábia" rejeita os estereótipos.

Após o casamento, o sultão parte imediatamente para a guerra, e a esposa sábia encontra-se emocionalmente abandonada: ele prefere a glória e os bens de que se apossa à esposa e ao lar, refletindo assim um ideal heróico tradicional de masculinidade. A nova esposa não entra em desespero em virtude dessa situação. Ela vai atrás de seu marido.

A esposa sábia mobiliza seus recursos, veste-se como um soldado, reúne um exército. Veste-se de homem e torna-se uma guerreira, tal como a protagonista de "A esposa guerreira". A

---

5. Stewart (1993).

esposa esperta deve usar vestimentas masculinas porque, como mulher, ela não pode exibir seu poder em público. Ainda hoje, as mulheres muitas vezes são obrigadas a recorrer a roupas e modos masculinos de comportamento para poder progredir em sua carreira. As mulheres profissionais, por exemplo, percebem de imediato que, se quiserem usar roupas alegres, coloridas ou femininas, serão depreciadas e tidas como pessoas frívolas.

A guerreira do amor

Embora a esposa se vista como um homem guerreiro, tampouco se torna um deles. Nunca mata ninguém e tem uma motivação acentuadamente diferente da do sultão. Ele parte para a guerra em busca de glória, enquanto ela almeja reavê-lo. O sultão quer se apossar do que não é seu, invadindo uma terra estrangeira, ao passo que ela busca o que é seu por legítimo direito. Em suma, ela é uma guerreira do amor, e não do poder, da comunhão, e não da conquista. Na realidade, ela de forma engenhosa adapta o papel de guerreira a suas próprias necessidades e valores, ao desafiar o sultão para um jogo de xadrez, transformando o conflito entre ambos numa questão simbólica, modificando a ética guerreira implacável e baseada na força numa atitude lúdica e social.

Quando a esposa vence a primeira partida de xadrez, pede a adaga do sultão como prêmio. Depois, pede seu colar de orações e seu turbante. A adaga simboliza a agressividade, um traço heróico tradicional; assim, ao pedi-la, o que a esposa está realmente pedindo é que ele abandone a violência. O colar de orações, por sua vez, simboliza a conexão com Alá, o Grande Pai. Ao pedi-lo como prêmio, ela simbolicamente o obriga a partilhar com ela sua ligação com o plano divino, abandonando a postura patriarcal de que a mulher deve encontrar Deus por intermédio do homem. De maneira semelhante, o turbante do sultão equivale à coroa, símbolo de sua autoridade; pedindo-o, portanto, ela leva o sultão a repartir com ela o poder, desistindo da visão tradicional de que só os homens podem deter autoridade.

A escrava

Depois de obter a adaga do sultão, a esposa sábia perde o segundo jogo — aparentemente de modo deliberado, uma vez que sempre ganha a primeira partida e "perde" a segunda. Então ela lhe oferece uma noite com uma linda virgem, adorna-se, vai até o sultão e passa a noite com ele. Esse episódio é extraordinário! Em primeiro lugar, o sultão não reconhece a esposa. Ele está psicologicamente adormecido, e a cena ilustra como as culturas patriarcais ignoram o feminino, são cegas à real identidade da mulher, aos desejos e às necessidades femininos. Contudo, ao escolher como prêmio a noite com uma linda mulher, em vez de insistir em recuperar sua adaga, o sultão abandona a ênfase masculina tradicional sobre a agressividade e privilegia o lado feminino do amor e da intimidade. Dessa forma, a esposa tem êxito em sua tímida tentativa de modificá-lo.

Ao trocar de papel, isto é, de general em escrava, com tanta habilidade, a esposa sábia reflete um atributo presente hoje em muitas mulheres em posição de liderança. Como disse uma executiva: "Às vezes é como se eu estivesse num jogo. Tenho papéis diferentes, com diversos roteiros, mas sou a mesma pessoa. É a mesma atriz, em todos os personagens"[6]. Essa flexibilidade é necessária para as mulheres conseguirem agir em meio a instituições convencionais sem sintonia com os seus valores ou as suas necessidades.

Ao ir até o sultão na condição de escrava sexual, a sábia esposa, de forma voluntária, abre mão de sua virgindade. Ela se recusou a fazê-lo no início quando o sultão o exigiu; ela se relaciona com ele nos seus próprios termos e, dessa maneira, permanece fiel a si mesma. Continua virgem quanto à sua essência, não como a mulher que nunca teve sexo, mas como aquela que pertence a si mesma, que é una, como expressa Esther Harding. A esposa sábia pode ser uma guerreira do amor, porém não se perde nos relacionamentos. Ela equilibra integridade e intimidade.

---

6. Helgesen (1990).

Ardis e sabedoria

A história apresenta o ardil da esposa de uma perspectiva favorável. Isso rompe com a tradição, porque na maioria das culturas a astúcia das mulheres é condenada. (No entanto, a sabedoria feminina é importante demais para ser ignorada, daí muitas culturas também criarem uma imagem abstrata da sabedoria feminina, como Hokmah, na tradição judaica, ou Sofia — seu equivalente cristão —, honrando a abstração e desvalorizando a mulher de carne e osso.) Na realidade, a astúcia das mulheres é essencial à sua sobrevivência na maioria das sociedades, como observa Mary Bateson[7]

As saídas brilhantes da esposa fazem lembrar uma figura arquetípica do folclore: o Traquinas. Na mitologia, porém, o Traquinas é quase sempre uma figura masculina, capaz de inventar truques como um fim em si, como um propósito de vida. Nos contos folclóricos sobre mulheres, usar truques é mais um recurso do que uma finalidade, uma estratégia momentânea em vez de uma meta de vida. Em outros termos, as mulheres recorrem à energia do Traquinas, mas não se tornam como ele.

A esposa vai atrás do sultão e o desafia por três vezes[8]. Muitas mulheres perguntariam por que a esposa vai atrás dele em vez de simplesmente ficar em seu palácio, desfrutando a vida. Ela é tão sábia, perceptiva e sagaz a respeito de tudo o mais que devemos presumir que persegue o marido por um bom motivo, e que vê nele algum potencial. Ela ilustra uma questão que a maioria das mulheres enfrenta, em alguma etapa de sua vida: decifrar se estão lidando com um vilão, como no conto "A rainha e o assassino", ou com um homem o qual são capazes de mudar, como o sultão. Nessa situação, a mulher deve consultar a sua

---

7. Bateson (1990), p. 239.
8. O número três aparece com freqüência nos contos de fadas e tem vários significados, como muitos autores apontaram. Talvez aqui o mais relevante seja a associação desse número com o lutar; por exemplo, duas pessoas em conflito pelo amor de uma terceira, e a implicação de uma reconciliação, como em uma tese *versus* uma antítese chegando a uma síntese.

sabedoria interior, aquela parte de sua psique cujos julgamentos são claros, cuja percepção é intuitiva, que questiona as convenções e insiste na verdade. Os contos femininos são enriquecedores ao apresentar várias opções às mulheres, e em nenhum deles a esposa retorna para o marido num papel de submissão a ele.

Há outro significado na conduta da esposa que vai atrás do sultão. Na qualidade de monarca regente, ele representa a sociedade convencional. Ao tentar conquistar-lhe o reconhecimento, a esposa simboliza as mulheres de hoje, lutando para modificar costumes e instituições opressivos e obsoletos.

O recasamento

A cada vez que a esposa sábia dorme com o sultão, ela engravida. As duas primeiras crianças são meninos e a terceira, uma menina, portanto uma mudança simbólica do masculino para o feminino. Até então, o sultão detinha todos os privilégios em seu casamento. Ele entrava e saía quando bem entendesse, ignorando as necessidades e os desejos da esposa, o que logo muda, pois a esposa sábia adquire um nível melhor de igualdade diante do sultão. Com o nascimento de uma filha, antecipa-se uma evolução na direção de um mundo mais igualitário.

Quando volta da guerra, o sultão repudia a esposa sábia e prepara-se para casar com uma mulher de posição social mais elevada, uma princesa. Afinal de contas, a esposa sábia é apenas a filha de um seleiro. (A princesa, presume-se, também é mais jovem que a esposa sábia.) Diante do infortúnio, a esposa não se desespera, recorrendo à própria força e perspicácia. Antes do casamento, reúne os três filhos e lhes dá a adaga, as contas de oração e o turbante, que sabiamente ela guardara para tal momento. Os filhos aparecem diante do sultão entoando uma canção intrigante, e, finalmente, ele percebe que os generais com quem tinha jogado xadrez e as escravas com quem dormira não eram senão sua esposa. Dá-se nele o despertar psicológico.

O sultão cancela o novo casamento e confirma a esposa sábia como a única. É surpreendente porque, na tradição muçulmana, o homem pode ter muitas esposas, e, de uma perspectiva convencional, o sultão teria feito melhor conservando as duas esposas. Sua primeira mulher oferece-lhe sabedoria, ao passo que a princesa lhe teria dado *status* — e provavelmente um dote maior. Ao abandonar de forma espontânea a poligamia, o sultão muda simbolicamente na direção de um relacionamento mais igualitário com sua esposa. Confirma os seus sentimentos e o relacionamento, após anos indo em busca de poder e glória mediante as guerras.

Enquanto os contos juvenis terminam com um casamento sagrado, as histórias a respeito de homens e mulheres maduros terminam com um casamento espiritual[9]. O mesmo tema está presente nos enredos de filmes atuais. Como assinalou Carolyn Heilbrun, muitos filmes realizados desde a década de 1930 exibem maridos e esposas na metade da vida, em busca de uma relação com mais igualdade, mutualidade e respeito. Os contos de fadas e os romances hollywoodianos podem parecer irreais, meros enredos de realização de desejos, entretanto existe algo maior nessas produções visto que as histórias nos remetem a nosso mais elevado potencial, àquilo em que nos podemos tornar, contrariamente ao que sempre acabamos fazendo.

Mudando a sociedade

Ao promover uma modificação no sultão, do ponto de vista simbólico a esposa está mudando a sociedade. Ela atua como a parteira de uma nova ordem social. Em certo sentido, está exercendo um ofício feminino tradicional — a então profissão de parteira de sua mãe — e o põe em cena na sociedade. Faz o mesmo com as habilidades artesanais de suas irmãs — o bordado e a cosmética. Em vez de bordar um tecido, a esposa sábia cria uma trama com metáforas, charadas e ardis. Suas metáforas levam o sultão a adotar uma visão de mundo mais aberta e acolhedora. Com isso, ela purifica mais uma parte de sua sombra, em especial

---

9. Discuto este aspecto em *Once upon a midlife* e *Beyond the hero*.

a desconsideração que ele mostrara inicialmente por ela. Ou seja, ela muda o preto em branco, exatamente como sua irmã esteticista.

O emprego de habilidades femininas tradicionais ao redor do mundo todo é um dado importante na arte produzida por mulheres. Um exemplo notável vem de Remedios Varo, uma artista visionária. Em sua pintura *Embroidering Earth's mantle* [Bordando o manto da Terra], Varo retrata um grupo de mulheres tecendo e bordando numa torre. O tecido que produzem se estende janela abaixo e, conforme vai se desenrolando, torna-se o panorama — a terra e todas as suas instalações e assentamentos humanos. De fato, as mulheres tecem o mundo. A esposa sábia assim o faz. Ela tece um mundo novo com os seus estratagemas perfeitos, despertando o coração do sultão. Esse é o resultado final de suas aventuras: não só um ganho pessoal, mas a transformação do sultão e da sociedade; não apenas a realização ou satisfação pessoais, mas a libertação da alma diante da comunidade.

PARTE III

Natureza

capítulo 6

"A mulher sem mãos":

Cura e vida selvagem

(Japão)[1]

ra uma vez uma linda menina que vivia feliz com seus pais, mas sua mãe morreu quando ela tinha apenas quatro anos. Depois de algum tempo, seu pai casou-se novamente, mas sua nova esposa tinha ciúmes da menina e tornava-lhe a vida difícil. A menina cresceu e se tornou uma linda donzela, o que levou sua madrasta a odiá-la ainda mais. Assim, a esposa começou a levar ao marido intrigas sobre a sua filha, e aos poucos fez com que o coração dele se voltasse contra a moça.

Logo após a jovem completar quinze anos, a madrasta ameaçou o marido: "Não posso continuar a viver com sua filha malvada! Vou abandoná-lo!". O marido suplicou à esposa que ficasse. "Então, livre-se de sua filha", ela exigiu. Ele prometeu fazê-lo e elaborou um plano. Convidou a filha para acompanhá-lo num festival e deu-lhe um lindo quimono para vestir. A filha ficou muito contente, e ao mesmo tempo intrigada quando ele a conduziu até a floresta.

"Onde é o festival?", ela perguntou.

---

1. Kawai (1988).

"Um pouco mais adiante", ele respondeu. Então, no meio da mata, ele parou para almoçar, e a donzela caiu no sono, esgotada de tanto caminhar. Esse era o momento pelo qual o pai esperara. Tomou o machado, aproximou-se da filha e decepou-lhe as mãos. A filha acordou e gritou de dor: "Pai, o que está fazendo?". Ele rapidamente afastou-se dali, e ela então correu atrás dele, tropeçando e rolando pela encosta da montanha. O pai acelerou o passo e abandonou a pobre menina.

Completamente sozinha, ela rastejou até um riacho e lavou os cotos. Sem lugar para ir, permaneceu na mata, colhendo bagas e nozes com os dentes, como os animais, e dormindo no chão.

Um dia, um lindo rapaz foi caçar na floresta. Encontrou a virgem sem mãos e exclamou surpreso: "Você não tem mãos, mas mesmo assim parece humana! Você é um demônio ou um fantasma?".

"Não", ela respondeu, "sou uma mulher abandonada por todos." E nada disse sobre seu pai.

O rapaz ficou com pena dela, colocou-a em seu cavalo e levou-a para casa. "Encontrei esta pobre criatura nas montanhas", ele explicou à sua mãe. A velha era generosa e acolheu a virgem sem mãos em sua casa, e deu-lhe roupas novas. Limpa e refeita, a virgem sem mãos era tão linda quanto a aurora e o ocaso, e o rapaz caiu de amores por ela. Propôs-lhe que se casassem, e a mãe dele aprovou; logo, portanto, os jovens estavam casados.

No devido tempo, a mulher sem mãos estava esperando um filho. O marido teve de partir para uma demorada viagem e confiou sua esposa à mãe: "Cuide dela como se fosse eu".

"Cuidarei", prometeu a mãe. "Eu a amo tanto quanto você." Logo depois, a esposa sem mãos dava à luz um lindo menino. Ela e a sogra ficaram exultantes, e a velha logo escreveu uma carta dizendo: "Sua esposa deu à luz um lindo menino. Ela está passando bem e espera ansiosa por seu regresso". A mãe enviou um mensageiro com a carta para o filho.

O portador colocou a carta no bolso e andou o dia todo. Finalmente, chegou até uma casa e pediu água. Uma mulher saiu, deu-lhe de beber e começou a conversar. "Onde você vai com tanta pressa?", ela perguntou.

"Estou levando uma notícia importante de uma família rica", ele respondeu. "É da mulher sem mãos, que acabou de dar à luz um menino; ela está mandando uma carta para o marido contando-lhe as boas novas."

Ora, essa mulher não era outra senão a madrasta malvada. No mesmo instante, ela se deu conta de que sua enteada não morrera na floresta. Cheia de ódio, ela elaborou um plano. "Você deve estar cansado", disse suavemente ao mensageiro. "Beba e descanse." Deu-lhe vinho, e o mensageiro bebeu até cair no sono. A madrasta abriu a sacola que ele levava, leu a carta e então escreveu outra.

"Sua esposa deu à luz um monstro horrível, parecido a um cachorro e a uma serpente! O que faço?" Então, colocou a carta na carteira do portador, e quando ele acordou ela lhe deu comida e desejou-lhe boa viagem. "Por favor, pare aqui quando estiver de volta", ela disse.

O mensageiro retomou a viagem e, finalmente, entregou a carta. O marido leu a nota com horror, pensou por um momento e respondeu à sua mãe. "Por favor, cuide de minha esposa e de meu filho, seja qual for a aparência dele. Voltarei assim que possível." O mensageiro partiu de volta com a resposta e parou na casa da madrasta, esperando beber mais um pouco de vinho.

Ela o cumprimentou cordialmente e serviu-lhe mais vinho, até ele cair no sono. Então abriu a carta e a trocou por outra que dizia: "Livre-se de minha esposa e seu filho! Não quero tais monstros em minha família. Não voltarei para casa se eles ficarem aí!". Quando o mensageiro acordou, ela se despediu dele, desejando-lhe boa viagem.

O portador entregou a falsa carta, e a sogra leu-a incrédula. "Mas isso não poder ser! Meu filho não mandaria embora sua esposa e o filho!" Ela perguntou ao mensageiro: "Essa é a carta certa? Você não tinha outras ou parou em algum lugar no caminho?".

"Não", ele respondeu.

A sogra decidiu esperar pelo filho, mas, conforme os dias iam passando, ela começou a temer que ele não voltasse, tal como ameaçava a carta. Finalmente, mostrou o bilhete à sua nora. A esposa sem mãos ficou com o coração partido. "Se meu marido não me quer, não ficarei." As duas mulheres choraram amargamente, e a mulher sem mãos deixou a casa, carregando o filho numa sacola atada às costas.

A coitada não tinha aonde ir e voltou para a floresta. Estava com sede de tanto andar e então se ajoelhou para beber de um riacho. Quando se inclinou para beber, o bebê começou a deslizar de suas costas. "Socorro! Socorro!", ela gritava, tentando desesperadamente segurar o filho. Mas não tinha mãos para apanhá-lo, e a criança então escorregou para a água. Ela tentava desesperadamente agarrá-lo, mergulhando os braços amputados na água. De repente, suas mãos reapareceram e ela salvou o filho das águas. "Meu filho está salvo e minhas mãos voltaram!", ela exclamava estupefata. Então se ajoelhou no chão e agradeceu a todos os deuses e espíritos, chorando de alegria.

Nesse ínterim, o marido voltou para casa e ficou chocado ao descobrir que sua esposa e seu filho tinham partido. "Mas você me mandou fazer isso!", a mãe falou, em defesa própria.

"O que você está dizendo!", exclamou ele. Logo eles perceberam que alguém devia ter trocado as cartas, chamaram o portador de novo, o qual confessou que tinha parado no meio do caminho.

O marido partiu imediatamente para a floresta em busca da mulher e seu filho. Procurou muito, sem cessar, jurando não descansar enquanto não os encontrasse. Então chegou até um riacho e viu uma mulher rezando ao lado de um santuário, carregando uma criança. "Ela se parece com a minha esposa", o homem pensou, "mas tem mãos." Aproximou-se dela e viu que de fato era a sua esposa.

"Minha esposa!", ele exclamou.

"Meu marido!", ela bradou, e eles se abraçaram. Ele explicou que as cartas haviam sido trocadas, e ela lhe contou como suas mãos haviam milagrosamente reaparecido, revelando-lhe pela primeira vez como seu pai as havia decepado. Então se abraçaram de novo, chorando de felicidade, e onde suas lágrimas caíam no chão cresciam flores. De mãos dadas, esposa e marido voltaram para casa, levando seu filho, e conforme iam passando pelas árvores da floresta, elas desabrochavam à sua passagem. Quando chegaram em casa, o marido foi até as autoridades e contou-lhes a verdade sobre a madrasta e seu marido. A polícia prendeu o diabólico casal, e o juiz mandou-os para a prisão. Assim, a outrora mulher sem mãos e seu marido viveram felizes pelos resto de seus dias, cercados pelos filhos.

Muitas versões, o mesmo drama

O conto da mulher sem mãos suscita temas sombrios. Diversos psicólogos analisaram o enredo com base numa versão em alemão de autoria dos irmãos Grimm. Deixei de lado essa versão visto que os irmãos Grimm fizeram uma extensa revisão da história, adequando-a aos valores convencionais da classe média, enquanto minha intenção era enfatizar a sua natureza transcultural. A versão japonesa se inicia nos moldes de "Cinderela", com uma madrasta malvada perseguindo uma jovem inocente. Essa figura maléfica é comum em contos de fadas, aludindo a dois temas. Primeiro, as mulheres podem ser perseguidas por mulheres, não só por homens, e há outras versões de "A mulher sem mãos", em que a protagonista é atacada por suas irmãs enciumadas, por uma cunhada invejosa, e até por uma babá ciumenta. Em segundo lugar, a madrasta pode ser interpretada como uma figura negativa de mãe, simbolizando o conflito mãe-filha. (Muitos contos de fadas mostravam, originalmente, uma mãe perseguindo a filha, contudo os editores adaptaram a figura da madrasta para minimizar em parte o drama.) Esta história enfatiza esses conflitos de duas formas. A mãe da jovem sem mãos morreu quando ela tinha quatro anos, idade em que, segundo os psicanalistas, a menina em geral começa a competir com a mãe pela atenção do pai. Para a filha, a mãe costuma parecer uma rival perigosa, o que de forma metafórica a transforma numa madrasta malvada. Os conflitos mãe-filha reaparecem dramaticamente na adolescência, como indica a trama: quando a mocinha completa quinze anos, a madrasta exige que o marido faça a escolha entre as duas. Quando uma jovem se torna sexualmente madura e atraente, a mãe pode se sentir invejosa ou tornar-se invasiva e controladora. Emocionalmente, mãe e filha sentem por vezes que só há espaço para apenas uma delas.

Amputação e desamparo

Quando o pai leva a filha até a floresta, ela se preocupa e fica em dúvida quanto ao caminho. Seu instinto a adverte de que algo está errado, entretanto ela silencia sua voz interior depois de seu pai tê-la tranqüilizado, e em seguida ocorre o desastre. Observe-se que o pai só ataca a filha depois que ela adormece: ele só é capaz de feri-la quando ela está inconsciente, não podendo, portanto, contar com sua sabedoria natural.

A atitude do pai ao decepar as mãos de sua filha revela uma atrocidade sem limite. O pai poderia tê-la deixado na mata, como em "Joãozinho e Maria" — por que lhe decepar as mãos com tanta crueldade? Deve haver significados simbólicos mais profundos nesse comportamento.

Sem mãos, a jovem está de todo desamparada. Isso ilustra o padecimento das mulheres em muitas culturas nas quais elas são confinadas ao lar e impedidas de agir livremente. Ocorre algo semelhante na cultura ocidental moderna, em que as pressões sociais desencorajam as adolescentes a expressar suas opiniões ou afirmar-se. Numa interpretação psicológica, são impedidas de ir em busca da realização de seus sonhos: a sociedade decepa-lhes as mãos.

Decepar as mãos remete à mesma atitude quanto a outras partes do corpo e desperta a noção da castração. Chegamos aqui a uma teoria da psicologia feminina, muito valorizada por Freud. Segundo ele, quando as meninas descobrem a presença do pênis nos meninos, porém nelas a sua ausência, imaginam que um dia o possuíram, contudo o perderam. Assim, elas acreditam ter sido castradas e sentem-se inferiores aos meninos. São poucos os defensores contemporâneos dessa teoria, entretanto este conto de fadas revela um significado mais profundo oculto na imagética da castração. Na maioria das culturas, as meninas são de fato castradas; não é o pênis que perdem, porém suas mãos, ou seja, a capacidade de ser senhoras de seu mundo e de ir em busca da realização de seus sonhos. A castração é socioeconômica, não corpórea.

A temática da ausência de mãos aparece nitidamente nos sonhos de mulheres, como ilustra a psicóloga Claire Douglas[2]. Em um de seus sonhos, Douglas viu sua mãe num píer e sabia

---

2. Douglas (1990).

que ela estava possuída por um fantasma. Ele foi até ela e transformou-se numa garotinha de doze anos. Sua mãe então lhe disse que o costume daquela terra era cortar a mão direita de todas as meninas para que elas se tornassem mais dóceis e com maior probabilidade de casar. Acrescentou que essa amputação era essencial para meninas intelectuais e causadoras de problemas como Douglas. Horrorizada e indignada, ela corre dirigindo-se para uma mulher mais velha sentada num píer próximo, a qual zombava da mãe de Douglas.

Esse sonho traz à tona a temática principal de "A mulher sem mãos", ao acentuar que o propósito de decepar as mãos das meninas é torná-las mais "dóceis" e "fáceis de casar", forçando-as assim a se enquadrar em estereótipos femininos nocivos. O sonho mostra também que a mãe de Douglas estava possuída por um fantasma, o que se dá quando a madrasta malvada substitui a boa mãe, no conto de fadas. O fantasma é, assim, uma metáfora para as poderosas convenções sociais.

O demônio

Outras versões do conto trazem elementos adicionais de compreensão ao tema da amputação. Na releitura apresentada pelos irmãos Grimm, é o demônio, e não a madrasta malvada, quem força o pai a decepar as mãos da filha. O diabo aqui personifica o mal extremo, e numerosas versões de "A mulher sem mãos" revelam a extensão dessa atitude: o pai decepa as mãos da filha porque ela rejeita suas investidas incestuosas, sua tentativa de estuprá-la. Susan Gordon observou: as mulheres que sobreviveram ao incesto e ao estupro reagem com profunda emoção quando tomam conhecimento de "A mulher sem mãos". O horror impensável de ter as mãos amputadas remete ao grande trauma de ser vítima de um estupro ou ato de incesto.

O pai decepa as mãos da filha logo após ela completar quinze anos, ou próximo à menarca. Na realidade, como parte dos ritos da puberdade, com relação às meninas, muitas sociedades obrigam à circuncisão feminina, uma prática abominável que envolve a excisão do clitóris e dos lábios vaginais da menina, seguida da sutura quase total de sua vagina. Essa é uma mutilação de dor imensurável, tornando o coito um suplício e as mulheres propensas a infecções recorrentes. O tema da amputação nos contos de fadas não é uma fantasia.

Dúvidas e silêncio

Mesmo após o pai cortar-lhe as mãos, a filha o persegue pedindo ajuda. Uma cena contundente, todavia verdadeira, visto que as crianças vítimas de abuso e até de estupro pelos pais permanecem emocionalmente vinculadas a eles.

Com os ferimentos sangrando, a pobre menina rasteja até um riacho onde lava os cotos. Dá-se então o milagre da cura pela água. Temos assim novamente o tema da natureza selvagem — a natureza, em particular a água, provê de cura e santuário as mulheres, o que será observado adiante.

Depois de ter vivido sozinha na floresta, a virgem sem mãos encontra um jovem. Ele se choca ao ver uma mulher sem mãos, não se dando conta de que a mutilação, tanto física como psicologicamente, é um estado comum para as mulheres na maioria das sociedades. Tampouco ele consegue entender o fato de uma mulher desamparada conseguir sobreviver na mata, ignorando a capacidade feminina diante da adversidade.

O rapaz indaga-lhe se é um espírito ou um ser humano, pergunta significativa, pois é recorrente na maioria das versões. Ele duvida de sua existência real e de sua terrível mutilação, dúvida que paira hoje nos casos de incesto: o depoimento é verídico ou imaginário? Seria confiável o que a memória recuperou? Surgem as mesmas dúvidas nos casos de estupro e assédio sexual. No caso de Anita Hill e Clarence Thomas, nos Estados Unidos, o Senado decidiu que a experiência de Hill foi imaginária.

A mulher sem mãos omite a verdade sobre o fato. Outras versões são ainda mais explícitas a respeito de seu silêncio. Numa delas, a virgem declara que os animais comeram as suas mãos, mantendo secreta a atrocidade de seu pai, ao passo que em outra ela afirma não se lembrar do que aconteceu. Essas versões ilustram a dimensão do trauma para a mulher, bem como o fato de manter silêncio pela falta de crédito. Para algumas mulheres, o horror causa uma fragmentação psíquica que as leva a perder a noção de um *self* permanente. Para elas, o mundo é uma sucessão de episódios desconexos, intercalados por fendas aterrorizantes: como a virgem sem mãos, elas podem não se lembrar conscientemente do que aconteceu. Algumas vítimas não dizem nada porque querem proteger o estuprador, em especial se ele pertence à sua família. Outras sentem-se bastante envergonhadas, como se fossem as responsáveis pelo abuso e pelo estupro – posição defendida, aliás, por muitas sociedades. As mulheres não têm só as mãos amputadas, também a língua.

Resgate

O jovem apieda-se da virgem sem mãos, leva-a para casa, apaixona-se então por ela, e eles se casam. Uma trama à "Cinderela": a donzela vitimada por abusos é salva por um herói destemido, e eles se casam, vivendo felizes para todo o sempre. Porém, aqui, isso é apenas parte do enredo! O resgate romântico é tão-somente uma fase temporária na jornada da mulher ao longo da vida.

De forma curiosa, esse jovem vive com a mãe, diferentemente da maioria dos heróis, que deixam sua casa. O pai do jovem não é mencionado, o que insinua uma ancestral tradição matrilinear. Isto explica a generosidade da mãe do jovem em relação à mulher sem mãos. Nas culturas em que os homens detêm o poder, sogra e nora competem pelo posto de influência sobre o homem da casa. Nas culturas matrilineares, as mulheres contam com recursos próprios de autoridade, mãe e filha, portanto, não disputam o filho-marido.

Quando a jovem sem mãos engravida, seu marido parte em viagem, tornando-se física e emocionalmente ausente no momento em que ela mais precisa — como, aliás, grande parte dos homens, dedicados a suas carreiras. Quando a mulher sem mãos dá à luz, a sogra envia ao filho uma mensagem calorosa, mas a madrasta malvada reaparece trocando as cartas. Em outras versões, é o diabo quem faz essa troca, entretanto o sentido do gesto é o mesmo — algo sombrio traz problemas ao marido e à esposa. Na vida real, esses conflitos envolvem a "projeção". O marido, por exemplo, pode acusar a esposa de infantilidade ao flagrá-la num momento de raiva, quando na verdade ele é acometido por acessos de birra infantis. Ele culpa a esposa por suas faltas, projetando nela suas deficiências. Essas projeções se ampliam na ausência de comunicação, como a troca de cartas na fase em que marido e esposa estão fisicamente separados; incapazes de se comunicar entre si de modo direto, estabelece-se uma grande confusão.

O nascimento de um filho costuma dimensionar os ruídos na comunicação entre os cônjuges. O marido pode sentir ciúmes do cuidado que a esposa dedica à criança, trazendo à tona carências infantis decorrentes da falta de atenção da mãe; vê então o bebê como um intruso ameaçador. Por outro lado, a esposa sente-se sobrecarregada em razão dos cuidados com a criança, e, num processo inconsciente, esta pode parecer um demônio, ameaçando devorar-lhe a vida. A imagem do bebê monstruoso, referida na carta da madrasta, é psicologicamente exata.

Exílio e cura

Quando o marido responde à primeira carta, pedindo à mãe para cuidar da esposa e do filho, a madrasta impostora a troca afirmando o inverso. A mãe do rapaz custa a acreditar na segunda mensagem, mas cede e obedece ao que diz a carta. Seu instinto natural é derrotado pelas imposições sociais que colocam seu filho como chefe da casa. Quando a mulher sem mãos lê a carta, também a obedece. Não protesta e, de modo resignado, vai para a floresta com o bebê, reforçando o seu silêncio.

Na mata, o bebê recém-nascido escorrega das costas da mãe, caindo na água do riacho. Ela pede ajuda, estende os braços para puxar o filho de volta, e suas mãos milagrosamente reaparecem. Outras versões reiteram o drama, enfatizando seu significado simbólico. Observe, primeiro, que a mãe sem mãos é curada na floresta, longe da civilização: a natureza proporciona cura às mulheres, bem como lhes serve de santuário, haja vista o conto "Os três ovinhos". A arte e a literatura produzidas por mulheres reiteram a temática da cura[3] e invertem uma tradição vigente em muitas culturas, nas quais mulheres e natureza são associadas à fonte de vida em benefício dos *outros*. Os contos sobre mulheres enfatizam a natureza como uma fonte de renovação para si mesmas. Esse é um tema explícito em sonhos, e Clarissa Pinkola Estés dá um exemplo contundente: uma mulher sonhou que fizera uma cirurgia de coração com o tórax exposto e, durante todo o procedimento, esteve consciente. Viu que a sala cirúrgica abria para o céu, e quando os cirurgiões deixaram seu coração exposto um raio de sol caiu sobre ele, curando-o instantaneamente. O cirurgião declarou então não haver necessidade de mais nada.

A natureza pode ser profundamente curativa até mesmo para mulheres traumatizadas, logo no início da vida, pelas próprias mães. A abundância e a beleza da natureza intacta podem substituir a mãe negligente ou destrutiva. A psicanalista Jane Wheelwright, por exemplo, descreve como cresceu numa área de mata virgem ao lado da mãe que não era atenciosa tampouco afetuosa[4]. Naquele lugar, Wheelwright encontrava conforto, acolhimento, inspiração, e a natureza tornou-se sua Mãe Natureza e uma fonte de cura.

A água da vida

A mãe sem mãos é curada quando mergulha os braços no riacho, o que é reproduzido em outras versões quanto à imagem com água. Esses contos reiteram um antigo elo entre a água e o feminino profundo. O conceito chinês de *yin*, o princípio feminino cósmico, por exemplo, está ligado a vales úmidos e férteis, ao

---

3. Pratt (1981, 1985); Neher (1989).
4. Wheelwright (1989).

passo que os celtas associavam lagoas, rios e nascentes com espíritos femininos. A língua falada reflete essa associação também; por exemplo, em francês, "água" é um substantivo feminino. O elo de ligação entre água e feminino não surpreende porque as qualidades de uma refletem as virtudes da outra. A água é flexível; quando bloqueada, simplesmente escorre em torno do obstáculo com uma energia silenciosa e regular, que aos poucos corrói as obstruções. A água também pode ser espantosamente poderosa, irrompendo como inundação que varre tudo o que encontra pela frente. O poder da água é com freqüência ignorado, pois parece bastante comum e trivial — tal como a vitalidade feminina. Não obstante, a água proporciona vida, nutre, gera, seja como fluido amniótico, seja como chuva que faz brotar a safra.

Na vida real, temas sobre a água costumam desempenhar um papel significativo na vivência de totalidade das mulheres. Meinrad Craighead conta: numa tarde quente de verão, ela se sentou em companhia de sua cachorra, no jardim: "Ao olhar nos olhos dela, dei-me conta de que nunca conseguiria viajar mais além do que para dentro dos olhos daquele animal. Eram tão profundos, espantosos, inatingíveis quanto o céu noturno. Igualmente misteriosa foi a clara percepção da presença da água em mim, de seu som em meus ouvidos, embora seu eco proviesse de meu coração. Mirava os olhos daquele animal e ouvia o som da água fluindo dentro de mim. Compreendi. 'Isso é Deus. Minha Mãe é a água, e ela está dentro de mim e eu, na água'"[5].

A epifania de Craighead foi mediada por um animal e pela água, isto é, pela natureza. Sua visão também ocorreu quando ela só tinha sete anos, antes que soubesse qualquer coisa a respeito de deusas e antes que elas se tornassem um tema de tamanha popularidade. Essa revelação também divergia profundamente da tradição cristã na qual era educada, o que enfatiza a espontaneidade de sua vivência arquetípica; esta brotou de seu cerne, do mais profundo de seu *self* feminino.

---

5. Craighead (1982), p. 75.

O feminino profundo

A cura da mulher sem mãos pela natureza e pela água evidencia a cura das feridas e dores das mulheres pelo feminino profundo. Papéis femininos tradicionais, como ser uma esposa bem-amada, não se prestem mais; o marido não consegue curar sua esposa sem mãos. Tampouco a esposa encontra sua plenitude em ser apenas heróica, sobrevivendo na mata. Reivindicar seu lado masculino, seu *animus*, não é suficiente. Os homens e o masculino não podem curar as feridas que a sociedade provoca nas mulheres, todavia isso é possível pelo feminino profundo. Essa pode ser, contudo, uma experiência dolorosa. Só quando o bebê cai na água, deixando a mulher desamparada e desesperada, é que ela é curada. É relevante ela não ter desistido, mas estendido os braços para o filho. Esse é essencialmente um processo de morte-renascimento, familiar em contos anteriores: em meio a uma situação desesperada, a mulher encontra nova vida. De fato, o bebê pode ser interpretado como um símbolo para o verdadeiro ser da mulher, mergulhada em convenções sociais opressoras e salva no momento certo. Aqui uma advertência implícita: se a mulher não perseguir seu propósito, determinada e não esmorecendo, seu verdadeiro ser se afogará; do contrário, encontrará cura e recuperará sua plenitude.

A mulher sem mãos as recupera em sua segunda passagem pela mata. A primeira foi após suas mãos terem sido mutiladas, quando a natureza proveu-a de alimento e segurança, mas não com a cura completa: ela não recuperou as mãos. Só mais tarde, depois de ter se casado e se tornado mãe, é que encontra sua verdadeira cura e totalidade.

Uma das razões é que as mulheres jovens, assim como os rapazes, em geral perseguem ideais românticos, em que a linda princesa cai de amores pelo príncipe encantador. As mulheres precisam se livrar desses ideais românticos antes de encontrar o feminino profundo. Acima de tudo, o feminino profundo é poderoso e pode ser arrebatador num primeiro encontro; um ego consolidado é fundamental para explorar os mistérios do feminino, e as mulheres ganham essa força com suas experiências de vida.

A espiritualidade das mulheres e o corpo

Em seguida à recuperação das mãos, a mulher reza em um santuário próximo ao riacho, dando graças aos deuses. Esse gesto sublinha os aspectos espirituais, tema também recorrente em outras versões. "A mulher sem mãos" não é apenas uma narrativa do desenvolvimento psicológico das mulheres; também refere sua jornada espiritual pela vida. Todas as versões são uníssonas quanto à vinculação da espiritualidade feminina à natureza, não à civilização. Uma versão alemã, não a dos Irmãos Grimm, introduz esse aspecto numa dimensão poética. Quando a mulher sem mãos foge com o bebê para o mato, encontra dois homens, Pedro e João, ao lado de um riacho. Eles se assemelham aos apóstolos e lhe oferecem três desejos, lembrando-a de pedir o que lhe for mais precioso; para eles é provável a salvação eterna. A mulher sem mãos primeiro pede abrigo e alimento, para ela e o filho. Pedro e João concedem-lhe o desejo e novamente a lembram de que peça a mais inestimável de todas as coisas. A mãe deseja ver seu marido, e de novo os dois apóstolos concordam com o pedido, repetindo o conselho de que deseje a mais preciosa de todas as dádivas. A mãe pensa por um instante e depois pede suas mãos de volta. Ela as recupera e imediatamente encontra seu marido. Reencontram-se e vivem felizes para sempre.

Aqui, a mãe sem mãos não pede o que seria considerado "a maior dádiva": a salvação eterna. Em vez disso, ela quer de volta suas mãos. O que ela pede é a capacidade de agir "neste" mundo, e não se contenta com uma vaga promessa de felicidade no "outro". Ela prefere uma cura corpórea, material, em vez de abstrações como benefícios vindos dos deuses. O conto assinala, dessa maneira, a natureza materializada da espiritualidade feminina, tema explorado por teólogas e pensadoras como Mary Daly e Naomi Goldenberg.

Reconciliação

Quando o marido volta para casa e descobre o ocorrido com as cartas, parte imediatamente em busca de sua esposa e filho. Em diversas versões, procura-os incansavelmente, enfrentando numerosas adversidades. É a sua vez de sofrer, tema que também aparece nos contos sobre homens. Os contos de fadas mostram, portanto, que as mulheres sofrem uma grande opressão na juventude, mas encontram a libertação e a cura na metade de sua vida. Por outro lado, os homens gozam de privilégios e poder nessa etapa, e mais tarde vivenciam uma grande crise na meia-idade. Aqui se retrata uma inversão de papéis, o que iguala homens e mulheres; mais tarde, eles podem voltar um para o outro num relacionamento mais equilibrado e igualitário.

Durante a busca pela esposa, o marido revela o quanto valoriza sua relação. Ele é um "novo homem", como o príncipe Ivan em "Maria Morevna". No entanto, quando a encontra na floresta não tem certeza de tê-la reconhecido, e outras versões são ainda mais dramáticas. A incapacidade do marido em reconhecer a esposa é outro exemplo da inconsciência dos homens e da necessidade de despertar. "A mulher sem mãos" acrescenta um novo elemento: o marido tem dificuldade em reconhecer a esposa após ela recuperar as mãos, quer dizer, não a reconhece como uma pessoa inteira, curada, integrada. Na vida real, quando as mulheres reivindicam sua vitalidade reprimida, os maridos e colegas de trabalho, que em geral são homens, resistem a essas mudanças, e começam a surgir conflitos. Essa realidade tão freqüente esclarece por que muitas mulheres consideram inexplicável ou ofensivo que a esposa volte para casa com seu marido. O que possibilita a volta e a reconciliação é o fato de o marido ter mudado tanto quanto a esposa. Ele a reconhece e a reafirma como pessoa plena, curada, e eles regressam como iguais. Essa é a essência deste enredo. Os contos sobre mulheres falam não só de mulheres curando suas feridas, mas também de homens recém-despertos, pós-heróicos, capazes de recebê-las em toda sua força e vitalidade.

capítulo 7

"A mulher que veio do ovo"

Ressurreição e natureza

(Alemanha)[1]

m jovem saiu em busca de uma esposa, pois não gostava de nenhuma das donzelas de sua aldeia. "Bem, então procure, se você precisa", disse-lhe a mãe, "mas certamente a fome o trará de volta, ou a sede!" Enquanto o rapaz atravessava a floresta, seu estômago logo deu sinal de fome e sua garganta ficou seca. Viu um ninho de passarinho no alto de uma árvore e subiu até lá, em busca de ovos para comer. Encontrou três e, assim que estava de volta ao chão, quebrou um deles. Para sua surpresa, uma linda donzela surgiu à sua frente.

"Dê-me água", ela disse, "e eu serei sua, assim como você será meu."

O rapaz não tinha água, e a moça então desapareceu. Ele quebrou o segundo ovo, e surgiu uma virgem ainda mais radiante.

"Dê-me água", ela declarou, "e eu serei sua, assim como você será meu."

Antes que ele conseguisse encontrar água, ela desapareceu. Mais triste, porém mais experiente, ele procurou água antes de abrir o último ovo. Encontrou um poço num jardim, encheu uma

---

1. Ranke (1966).

taça com água e então quebrou o terceiro ovo. Uma virgem tão linda quanto o Sol e a Lua apareceu, vestida numa túnica dourada. No mesmo instante, o rapaz apaixonou-se por ela.

"Dê-me água", ela disse, "e eu serei sua, assim como você será meu."

O rapaz ofereceu-lhe a taça de água, e ela bebeu, dizendo: "Agora, eu sou sua e você é meu".

O rapaz desejava imensamente que a linda mulher voltasse com ele para casa, então ele lhe disse: "Se você esperar aqui, junto do poço, buscarei uma carruagem para você!".

Ela concordou e esperou junto do poço. Logo em seguida, uma bruxa aproximou-se dela, acompanhada de sua filha hedionda. A bruxa viu a maravilhosa jovem e perguntou: "Por que você está sentada aqui tão só?".

A mulher que veio do ovo respondeu: "Estou esperando por meu marido que vem me buscar de carruagem".

A bruxa sibilou: "Isso é o que você acha!". Agarrando a linda jovem, tirou-lhe as vestes douradas e cacarejou: "Será a minha filha que seu marido irá levar para casa, não você!".

A mulher que veio do ovo saltou para dentro do poço, tornou-se um peixe e nadou até sumir de vista. A bruxa vestiu sua filha medonha com a túnica dourada, instruiu-a quanto ao que dizer quando o rapaz voltasse e partiu.

Pouco depois chegou o rapaz com a carruagem. Quando viu aquela mulher feia, recuou. "O que aconteceu com você?", ele perguntou. "Você era tão linda quando eu parti!"

"Infelizmente", explicou a filha da bruxa, "você me deixou exposta ao sol e eu fiquei preta! Mas se você me levar para casa tomarei um banho e voltarei a ser tão linda quanto antes."

O rapaz voltou para casa com ela, mas quando sua mãe viu a mulher exclamou: "Sua noiva é uma vagabunda!".

A filha da bruxa banhou-se, e o rapaz se casou com ela, entretanto ela continuou hedionda. Então se fingiu de doente e deitou na cama. "Só uma coisa pode me curar e devolver-me a beleza", disse a feia esposa ao marido. "Um peixe mágico que vive no poço junto do qual esperei por você. Se eu comê-lo, ficarei curada."

O rapaz retornou ao poço, esvaziou toda a sua água e capturou o único peixe que havia ali. Trouxe-o para casa, e sua esposa comeu-o com imenso prazer, jogando as espinhas no quintal. Todavia, continuou tão feia quanto antes.

No dia seguinte, um pato surgiu da porta vizinha, onde morava uma velha que trabalhava na casa do rapaz. O pato viu as espinhas do peixe no quintal, engoliu-as apressadamente e voltou para a casa da velha. Em poucos dias, o pato apresentava penas douradas. A velha ficou tão admirada ao ver aquelas penas brilhantes que as arrancou e colocou em uma pequena vasilha.

No dia seguinte, a velha foi à igreja, como de hábito. Ao voltar, ficou surpresa ao encontrar desaparecido o jantar que tinha deixado preparado. Alguém o havia comido! O mesmo aconteceu no dia seguinte e ainda no outro. Assim, na terceira manhã, a velha fingiu que ia à igreja, como de costume, porém voltou silenciosamente para casa e espiou pelo buraco da fechadura. Estupefata, viu uma linda jovem surgir de dentro do pote de penas douradas — a mulher que viera do ovo.

A anciã correu para dentro e tocou na mulher que veio do ovo, o que então a libertou. Daí em diante, as duas viveram juntas. Toda manhã, a velha ia trabalhar na casa vizinha, ajudando o rapaz em sua lida com a terra. Certo dia, a mulher que veio do ovo disse: "Deixe-me ir em seu lugar hoje e trabalhar para o vizinho".

A anciã balançou a cabeça. "Se você for, o dono da casa a verá e desejará ficar consigo!"

"Bem", disse a mulher que veio do ovo, "usarei roupas bem velhas e sujas, ele nem sequer me olhará duas vezes." Ela se pôs maltrapilha e dirigiu-se à casa vizinha.

Quando entrou, o marido olhou-a rapidamente e em seguida, pela segunda vez. Ele a reconheceu, pensou por um longo momento, depois pediu às mulheres que contassem uma história para passar o tempo. Primeiro sua mãe contou uma história, logo após a feia, mas quando chegou a vez da mulher que viera do ovo, esta disse: "Não tenho histórias para contar, só um sonho".

"Bom", disse o marido, "um sonho também serve."

Então a mulher que veio do ovo começou: "Certa vez sonhei com um rapaz que não gostava de nenhuma das moças de sua aldeia. Então ele foi em busca de uma esposa em outro lugar. Ao andar pela floresta, encontrou um ninho com três ovos de ave. Quando ele quebrou o primeiro, apareceu uma virgem...".

A esposa feia começou a andar de um lado para o outro. Voltou-se para o marido e perguntou: "O que você está fazendo aqui, com todas essas mulheres? Por que não descansa e dorme um pouco?".

"Quero ouvir a história dela", insistiu o marido, e assim a mulher que veio do ovo descreveu as três virgens e o modo como o rapaz dera uma taça de água à última. "Então", ela disse, "ele saiu para buscar uma carruagem com a qual levaria sua esposa. Nesse momento, acordei", concluiu a linda mulher, "e não sei como o sonho terminou."

"Tente lembrar-se", insistiu o marido, e a mulher que veio do ovo retomou a história, descrevendo como a bruxa substituíra sua filha feia pela jovem noiva. Ouvindo isso, o marido agarrou a filha da bruxa e trancou-a no quarto. Depois, foi até a casa da bruxa.

Perguntou a ela: "O que você acha de uma pessoa que rouba a esposa de um homem, tenta matá-la e a substitui por uma sapa medonha?".

A bruxa respondeu: "Ora, essa pessoa deveria ser trancada num barril cheio de pregos e jogada do alto da maior das montanhas. Assim como a falsa esposa!". E foi exatamente isso que o marido fez. Então, ele se casou com sua verdadeira esposa na igreja, e os dois viveram felizes para sempre.

O rapaz

Embora este conto de fadas alemão se inicie com um rapaz em busca de uma esposa, a verdadeira protagonista é a mulher que vem do ovo, a qual dá título ao conto. Além disso, o enredo gira em torno de mulheres: a que veio do ovo, a bruxa, sua filha e a velha sábia. Como em outros contos sobre mulheres, aqui o foco começa num homem para então se deslocar para a mulher protagonista e seu processo de desenvolvimento.

O rapaz não estava satisfeito com nenhuma das candidatas de sua aldeia, e sai em busca de uma esposa de outro lugar. Ele pode simplesmente acreditar, como acontece com tantos outros jovens heróis, que é especial e merece uma esposa ímpar. Por outro lado, ao buscar alguém não-convencional, ele pode ser capaz de atitudes além das atribuições tradicionais de papéis vinculados ao sexo, tornando-se um "novo homem".

Enquanto atravessa a floresta, o rapaz depara com um ninho de ave que contém ovos; estes são símbolos arquetípicos do feminino. Outras versões desse conto não incluem os ovos, mas usam símbolos femininos equivalentes. A história italiana intitulada "A donzela da romã", por exemplo, os substitui pela romã, fruta associada ao feminino em muitas culturas, como a grega, a hebraica e a chinesa. Mesmo os símbolos particulares sendo diferentes, segundo a história, permanece o simbolismo.

Quando a primeira bela moça surge pedindo água, o rapaz não a tem para dá-la; ela desaparece. A água é um símbolo feminino ancestral; ao pedi-la, a mulher que veio do ovo pergunta ao rapaz por alguma ligação com o feminino e se ele confirma a importância deste. Ele a frustra como muitos outros rapazes. Ela o deixa então.

O rapaz aprende. Logo após a segunda virgem desaparecer, ele vai em busca de água e encontra inesperadamente um poço no jardim, uma vez que o jovem está na floresta. Um riacho ou lago seria mais apropriado ao cenário da mata, o que sugere, portanto, um simbolismo. A implicação é que a água, como vitalidade feminina, não está mais livremente disponível, só de fonte artificial. Quer dizer, algo bloqueou o acesso ao feminino, e o mais provável é que tenha sido a civilização. Como assinalaram algumas historiadoras e antropólogas, entre elas Marija Gimbutas, Gerda Lerner e Peggy Sanday, culturas dominadas pelo masculino sobrepujaram as primeiras sociedades matrilineares que honravam o feminino. Por isso, é necessário muito esforço e trabalho, simbolizados aqui pelo poço, para sintonizar a dimensão feminina. Os contos sobre mulheres o fazem.

O casamento

Ao pedir água, cada mulher do ovo declara: "Serei sua, e você será meu", deixando implícito que, ao lhe dar água, o rapaz se casará com ela. As donzelas vindas do ovo não dizem apenas "Serei sua", entregando-se ao homem. Elas exigem um relacionamento paritário, mútuo. Um detalhe evidencia a temática do casamento. O rapaz enche uma taça com água e a oferece à terceira virgem. Ele não o faz pelas mãos em concha, tampouco usa uma caneca comum. Em vez disso, recorre a um utensílio usado em ocasiões especiais, presente em cerimônias de casamento no mundo todo, evocando um casamento de almas.

Se interpretarmos as três mulheres como diferentes aspectos da protagonista feminina, há ainda outro significado. A mulher que vem do ovo deve tentar várias vezes antes de o rapaz perceber qual é sua tarefa: honrar os sentimentos e o feminino, deixando implícito que o "novo homem" — capaz de celebrar o feminino e confirmar as mulheres como iguais — não se encontra pronto. Ele se desenvolve, e as mulheres muitas vezes devem esperar que ele o faça.

A carruagem e a bruxa

O marido deseja à esposa uma partida solene e vai em busca de uma carruagem. Torna-se vítima de preocupações sociais tradicionais — *status* e prestígio —; retrocede por vezes à antiga visão da esposa como um ornamento. Surgem a bruxa e sua filha feiosa. Simbolicamente, quando a esposa e seu marido se distanciam, seja por orgulho, convenção social ou deficiência de comunicação, surgem especulações e mal-entendidos, tal como em "A mulher sem mãos".

A bruxa e sua filha feia apontam os conflitos entre mãe e filha quando a mulher entra em algum relacionamento, como o casamento. A intensidade do vínculo da mulher com o parceiro amoroso lembra a profunda comunicação original entre mãe e filha, evocando questões da infância.

A mulher que veio do ovo diz à bruxa que seu marido fora buscar uma carruagem. Não suspeita da bruxa nem se defende da agressão. Ilustra assim a reação de muitas mulheres quando agredidas por outra pela primeira vez: incredulidade, choque, paralisia. A vítima se pergunta: "Como outra mulher poderia fazer isso comigo?"'. É comum surgirem dúvidas como: "Será que eu a provoquei?".

Há talvez uma das causas: inveja ou rivalidade. Na maioria das sociedades, as mulheres não conseguem exercer o poder ou atingir *status* por conta própria, só por intermédio dos maridos. Torna-se imperativo que as mulheres se casem bem, e sua rivalidade deve então ser focalizada nessa tarefa. A bruxa ataca a mulher que veio do ovo; portanto, sua filha poderá ascender na vida.

O *self* verdadeiro e o *self* falso

Em todas as versões, a mulher que veio do ovo é notavelmente linda, até mesmo numinosa. Sua luminosidade reflete seu *self* natural, sua beleza interior. Ela não se comprometeu com as convenções sociais, não perdeu seu eixo na intenção de conquistar aprovação externa. Emergindo de um ovo, na mata, ela brilha com o esplendor de seu eu mais profundo, inocência e totalidade que atraem a bruxa até ela.

Quando esta ataca, a esposa salta para dentro do poço, transformando-se em peixe. É intrigante. Por que não fugiria? E como se transformou em peixe? Não é mencionado nenhum feitiço da bruxa, e aparentemente sua mudança foi espontânea. O que isso significa? O que acontece em seguida?.

A filha da bruxa substitui a linda mulher, evocando um tema importante nos contos de fadas sobre mulheres: o contraste entre a "verdadeira" esposa e a "falsa"[2]. Esse é um tema próprio aos contos sobre mulheres — há poucas narrativas sobre um noivo falso e um verdadeiro —, sugerindo que a esposa impostora reflete uma questão da psicologia do feminino.

---

2. Por exemplo, "As meninas ganso" e "A noiva preta e a noiva branca" dos irmãos Grimm (Grimm e Grimm, 1944); "A filha do mercador e a serva", da Rússia (Afanas'ev, 1973); "A menina que falava jasmins e lilases", do Iraque; "Jubeinah e a escrava", da Palestina (Bushnaq, 1986); "O palácio do homem morto" (Calvino, 1980); "A filha dividida", da China (Roberts, 1979); e "Mulha", da África do Sul (Phelps, 1981).

A falsa esposa personifica um falso *self*, o qual as mulheres são forçadas a desenvolver, na maioria das culturas. Ainda meninas, em geral elas sabem quem são, o que querem e do que precisam. Mas, na adolescência, as meninas são pressionadas a se conformar a papéis femininos convencionais, suprimindo sua verdadeira natureza e desenvolvendo um eu falso, para apresentar ao mundo. O conto de fadas ilustra esse doloroso processo quando a mulher do ovo salta no poço e se transforma em peixe. O verdadeiro *self* desaparece no inconsciente, sendo totalmente silenciado: os peixes não conseguem falar nem chorar. Não obstante, os peixes permanecem vivos, escondidos na água: o verdadeiro *self* da mulher permanece intacto, protegido pelo inconsciente.

O sonho de uma mulher, narrado por Linda Leonard em *Meeting the madwoman*, mostra essa supressão do *self* verdadeiro. Nele, a mulher torna-se uma menininha cuja mãe tinha um bordel para os oficiais da ss nazista. Ela fica horrorizada com essa situação, mas sua mãe todo dia lhe dava uma injeção cuja droga entorpecia seus sentimentos. Finalmente, a menina foge, mas tem de voltar depois de algum tempo para tomar outra injeção, pois se tornara dependente daquela droga. Quando volta, derrotada e humilhada, os oficiais nazistas riem dela.

Em decorrência das injeções, a menina fica entorpecida, vagando sem destino — um falso *self*. A droga suprime seu *self* verdadeiro. No sonho, a mãe é apresentada como vilã, como a bruxa do conto de fadas, todavia são as convenções sociais destrutivas os verdadeiros culpados, perfeitamente personificadas pelos nazistas.

Há grande ênfase sobre a aparência da esposa falsa, temática recorrente em outros contos de fadas. O *self* falso é feio porque reflete uma má situação: a repressão do verdadeiro *self* de uma mulher. Junto com a repressão vem a depressão, o que dá à esposa feia um rosto escuro. Essa cor expressa o desespero íntimo que assedia as mulheres forçadas a se encaixar em estereótipos femininos confinantes. Anna Fengel, pintora alemã, oferece uma imagem inesquecível dessa cisão num quadro intitulado *The subterranean Goddess*. Nele, a imagem da face pálida e descorada de uma mulher, inerte, branca como giz, hedionda, estendida sobre a terra. Sob essa face, escondida no chão, surge outra, vermelha, vibrante e cheia de vida[3]. O contraste entre o *self* vazio e o *self* passional, entre o falso e o verdadeiro, não poderia estar mais nítido.

Indo "para casa"

Quando o marido volta com a carruagem, fica perplexo ao ver a esposa e não se dá conta de que está lidando com uma impostora! Ele é ignorante, psicologicamente inconsciente, e deve ser despertado. Além disso, a sua reação imediata é quanto à aparência da esposa, sugerindo a beleza como o maior valor numa mulher.

A falsa esposa acusa o sol pela sua condição, ou seja, a natureza lhe arruinou. Aqui ela segue os ditames da convenção patriarcal, a natureza é algo desafiador que deve ser conquistado, contrariando os contos sobre mulheres, os quais insistem em que a natureza é um santuário e um local de cura para elas. Uma contradição apenas aparente porque a falsa esposa é um falso *self*, portanto, capaz de dizer coisas falsas.

Apesar de sua aparência horrível, o marido a leva para casa. Ele não a abandona, o que significa que ele se comprometeu com ela, sugerindo que está em via de se tornar o "novo homem". Quando a falsa esposa chega em sua nova casa, imediatamente levanta suspeitas da mãe do noivo. Entretanto, seu filho permanece no casamento. Fatos semelhantes ocorrem em outras histórias: mulheres mais velhas não se deixam enganar por falsas aparências; elas enxergam a verdade. Infelizmente, os homens não acreditam nelas senão muito mais tarde, quando despertam.

Ao se casar com a mulher feia, com o falso *self*, o rapaz faz dela sua esposa legal ou oficial. Em geral, é o falso eu da mulher que a sociedade reconhece e respeita, não seu verdadeiro *self*. As mulheres são recompensadas por serem magras, lindas, atenciosas, cordatas — não por falarem o que pensam, insistirem no que querem ou darem atenção a suas necessidades corporais. Esse é um alto custo para a alma.

---

3. Gottner-Abendroth (1991).

Comendo o peixe

Fingindo-se de doente, a falsa esposa diz ser curada e ter sua beleza de volta somente se comer o peixe do poço da floresta. Observe-se que ela põe a cura e a beleza no mesmo nível, uma dolorosa convicção das mulheres da cultura contemporânea. Após a adolescência, as mulheres são alertadas pela mídia sobre o dever de ser mais belas, e então mais felizes e plenas.

O marido esvazia o poço e consegue o peixe. Uma maneira peculiar de pescar; tal ato, portanto, deve ter um significado simbólico. Ele destrói o acesso à dimensão fluida, feminina, desconhecendo o sentido de seus atos — está matando sua verdadeira esposa. Mais uma vez, está psicologicamente adormecido. Hoje, muitos homens desvalorizam ou atacam o feminino e as mulheres de maneira inconsciente. Os homens se surpreendem, por exemplo, ao perceber que certas atitudes suas, no trabalho, são vivenciadas pelas mulheres como assédio sexual. O marido, ao esvaziar o poço, desvela o efeito cumulativo de séculos de uma cultura orientada para o masculino: o feminino profundo seca.

Quando o marido oferece o peixe à falsa esposa, ela prontamente o come. É uma imagem repulsiva, pois implica canibalismo. No entanto, é precisa quanto à atitude do falso *self* em devorar o verdadeiro. Na vida real, quando uma mulher não tem chance de expressar sua natureza íntima, sendo recompensada pela sociedade apenas por seu conformismo aos estereótipos femininos, corre o risco de perder o contato com seu *self* profundo, com sua alma — e o falso *self* devora o que é único e inestimável em si.

Até mesmo quando o verdadeiro *self* de uma mulher é devorado pelo falso, nem tudo está perdido.

Transformações

A falsa esposa cospe as espinhas do peixe, um pato as engole às pressas e crescem-lhe penas douradas; mais tarde, uma velha arranca as penas e guarda-as num jarro. A mulher do ovo reaparece das penas. Assim, a verdadeira esposa torna-se um peixe, espinhas de peixe e penas douradas de pato, para em seguida recuperar sua forma humana. Essas transformações são comuns nos contos sobre mulheres, contudo raras nas histórias sobre homens, sugerindo que a mudança de forma simboliza algo singular a respeito do feminino. A transformação da mulher que veio do ovo simboliza como as mulheres passam por vários papéis e identidades na vida; por exemplo, com freqüência concentram suas energias na família no início da vida, porém depois que os filhos saem de casa voltam à escola, começam carreiras profissionais, abrem seus próprios negócios. Esse padrão se aplica não só à sociedade moderna, mas também à Inglaterra vitoriana, à China imperial e a muitas culturas tribais no mundo todo[4]. Os norte-americanos nativos da região Sudoeste do país celebram essa fluidez feminina com a figura mítica da "Mulher que muda". Outras culturas usam a deusa Lua para conceber o mesmo motivo, pois ela está mudando constantemente de fase.

Ao se tornar um peixe, a mulher que veio do ovo sente e vê as coisas como um peixe. Ela entra num novo mundo e mostra um traço intimamente associado ao feminino: a capacidade de ter profunda empatia por outras pessoas, sentindo e pensando como elas, entrando em seu mundo. O conto da mulher que veio do ovo sugere que a empatia pode se estender mais além das pessoas, incluindo a natureza. Para a psique feminina, os relacionamentos são possíveis não só com seres humanos, mas com animais e com plantas. Esse tema aparece em outros contos femininos e é abordado no trabalho de mulheres artistas. Leonor Fini nos dá exemplos visuais[5] excelentes porque seus primeiros trabalhos incluem muitas pinturas de mulheres meio humanas e meio plantas ou animais. Aparecem imagens similares nas pinturas de Remedios Varo, na poesia de Diane Waosi e nas visões de Christiana Morgan.

Na psicologia tradicional, a empatia com animais ou plantas é chamada de "animismo" e é considerada imatura, uma característica de crianças e povos primitivos, mas não de adultos modernos. Isso reflete o pensamento ocidental convencional, que considera a

---

4. Discuto essa pesquisa em *Once upon a midlife*.
5. Ferrara (1983).

natureza algo a ser usado e explorado. O ecofeminismo rejeita essa visão e insiste em que os seres humanos devem relacionar-se empaticamente com animais e plantas. Na realidade, a empatia com a natureza e a mudança de formas corresponde a tradições xamanistas ancestrais, e a viagem da mulher que veio do ovo, atravessando várias formas animais, constitui uma iniciação xamanista clássica. Os xamãs em geral descrevem suas iniciações em termos similares, afirmando que desceram por uma abertura na terra, algo como uma fonte ou caverna, semelhante ao que a verdadeira esposa faz ao mergulhar no poço. O xamã então encontra um guia espiritual, quase sempre em forma de animal. Ou ele mesmo se transforma em animal, traçando um paralelo com a transformação da mulher que veio do ovo em um peixe. Em algum momento, o xamã é morto, ou devorado por demônios e reduzido a um esqueleto. Entretanto, ele ressuscita dos seus ossos, tal como ocorre aqui com a protagonista. A temática xamanista é significativa porque o xamanismo é provavelmente a mais antiga forma de espiritualidade e cura humana. Antecede em milênios as tribos de guerreiros e os estados patriarcais, e reflete antigas culturas igualitárias, em que tanto mulheres como homens podiam ser xamãs[6]. Assim, "A mulher que veio do ovo" recorre a tradições verdadeiramente ancestrais.

Ao mudar de forma, a protagonista muda fisicamente — todo seu corpo é modificado. Aqui o conto enfatiza um importante aspecto do feminino profundo: está intimamente associado à experiência física. Claro que as mulheres passam por mudanças físicas mensais decorrentes da menstruação, e até mesmo em grau mais intenso na gestação e no parto. As culturas patriarcais em geral consideram o corpo com desconfiança e aversão, alegando que o mundo da carne é feminino e corrupto. "A mulher que veio do ovo" rejeita decididamente esse conceito de maneira sutil. A história condena a bruxa e sua filha, as quais não mudam de forma nem alteram a aparência de seus corpos. Contudo, a esposa que veio do ovo, que vivencia essa transformação, é recompensada e

---

6. Discuto essas comprovações em *Beyond the hero*.

retratada de uma perspectiva positiva. A bruxa e sua filha adotam valores patriarcais convencionais: são competitivas e impiedosas, buscando prestígio social e poder. Desse modo, são condenadas a civilização e a cultura, não a natureza e o corpo.

Superar estereótipos a respeito do corpo e das necessidades corporais pode ser um processo profundamente curativo para as mulheres. Sylvia Perera e Marion Woodman, por exemplo, observam como as mulheres beneficiam-se de "trabalhos corporais" — formas corporais de terapia como dança, massagem ou manipulação corporal. Discorrer verbalmente, como na psicoterapia convencional, muitas vezes tem limites, ao passo que modalidades mais profundas, pré-verbais, de mudança, com base em experiências corporais, são, às vezes, necessárias. O conto aqui elabora esse aspecto em linguagem metafórica: a mulher muda sua forma física várias vezes, passando de humana a peixe, a espinhas de peixe, a penas de pato, e depois de novo a plenamente humana, dentro de si mesma por inteiro. Ao remodelar seu corpo, ela remodela sua psique, e não fala durante todo esse processo; ela apenas o experiencia.

O pato e a deusa

A mulher que veio do ovo brota das penas douradas de um pato. A escolha desse animal deve ser simbólica. No antigo Egito, o pato era associado à deusa Ísis, a grande deusa, sugerindo aqui que a mulher, ao se transformar nas penas do pato, entra em contato com uma energia feminina, divina. Na tradição norte-americana nativa, o pato era considerado um mediador entre o céu e a água, pois tanto podia nadar como voar. Esse elo é central no conto. A mulher que surgiu do ovo veio de um ninho, situado no alto de uma árvore, perto do céu e do firmamento, tornando-se depois um peixe, e vive embaixo d'água num poço. Dessa forma, ela une céu e água, o celestial e o oceânico. Tema esse que reaparece em antigas figuras de deusas. Inanna, a rainha suméria do céu, por exemplo, era uma deusa celestial, mas recebeu boa parte de seu poder de Eni, o deus da água. A deusa grega Afrodite nasceu do mar, quando o sangue de Urano pingou no oceano, contudo Urano era um deus celeste, o que faz de Afrodite a ligação entre céu e oceano. Na tradição teutônica, especialmente nos contos de fadas alemães, dizia-se que a deusa Holde (ou Holle, ou Hulda) voava com o vento e desaparecia em lagos, riachos e nascentes. Assim, ela também cruzava céu e água.

Em termos psicológicos, o mundo inferior aquático representa, em geral, o inconsciente, enquanto o mundo superior celestial costuma simbolizar o domínio sublime, espiritual. Portanto, sugere-se aqui que a mulher que veio do ovo tem acesso ao inconsciente e ao divino, o que rompe com as religiões patriarcais e sua dualidade instinto *versus* espírito. O primeiro associa-se às mulheres e ao mundo inferior, enquanto os homens e o masculino são considerados celestiais e espirituais. "A mulher que veio do ovo" insiste em que as mulheres tenham o mesmo nível de acesso ao espiritual e ao instintivo, ao céu e à água. Sugere-se ainda que o feminino profundo cura a distância tradicional entre corpo e alma: por meio da experiência materializada da mulher, ao se tornar simbolicamente um peixe e uma ave, ao empatizar profundamente valendo-se do conhecimento corporal, a psique feminina une a matéria e o espírito.

A mulher sábia

Após a verdadeira esposa se transformar em penas douradas de pato, a velha reconhece a singularidade e o valor daquelas plumas; ela então as arranca e guarda numa vasilha. Mais tarde, a anciã observa que alguém consome diariamente sua comida e dispõe-se a descobrir o responsável. Ela é observadora, talentosa, astuta. Em termos mitológicos, é a velha sábia, familiarizada com o natural e o sobrenatural. Na realidade, ela auxilia na iniciação da mulher que veio do ovo. O processo começou quando ela se tornou um peixe e em seguida um pato, fundindo-se com a natureza e mergulhando no feminino profundo. Para a transformação se completar, a mulher deve voltar à sociedade, o que a velha sábia realiza quando toca a mulher, aparentemente permitindo que a esposa que veio do ovo permaneça em forma humana.

Como a velha espiona o que está acontecendo e interfere nesse processo, de uma perspectiva convencional ela seria considerada intrometida. O conto, porém, rejeita esse estereótipo, insistindo em que sua interferência e sua espionagem são essenciais e positivas. Na verdade, em sociedades tribais, as mulheres mais velhas iniciam as mais novas nos mistérios do feminino, observando-as cuidadosamente e interferindo no momento certo, mediante rituais e treinamentos. A cultura de hoje não propicia esse papel para as mulheres mais velhas, nem qualquer espécie de instrução a respeito de como se tornar uma anciã ritual. A velha não é só uma figura interior; ela é também uma realidade externa, que desempenha um papel social essencial e respeitado.

Reconhecimento

A velha trabalha diariamente na casa vizinha, que pertence ao marido da mulher que veio do ovo. Ela tem o papel de elo de ligação, vinculando a mulher e o marido e unindo mundos diferentes: o feminino profundo e a sociedade humana convencional. Certo dia, a mulher que veio do ovo decide ir à casa vizinha em lugar da velha. Esta primeiro reluta, argumentando que o homem pode querer mantê-la lá. Eis aí vários significados possíveis. Talvez ela seja apenas cautelosa a respeito dos homens, com base em sua própria experiência, ou pode estar receosa de perder a ajuda e a companhia da moça. Há, no entanto, uma terceira possibilidade, que aqui é apenas insinuada, porém em outros contos torna-se mais evidente: a mulher muitas vezes tem de fazer um esforço consciente para voltar à sociedade humana, emergindo de seu contato com o feminino profundo.

Quando a mulher que veio do ovo vai até a casa do marido, ela usa roupas velhas e sujas, não se dirigindo diretamente a ele, tampouco se identificando. Talvez preferisse o silêncio por ter aprendido a conviver com ele, ou temesse o poder da esposa falsa. Afinal de contas, a mulher feia é filha de uma bruxa, e qual poderia ser o resultado de seus feitiços? Ao se acercar da sombra, o lado escuro do coração humano, é sensato ser cauteloso e indireto. (Os gregos reconheciam isso nas oferendas a Hécate, a deusa do mundo inferior: eles se aproximavam do seu altar com as cabeças viradas.)

A mulher que veio do ovo pode também estar testando seu marido. Até aqui, ele não se deu conta de que a esposa feia é uma impostora. Psicologicamente, ele não está ciente de se relacionar com o falso eu, e, se não despertar, a mulher que veio do ovo poderá deixá-lo para sempre, da mesma forma como as duas primeiras mulheres já o fizeram. Outros contos femininos recorrem a essa temática[7]: após reivindicar seu verdadeiro *self*, a mulher volta para o marido de forma disfarçada e testa-o. Esses dramas põem às avessas a trama de "Cinderela", na qual ela deve passar por um teste, ou seja, encaixar o pé no sapatinho de cristal. Nos contos sobre mulheres, é o homem quem é testado. Ele está consciente? Ele afirma as mulheres? O marido supera os dois desafios, reconhecendo a esposa. Ele acorda. Esses novos homens, deve-se salientar, têm aparecido com mais freqüência nos romances literários atuais.

Histórias de mulheres

Ao perceber que a esposa feia é uma impostora, o marido pede a cada mulher da casa que conte uma história. Assim como a verdadeira esposa, ele se vale de uma abordagem indireta, e não confronta a falsa esposa de imediato. Sua atitude talvez se deva ao receio do poder dela, ou que ele tenha adotado uma perspectiva mais "feminina", abandonando o ímpeto de heróis mais jovens: atacar e matar vilões. Na realidade, ao fazer o pedido às mulheres, o marido demonstra um respeito não-convencional pela fala das mulheres. Na maioria das culturas, os homens menosprezam o

---

7. Por exemplo, "O tocador de alaúde" e "A árvore de ouro" em meu livro *Once upon a midlife*.

que as mulheres dizem, classificando sua conversa de fofoca ou conversa de viúva. O marido rejeita esses estereótipos ao ouvir a história de cada mulher.

Na sua vez de falar, a mulher que veio do ovo diz não ter histórias para contar, só um sonho. Seu silêncio foi tão prolongado que ela duvida de sua própria história, acreditando que suas recordações são falsas e fantasiosas. Na realidade, quando a mulher é obrigada a esquecer sua história, por vezes a verdade só aparece em sonhos, e a pista inicial de que ela sofreu abusos sexuais ou físicos na infância, por exemplo, podem ser sonhos aterrorizantes que, de outra forma, lhe são inexplicáveis.

Quando a mulher que veio do ovo conta seu sonho, a falsa esposa pede ao marido que saia e volte a dormir. Como um falso *self*, ela precisa que o homem continue adormecido e vivendo em um falso plano de consciência, como ela. O marido se recusa. A verdadeira esposa a princípio não dá detalhes de sua experiência com o feminino profundo, bem como de sua transformação em animais, o que o faz, talvez, pela sua discrição: não se expõem os mistérios femininos. As mulheres em culturas indígenas guardam segredo a respeito de seus rituais, mais do que os homens tribais que, em geral, contam aos antropólogos tudo sobre seus rituais masculinos. A vivência dos mistérios femininos não se reduz facilmente a palavras. Como experiências emocionais, materializadas, os mistérios femininos transcendem o conhecimento verbal, intelectual.

Retribuição e retorno

Após ouvir sua verdadeira esposa, o marido pergunta à bruxa qual deveria ser o castigo de uma pessoa que tentasse matar a esposa de um homem, substituindo-a por uma terrível impostora. Quando ela declara que o vilão e a falsa esposa deveriam ser trancados num barril cheio de pregos e jogados do alto de um penhasco, o marido segue exatamente o que a bruxa diz. O marido a entrega à autocondenação. Ele evoca a natureza vingativa e dura da bruxa, que se volta contra ela mesma. Ao fazê-lo, de certa forma o marido recorre ao *aikidô* psicológico, uma abordagem indireta, astuta, que lembra a sabedoria feminina.

Ao punir a bruxa e sua filha, o marido resgata sua verdadeira esposa. Contudo, aqui não se evoca o tema dos velhos contos de fadas, em que o corajoso herói salva a mulher desamparada e os dois se casam, com a esposa permanecendo para todo o sempre grata e submissa. A morte da bruxa e da falsa esposa implica a eliminação dos estereótipos convencionais sobre as mulheres. Só assim o homem poderá ter um relacionamento autêntico com a mulher. Aqui, o simbolismo do pato assume outro significado. Nas mitologias chinesa e japonesa, o pato simboliza a fidelidade conjugal, pois muitas espécies acasalam-se com um só par, pelo resto da vida. Machos e fêmeas são igualmente fiéis.

Ao matar a bruxa e sua filha, o marido ajuda a mulher que veio do ovo a assumir seu lugar de direito na comunidade humana. Uma vez que a sociedade é com freqüência dominada por influências masculinas, não é de surpreender que a verdadeira esposa necessite do auxílio de um homem para tanto. Na vida real, numerosas mulheres bem-sucedidas nos negócios tiveram mentores homens, mais bem situados na hierarquia empresarial, oferecendo-lhes assistência. A união do homem com a mulher que veio do ovo conclui o conto com uma temática familiar: a união sagrada, a reconciliação entre marido e mulher após uma longa separação, na qual os dois se desenvolvem.

PARTE IV

Irmandade

capítulo 8

"As duas irmãs":

Irmãs e libertação

(Nação Igbo, África)[1]

Duas irmãs, Omelumma e Omelukka, havia muito tempo, adoravam brincar ao ar livre, rir e correr para todo lado, como qualquer criança. Certo dia, seus pais saíram para ir à feira, a qual se distanciava um pouco da casa.

"Cuidado com os animais da terra e do mar", o pai advertiu-as, "porque muitas pessoas já foram levadas pelos monstros".

"Fiquem dentro de casa e não façam muito barulho", aconselhou a mãe. "Quando fizerem comida, acendam um fogo pequeno, pois assim a fumaça não irá atrair os animais", ela acrescentou. "E, quando socarem os grãos, façam-no em silêncio, pois assim os monstros não as ouvirão."

"Acima de tudo", alertou o pai, "não saiam para brincar com as outras crianças. Fiquem dentro de casa."

Omelumma e Omelukka concordaram obedientemente com tudo e acenaram em despedida, quando os pais se afastaram. Ficaram dentro da casa a manhã inteira, mas, conforme as horas

---

1. Abrahams (1983).

iam passando, aumentava a sensação de fome. Então começaram a socar os grãos para fazer uma papa, e aquilo logo se tornou uma brincadeira. Elas riam e faziam muito barulho. Então acenderam um grande fogo para que a comida ficasse pronta mais depressa, esquecendo-se da advertência de sua mãe. Após comer até se fartar, as duas irmãs viram os amiguinhos brincando no campo e correram para se juntar a eles.

Enquanto Omelumma e Omelukka brincavam, um rugido imenso saiu da mata e outro do mar, e muitos monstros cercaram as crianças. Aterrorizadas e confusas, as duas irmãs foram separadas e os monstros do mar carregaram Omelumma, enquanto os da terra levaram Omelukka. "Ó lástima!", lamentavam as duas irmãs, cada uma para si. "Se eu pelo menos tivesse dado ouvidos aos nossos pais! Agora seremos devoradas!" Mas as duas irmãs não foram devoradas pelos monstros. Mais tarde, foram vendidas como escravas em lugares muito distantes de sua terra.

Omelumma teve sorte e o primeiro homem que a comprou apaixonou-se por ela. Ele a libertou, casou-se com ela e a tornou senhora de sua casa. Omelukka, a irmã mais jovem, não teve tanta sorte. Um homem cruel a comprou e a obrigava a trabalhar noite e dia, mesmo sendo nova, e depois a vendeu para um patrão ainda mais brutal. Assim, a pobre moça foi vendida de um homem malvado para outro, e muitos anos se passaram.

Nesse ínterim, Omelumma vivia confortavelmente com o marido, e no devido tempo deu à luz seu primeiro filho, um menino. Exultante de alegria, o marido foi ao mercado encontrar uma escrava para ajudar a esposa. Trouxe uma moça: era Omelukka. Porém as duas irmãs haviam mudado tanto que nenhuma reconheceu a outra.

Toda manhã, Omelumma ia ao mercado e entregava o bebê aos cuidados de Omelukka, deixando uma relação das tarefas a serem feitas. Omelukka se desdobrava tentando dar conta do serviço. Ao sair para buscar água ou lenha, o bebê permanecia em casa, todavia seu choro a trazia rapidamente de volta, não lhe permitindo recolher água e lenha suficientes; sua patroa então a surrava. Contudo, se ela deixasse o bebê chorar ao terminar as tarefas, os vizinhos a denunciavam a Omelumma, a qual surrava a escrava em virtude do tratamento dado ao bebê. Omelukka tentou ainda levar o bebê para acompanhá-la no trabalho, entretanto isso retardava as tarefas e ela apanhava da dona.

Certa tarde, o bebê só interrompeu o choro quando Omelukka o colocou em seu colo e o embalou suavemente. Uma vizinha se aproximou perguntando-lhe por que não fazia suas tarefas. A pobre mulher ficou em pé de um salto, receosa de a vizinha denunciá-la à sua patroa. Porém o bebê começou a chorar, e Omelukka não teve saída senão se sentar de novo e começar a embalar a criança. Não sabendo mais o que fazer, ela finalmente entoou uma canção de ninar:

> Shsh, shsh, bebezinho, não chore mais.
> Nossa mãe nos disse para não fazer fogo grande,
> Mas nós fizemos.
> Nossa mãe nos disse para não fazer barulho,
> Mas nós fizemos.
> Nosso pai nos disse para não brincar lá fora,
> Mas nós brincamos.
> Então os monstros do mato e do mar nos levaram embora.
> Muito, muito longe.
> E onde pode a minha irmã estar?
> Muito, muito longe.
> Shsh, shsh, bebezinho, não chore mais.

Uma velha ouviu aquela cantiga e lembrou-se da história que Omelumma lhe contara, há muito tempo, em que tinha sido levada pelos monstros do mar, enquanto a irmã mais nova havia sido carregada pelos monstros do mato. Ela então percebeu que a escrava devia ser a irmã de Omelumma, há tanto tempo dada por perdida! A velha correu até o mercado para contar a Omelumma.

No dia seguinte, a patroa incumbiu a escrava de várias tarefas e em seguida saiu para o mercado, como de hábito. Dessa vez, Omelumma voltou em segredo e se escondeu atrás da casa. Ela viu sua escrava correndo de um lado para o outro a manhã inteira, tentando impedir que a criança chorasse ao mesmo tempo que fazia seu serviço. Finalmente, com a paciência quase esgotada, Omelukka sentou-se para entoar sua canção de ninar.

Assim que Omelumma ouviu a canção, reconheceu a irmã e deixou correndo seu esconderijo, chorando de dor e remorso. Omelukka ficou aterrorizada, imaginando que seria espancada de novo. "Não tenha medo!", exclamou Omelumma, "você é Omelukka, a minha irmã perdida há tanto tempo!" Omelumma ajoelhou-se aos pés da irmã pedindo-lhe perdão por suas surras cruéis. As duas irmãs se abraçaram e choraram juntas, movidas pelo amor e pelo sofrimento. Em seguida Omelumma libertou a irmã; jurou nunca mais maltratar nenhum servo. As duas irmãs então viveram felizes pelo resto de seus dias.

O rapto

Esta narrativa, de trama aparentemente simples, é um conto africano extraordinariamente importante e perspicaz, abordando um tema vital dos contos femininos: a irmandade e a vitalidade curadora dos relacionamentos entre mulheres. As duas jovens irmãs são deixadas em casa enquanto os pais partem em breve viagem. A mãe e o pai aconselham as filhas a ficar dentro de casa, não fazer muita fumaça ou barulho, para que os monstros da terra e do mar não as apanhem. Esse parece um estratagema comum dos pais, isto é, assustar as crianças para que lhes obedeçam, contando-lhes histórias assustadoras. Aqui, no entanto, se vai mais além; os conselhos dados pelos pais — não fazer barulho ou fogo alto, sair ao ar livre — simbolizam o que diz a maioria das culturas às mulheres, desde a meninice: permaneçam quietas, não discutam, mantenham-se dentro de casa. As boas meninas também não devem ser fogosas, passionais, agressivas ou sensuais.

Omelumma e Omelukka não obedecem porque ainda não foram transformadas em "boas meninas" e conservaram sua vitalidade natural. Infelizmente, quando as duas irmãs saem para brincar, são capturadas e vendidas como escravas. Alguns elementos históricos são importantes: o povo Igbo é hoje habitante da atual Nigéria, porém, desde os primeiros contatos com os europeus, muitos nativos foram capturados, submetidos à condição de escravos e enviados à América. Portanto, os monstros do mar e da terra eram reais: seres humanos vítimas de um comércio inescrupuloso.

Os monstros aludem a significados arquetípicos. Ao serem atacadas e capturadas por comerciantes de escravos, naturalmente homens, o conto traz à tona um tema recorrente nas histórias sobre mulheres: elas são atacadas por figuras masculinas poderosas, tal como o vilão em "A rainha e o assassino", ou Hades, do mito grego de Perséfone.

Omelumma e Omelukka brincavam com outras crianças, daí supor-se que viviam em alguma espécie de aldeia — ambiente tradicional na África. Entretanto, os pais das meninas não pedem a vizinhos ou parentes que cuidem delas, o que surpreende, porque em tais aldeias estes se ajudam de muitas formas. O isolamento dos pais é uma constante na maioria das famílias modernas que vivem em ambientes urbanos, e os desastres são comuns. Quando os pais não contam com ajuda para cuidar de seus filhos, podendo esta vir de vizinhos ou parentes, é provável que, em virtude do estresse, pais e mães descarreguem nos próprios filhos suas frustrações, o que os transformariam em monstros da terra e do mar.

Mulheres afortunadas e desafortunadas

Quando Omelumma é vendida como escrava, um homem bom a compra e se apaixona por ela, portanto a liberta. Uma trama que remete à "Cinderela", em que uma mulher oprimida é salva por um homem nobre, um príncipe. Um enredo romântico que ainda atrai as mocinhas, todavia a irmã de Omelumma surge como antídoto. Vendida para uma série de homens cruéis, que a exploram e espancam sem piedade, Omelukka evoca o lado sombrio da história de "Cinderela" — o que ocorre quando uma mulher se envolve com um homem violento, em vez de ser um príncipe encantado, com um Barba Azul, em vez de um rapaz de sangue azul.

Quando a irmã afortunada dá à luz seu primeiro filho, seu marido compra-lhe uma escrava. (Observe-se: o primogênito é quase sempre um menino, o que reflete a preferência patriarcal da maioria das culturas.) Ela é Omelukka, contudo as irmãs não reconhecem. Algo insólito num conto sobre mulheres. Em geral, os homens não conseguem fazê-lo. Mas o instinto das duas irmãs, seu verdadeiro eu, foi anestesiado por uma cultura masculina escravagista e brutal.

Os papéis contrastantes de Omelumma e Omelukka reforçam uma dualidade imposta por muitas culturas às mulheres: elas são colocadas num pedestal e idealizadas, ou são degradadas e exploradas, levadas a um trabalho forçado e a sacrificar-se pelos outros. Temática de "A esposa sábia", em que a mulher alterna entre ser a esposa do sultão, vivendo no luxo, e ser uma escrava, fazendo sexo com ele como prêmio de uma aposta de jogo. A infâmia é ainda maior, visto que, na maioria das sociedades, os talentos pessoais da mulher em geral não apontam seu futuro de escrava ou "princesa"; o que determina a diferença é com quem ela se casa, como aqui em "As duas irmãs".

Crueldade

Mal recebe sua escrava, Omelumma já a maltrata. Ela se torna uma patroa má, opressora; crueldade e abuso são questões de poder, não implicando aí o gênero masculino ou feminino. O domínio ilimitado torna a pessoa cruel. Após a maternidade, Omelumma se torna abusiva, uma coincidência simbólica. Muitas vezes, cuidar de crianças pequenas é frustrante e enfurecedor; entretanto, espera-se das mães que sejam acolhedoras, atenciosas e pacientes com os filhos. Assim, é comum as mães cindirem-se em duas falsas metades: um lado provedor de cuidados e afeto, porém irreal, e um lado sombrio, frustrado, enraivecido. Este geralmente irrompe na imaginação da mãe, que fantasia abandonar ou matar os filhos. Fantasias essas normais, embora muitas mães temam haver algo de errado com elas.

O sofrimento de Omelukka, como escrava, é comovente. Ao cuidar do bebê, não consegue dar conta de suas tarefas, e é tida como preguiçosa e então espancada. Porém, quando faz o serviço, tem de deixar o bebê sozinho, que se põe a chorar; então é considerada negligente e espancada. Não importa o que faça: ela não consegue vencer. Numerosas mulheres que trabalham se reconhecem em Omelukka. Se atendem um filho doente, faltam ao trabalho, sendo economicamente atingidas pela perda do pagamento daquele dia ou repreendidas pelo patrão. Se vão trabalhar, têm de deixar o filho sozinho ou colocá-lo em creches; muitas mães se punem pela culpa de ter "negligenciado" seus filhos.

Reconhecimento

Num dia especialmente difícil, Omelukka não é capaz de consolar o bebê, tampouco consegue completar suas tarefas domésticas. Desesperada, ela entoa uma canção de ninar, na qual conta sua triste história de vida. Até então, Omelukka não comentara sobre sua saga. Assim como outras protagonistas de contos femininos, Omelukka foi silenciada.

Ela entoa sua canção de ninar para acalmar o bebê sob seus cuidados. Contudo, a cantiga a faz reencontrar sua história. Na realidade, como símbolo de inocência e de possibilidades, ainda não moldadas pelas convenções sociais, o bebê personifica o potencial pessoal de Omelukka para se desenvolver, caso consiga a libertação. O bebê representa o seu eu oculto, ainda não desenvolvido. Ao cantar para ninar o bebê, ela também canta para si mesma. Na vida real, quando a mãe cuida da criança, de certa forma ela revive sua própria infância. Isso lhe dá a oportunidade de resgatar sua identidade infantil, antes do início das pressões sociais. Ao cuidar do crescimento de uma criança, a mãe pode nutrir seu verdadeiro eu. Dá-se o mesmo com professores e alunos, tias e sobrinhos, e com mulheres mentoras de moças mais jovens.

Omelukka revela indiretamente sua história, mediante uma canção. Voltamos à "A esposa sábia": a comunicação indireta é, às vezes, o único meio de expressão possível às mulheres. Na verdade, elas costumam usar o canto para se expressar, quando não lhe é dada permissão para falar, como retratam as canções das mulheres escocesas que trabalham em antigas manufaturas têxteis, ou os cânticos religiosos (*spirituals*) das escravas afro-americanas[2].

Cantar é algo poderoso porque transmite emoções fortes e não respeita nenhuma lógica. De muitas maneiras, cantar é mais elementar do que falar. Muito antes que os bebês compreendam as palavras, eles são capazes de reagir a melodias e ritmos da fala. Mais adiante na vida, algum acidente pode provocar a incapacidade da pessoa de falar, mas a sua capacidade para cantarolar e lembrar canções continua intacta. Cantar permite o acesso a um nível muito profundo e fundamental do ser. Não surpreende que Omelukka se recupere cantando.

Seu canto, todavia, não é suficiente. Foi determinante ela ter sido ouvida por uma mulher mais velha, conhecedora da história de Omelumma. A velha aqui mostra sua perspicácia: primeiro, dá atenção às palavras de uma escrava, enxergando além das convenções sociais. Em seguida, ela se lembra da história contada por Omelumma e une os fatos. Ela realmente materializa a união do que ficara separado por tanto tempo. Ela é a intermediária, entrelaçando o que a sociedade apartara, como o faz a anciã em "A mulher que veio do ovo", ajudando a esposa a transformar-se numa criatura humana. Aqui, a velha sábia ajuda as duas irmãs a mudar de forma, abandonando uma relação abominável de serva e senhora, para então chegar a um relacionamento afetuoso entre as duas irmãs.

Irmãs

Quando a velha conta a Omelumma sobre a música cantada pela escrava, esta decide se esconder e observá-la. Outro exemplo da astúcia feminina. Omelumma precisa ter certeza de que sua escrava não inventa a história para conquistar simpatia; se ela a cantar sozinha, será verdade. Quando Omelumma ouve a cantiga de ninar, reconhece a irmã e a abraça, chora pedindo perdão pelas

---

2. Bourke (1993).

surras e a liberta. Um conto de fadas com um bom desfecho: as duas irmãs vivem felizes, para sempre.

Na maioria dos contos de fadas sobre jovens, personagens cruéis, agressivos, como Omelumma, seriam destruídos ou severamente castigados. (A madrasta de Cinderela, assim como suas meias-irmãs, é um bom exemplo. Na versão original dos Irmãos Grimm, elas têm os olhos arrancados por pombos, como punição por sua crueldade.) Nas histórias que envolvem personagens adultos, porém, as pessoas malvadas corrigem seus erros, pedem perdão, reformam-se. Aliás, essa é a principal tarefa da maturidade: chegar a bons termos com os próprios defeitos e imperfeições.

Histórias sobre irmãs

A irmandade é um motivo arquetípico nas histórias folclóricas do mundo todo e acentua uma importante dimensão do feminino, às vezes não evidenciada. Por exemplo, as deusas são em geral descritas sob três aspectos: virgem, mãe e velha sábia, correspondendo à juventude, à maturidade e à velhice. A irmandade oferece uma quarta perspectiva, ligando as outras três: a amizade e a lealdade entre as mulheres, de grande importância pela vida toda. Na realidade, a mitologia está repleta de irmãs divinas, especialmente na tradição nativa americana[3]. Entre os hopi, por exemplo, as irmãs Huruing Wuhti do Leste e Huruing Wuhti do Oeste criaram todos os animais e seres humanos. Para as tribos aborígenes australianas, as duas irmãs Wauwalak recebem o crédito de criadoras da Terra e de terem estipulado os costumes e rituais da tribo. Já na Mesopotâmia, Istustaya e Papaya eram deusas irmãs que fiavam os fios do destino[4]. Essas irmãs sagradas foram mais tarde ignoradas ou desprezadas, tornando-se figuras repulsivas como a Medusa e suas duas irmãs górgonas, na mitologia grega.

---

3. Stone (1979); Weigle (1982); Wissler (1916).
4. Stone (1979); Weigle (1982).

A mitologia e os contos sobre mulheres refletem uma realidade prática ancestral da maioria das sociedades: as mulheres ajudam umas às outras e cuidam-se reciprocamente[5]. Na cultura igbo, da qual vem o conto "As duas irmãs", por exemplo, as mulheres dependem da solidariedade mútua para enfrentar tradições opressivas, reunindo-se na *otu umuada*, uma organização de irmãs e tias, mulheres vinculadas pela linha materna. A *otu umuada* serve de mediadora em desavenças entre maridos e esposas, e até castiga os homens que maltratam as mulheres. Outras culturas contam com organizações similares, como as sociedades de mulheres kinki e bundu, na África ocidental. Mesmo fora do contexto das sociedades formais de mulheres, a irmandade é vital em muitas culturas indígenas. Na região Malawi da África, as mulheres têm uma amiga especial, chamada *chinjira*. As duas não têm elo de sangue, contudo servem de confidentes, visitando-se regularmente e ajudando-se em questões financeiras.

Na cultura ocidental, organizações e tradições similares, exclusivas para mulheres, foram condenadas, como a das mulheres da ilha grega de Lesbos. Essa comunidade, inteiramente formada por mulheres, cultuava Afrodite, entretanto as mulheres foram tão vilipendiadas por uma distorção histórica, a qual impôs ao nome "Lesbos" não mais uma conotação de irmandade autêntica, de espírito mais amplo de comunidade, mas apenas sexo entre mulheres[6]. Na Europa medieval, várias sociedades femininas notáveis emergiram no seio da Igreja Católica Romana, entretanto mais tarde acabaram sendo extintas. A comunidade de mulheres em Remiremont, por exemplo, combinava o catolicismo romano com antigas tradições druídicas, nas quais as mulheres desempenhavam papéis religiosos influentes[7]. As mulheres de Remiremont realizavam serviços de culto em sítios ancestrais com seus menires, os quais eram celebrados nos solstícios, e em determinadas datas comemorativas dançavam pelas ruas, violando assim os padrões

---

5. Moore (1988).
6. Stone (1979); Woolger e Woolger (1989).
7. Monestier (1963).

medievais de comportamento feminino. Essa organização foi finalmente desmantelada no século XVII.

Excluída das formas públicas convencionais, a irmandade permaneceu vital, no plano pessoal, como amizade. Mulheres autoras, como Jane Austen e Charlotte Brontë, enfatizam a importância da amizade entre mulheres. Na Inglaterra vitoriana, na América colonial e na Alemanha do século XIX, embora predominassem os valores patriarcais, as mulheres confiavam seus segredos umas às outras, demonstravam fisicamente seus afetos e mantinham suas relações de lealdade por extensos períodos de tempo. Isso continua verdadeiro até hoje, como o confirma em sua pesquisa Pat O'Connor. Quando uma mulher conta com pelo menos uma amiga confiável, ela desfruta mais da vida, tem mais confiança em si mesma, e seus filhos são mais felizes, mais hábeis na socialização e se desempenham melhor na escola[8].

Mães e irmãs

Em "As duas irmãs", a mãe só é mencionada no início, e a narrativa é centrada nas duas irmãs, o que é típico em contos sobre mulheres, ao contrário dos contos sobre meninas, nos quais predomina a figura da mãe — desde a boa fada-madrinha até a madrasta malvada. Os contos sobre jovens também apresentam as irmãs como invejosas, vingativas e competitivas. Aqui, é significativa a mudança de enfoque, de mãe e irmãs negativas para imagens positivas de irmandade. Para as crianças, a mãe é de máxima importância, e os irmãos em geral disputam sua atenção. Assim, as irmãs (e os irmãos) são, com freqüência, considerados de forma negativa, o que os contos de fadas superdimensionam. Na adolescência, quando as meninas adotam as convenções sociais e se esquecem de sua verdadeira natureza, elas começam a competir entre si pelos rapazes. Mais tarde, quando as mulheres recuperam sua verdadeira natureza, reafirmam a importância da

---

8. O'Connor (1992).

irmandade e das amizades femininas. Para a mulher madura, sobretudo, a mãe não é mais a figura central de sua vida, mas uma entre outras, ao lado de seu marido e de seus próprios filhos, dos colegas de trabalho e das amigas. Muitas mulheres cultivam relacionamentos mais igualitários, de irmãs, com as próprias mães, na idade adulta.

Christine Downing percebeu essa evolução em sua própria vida, observando que primeiro lidou com questões que envolviam sua mãe e seu pai, depois os seus filhos e, por fim, voltou-se para sua irmã. Sua produção literária reflete essa evolução, uma vez que seus primeiros livros trataram de antigas deusas mães, e só mais tarde se dedicou às deusas irmãs. Susan Griffin resume, de modo eloqüente, esse renascimento da irmandade na idade adulta: a Terra, diz ela, é uma irmã, não apenas uma mãe[9].

Embora "As duas irmãs" seja uma história breve, ela introduz um tema vital que outras histórias irão desenvolver com maior profundidade. Os dois contos seguintes tratam da irmandade, entrelaçando-a com outros motivos dos contos femininos e, dessa maneira, proporcionam uma imagem mais completa do feminino profundo.

---

9. Lauter (1984); Downing (1990).

capítulo 9

"Emme":

O resgate do verdadeiro *self*

(*Nação Efik-Ibibio, África*)[1]

mme era uma linda menina. Quando ainda era criança, um homem chamado Akpan quis casar-se com ela, ao chegar o tempo certo. Assim, ele trouxe diversos presentes para os pais de Emme, como era o costume, e o casamento ficou acertado. Sete anos mais tarde, Emme ficou adulta, e a data do casamento foi marcada. O pai da jovem deu muitos presentes à filha, incluindo uma escrava da mesma idade que a noiva, que os próprios pais venderam como serva. Vestida com belos trajes para a cerimônia, Emme partiu rumo à aldeia do noivo, acompanhada por sua irmã mais nova e pela escrava.

Fazia muito calor, o caminho era longo, empoeirado; por isso, quando chegou a uma fonte perto da aldeia de Akpan, Emme parou para descansar. A escrava sabia que naquela nascente morava um espírito que capturava qualquer pessoa que entrasse na água. Emme e a irmã não sabiam disso; então a escrava teve uma idéia maldosa e disse: "Senhora, por que não entra na água para se banhar? A nascente é fria e assim poderá refrescar-se antes de chegar à casa de seu marido".

---

1. Radin (1983).

Emme tirou as roupas e entrou na fonte. De repente, a escrava empurrou-a para o fundo, onde o espírito da água agarrou-a. A irmã mais nova de Emme gritou aterrorizada, mas a escrava deu-lhe um tapa. "Silêncio! Daqui em diante eu serei a senhora. Casa-rei com Akpan em lugar de sua irmã e, se você disser uma palavra a alguém, eu a matarei!" A serva colocou as roupas de Emme, forçou a menininha a carregar tudo, como se fosse escrava, e logo elas chegaram à aldeia de Akpan.

Ele as aguardava com grande expectativa; no entanto, ao ver aquela mulher feia sentiu-se desapontado e intrigado. Emme fora linda quando garota, e ele estranhava agora sua aparência tão grosseira, contudo casou-se com ela como estava planejado. A escrava tornou-se a dona da casa e transformou a vida da irmã de Emme num inferno: mandava que a menina realizasse as piores tarefas, deixava-a passar muita fome, espancava-a e queimava. Chegava a forçá-la a usar o próprio dedo para acender o fogo! A irmã de Emme não ousava protestar, temendo que a escrava a matasse. Quando Akpan perguntou à falsa esposa por que tratava a menina de maneira tão cruel, a impostora respondeu: "Ela é só uma escrava".

Certo dia, a falsa esposa mandou a menina buscar água na fonte em que Emme havia desaparecido. A irmã foi até lá, encheu o jarro com água, sentiu que estava pesado demais para carregá-lo e começou a chorar, temendo a surra que levaria.

"Emme, minha querida irmã, se você puder me ouvir ajude-me, por favor!", suplicava a garotinha.

A superfície da água abriu-se, e Emme surgiu, vinda das profundezas. Abraçou a irmazinha, que lhe disse ser surrada sistematicamente pela escrava. A pobre menina implorou a fim de ir com Emme para o fundo das águas. "Tenha paciência", disse Emme. "A justiça certamente será feita um dia. Por enquanto, porém, deixe-me ajudá-la com sua carga." Emme levantou a vasi-lha de água, desaparecendo em seguida na nascente.

A falsa senhora bateu na menina por ter se demorado tanto, porém toda manhã a mandava pegar água. Emme sempre aparecia e consolava sua irmazinha. No entanto, certa manhã Emme não apareceu. Um caçador da aldeia estava escondido nas imediações, encurralando a caça, e o espírito da água prevenira Emme para que não viesse à tona, com medo de que o caçador a visse. O choro da menininha tocou tão profundamente Emme, que o espírito da água permitiu-lhe vir abraçar a irmã. Ao surgir da água para abraçar a irmã, o caçador a viu e ficou atônito com sua beleza. "Quem poderia ser?", perguntava-se ele. "A garotinha chamou-a de Emme, mas esse é o nome da esposa de Akpan!" O caçador apressou-se em regressar e contar tudo a Akpan.

No dia seguinte, os dois homens esconderam-se perto do laguinho e esperaram. A menina chegou, encheu o jarro com a água e então chamou em voz alta: "Emme, estou aqui. Onde está você, minha querida irmã?". Emme veio de dentro da água, e Akpan imediatamente a reconheceu. "Essa é a verdadeira Emme! A mulher com quem me casei é uma impostora! Emme deve ter sido capturada pelo espírito da água, sua escrava então roubou-lhe o lugar!"

Akpan foi consultar uma velha sábia, a qual fazia regularmente os sacrifícios para o espírito da água. "Como posso libertar Emme?", ele lhe perguntou. A velha ponderou por alguns instantes e então disse: "Traga-me alguns ovos, uma galinha, um pedaço de tecido, um bode e um escravo, todos brancos. Eu os oferecerei em sacrifício ao espírito da água, e ele libertará Emme no dia seguinte".

Akpan e seu amigo reuniram tudo e acompanharam a velha até a fonte. Ela amarrou o escravo branco, cortou-lhe a garganta e empurrou-o para dentro da água. A galinha, o bode, os ovos e o pano branco foram em seguida. Depois ela, Akpan e o amigo voltaram todos para casa.

No dia seguinte, a velha foi sozinha até a fonte e encontrou Emme ao lado da água. A velha levou-a para casa e mandou um recado para Akpan, dizendo-lhe que viesse em segredo até sua casa. Quando ele chegou, Emme pediu-lhe que trouxesse a irmã, o que ele atendeu. As duas irmãs abraçaram-se e choraram de alívio. Emme então disse à irmã que fosse ter com a falsa esposa, repreendesse-a e voltasse correndo para a casa da anciã, onde todos estariam esperando por ela.

A menininha dirigiu-se até a falsa senhora e bradou: "Você não é Emme. Você é só a escrava de minha irmã! Você é má e será castigada!". A mulher escrava pegou um pedaço de pau e seguiu a menina até a casa da velha. Quando irrompeu porta adentro, deparou com Emme e Akpan. Este e seu companheiro agarraram a impostora, despiram-na de seus finos trajes e tornaram-na escrava outra vez. Dali em diante, Emme tratou a falsa patroa da mesma maneira como ela fizera com sua irmã. Emme obrigava a escrava a fazer todo o serviço pesado, espancava-a sem piedade e forçava-a a usar os dedos para acender o fogo. Finalmente, Emme amarrou a malvada a uma árvore até que morresse de fome.

A aldeia toda celebrou o retorno de Emme com uma grande festa. Ela e Akpan casaram-se como planejado e viveram felizes pelo resto de seus dias.

Drama inicial

O conto africano combina o enredo de "A mulher que veio do ovo" com o de "As duas irmãs", entrelaçando-os de maneira complexa e criativa. A história inicia-se com Emme ainda criança, mas rapidamente desloca seu foco para as questões de casamento e da idade adulta. Ao englobar vários estágios da vida, a história torna-se outro exemplo do espírito inclusivo, holístico, dos contos sobre mulheres. (Os contos sobre homens em geral focalizam a juventude ou a meia-idade, não ambas.) Observe-se que Emme foi prometida a Akpan ainda na meninice e aparentemente não tinha voz quanto a tais planos. Ela também teve de mudar-se para a aldeia do marido, afastando-se de seus amigos e de sua família. O drama, portanto, começa com um tema conhecido: a opressão feminina.

Quando Emme chega na idade de se casar, seu pai lhe dá vários presentes de casamento, inclusive uma escrava. Esta havia sido vendida pelos próprios pais, o que enfatiza o tema da opressão das mulheres. Como homem generoso, o pai de Emme parece importar-se bastante com seu bem-estar. No entanto, recai sobre ela a calamidade. Uma das razões é a não-menção à mãe; a linha materna está ausente, o que costuma acarretar maus resultados.

Depois de uma jornada exaustiva, Emme e suas companheiras param para um descanso próximo a uma nascente. A escrava a induz a entrar na água, ciente de que o espírito da água irá raptá-la. Episódio semelhante ocorre em "A mulher que veio do ovo", quando a bruxa ataca a verdadeira esposa que então desaparece dentro de um poço. O destino de Emme também lembra o mito grego de Perséfone, que é raptada pela sombria figura masculina de Hades. Os paralelos revelam a natureza arquetípica dos contos sobre mulheres, independentemente de suas culturas.

Ao ser aprisionada na água, Emme entrega suas roupas à escrava que finge ser a senhora, casando-se com Akpan, que não percebeu a troca. Psicologicamente adormecido, ele não tem consciência — não se dá conta — da verdadeira identidade de sua esposa. Quanto a Emme, ela desaparece no inconsciente: seu verdadeiro *self* mergulha numa dimensão inferior.

Boa e má

Bela, ingênua, protegida, inocente, Emme opõe-se acentuadamente à escrava, que é feia, ambiciosa, agressiva, desagradável, interesseira e astuta. Aqui uma dicotomia presente na maioria das sociedades, entre "boas mulheres", capazes de se comportar adequadamente, ser cordatas, acolhedoras, suaves e castas, e as "más", que se expressam livremente, não contêm a raiva, desfrutam o sexo e sabem reivindicar. Dessa perspectiva, Emme e a escrava são eus falsos. Não são pessoas singulares, individuadas, porém estereótipos. A tarefa de Emme é repudiar essas convenções e reivindicar seu autêntico *self*.

O contraste entre as duas mulheres revela outro aspecto. A escrava reflete noções tradicionais de pecado, ou seja, cobiça, egoísmo e ambição desenfreada. Como apontado por algumas teólogas e autoras feministas[2], existe outro tipo de pecado: o da autonegação, o ocultamento da própria natureza, o não-desenvolvimento da própria individualidade. Emme, submersa no lago, simboliza o pecado do auto-isolamento e do auto-esquecimento.

---

2. Wright (1982); Weigel (1985); Randour (1987).

É de esperar que a escrava invejasse a posição privilegiada de Emme. Proveniente de uma família abastada e presente, Emme por certo prosseguiria na vida de amenidades, enquanto o futuro da menina escrava seria de labuta e humilhações. A inveja entre mulheres, na realidade, tem origem nas limitadas oportunidades que lhes são oferecidas: incapazes de utilizar seus talentos, realizar seus sonhos ou falar o que pensam, as mulheres sentem-se naturalmente enraivecidas; contudo, não conseguem direcionar sua raiva contra os homens, temendo violenta retaliação. Desse modo, a frustração toma enormes proporções, culminando na inveja de outras mulheres.

Embora negativa, a inveja é um sentimento que traz benefícios ocultos. Luise Eichenbaum e Susie Orbach observam que a inveja e os ciúmes indicam desejos e ambições da mulher. Se essas energias contidas tiverem oportunidade de se expandir, oferecerão um potencial para uma nova vida. A escrava invejosa é ativa e decidida, dando início a uma seqüência de acontecimentos que culminam com a libertação de Emme. Simbolicamente, a inveja manifestada na psique feminina impele a mulher a reivindicar seu verdadeiro *self*.

A crueldade da falsa esposa

A serva malvada aterroriza a garotinha quanto a silenciar-se, o que ilustra ainda mais o silêncio imposto às mulheres. Os maus-tratos à garota apontam para uma profunda insegurança da falsa esposa. Na realidade, ela é uma escrava e teme ser denunciada; assim, descarrega seu terror e aflição numa criança indefesa. A insegurança da escrava ilustra a difícil condição das mulheres na maioria das culturas. A mulher detém grande influência sobre sua família, mas ao perder a presença do marido com freqüência perde ao mesmo tempo *status* social e bem-estar econômico. Assim como a escrava, as mulheres correm o constante risco de retornar à pobreza. Como observam Polly Young-Eisendrath e Florence Wiedermann, um grande número de mulheres acredita possuir algum defeito oculto, incapazes de identificar, entretanto temem a sua revelação. Algumas receiam ser monstruosas em virtude de suas reivindicações. Outras, não ser merecedoras da boa sorte de que desfrutam, atribuindo equivocadamente suas realizações à sorte. Temendo a acusação de impostoras, algumas mulheres se exigem à exaustão, na tentativa de ser mães, esposas, colegas e cidadãs perfeitas. Convencem-se a trabalhar incansavelmente, punem-se por não fazerem mais e melhor, tal como a escrava ao bater na irmã mais nova de Emme, fazendo-a trabalhar sem cessar. O desafio é romper o cruel processo interior polarizado em escrava-senhora; a figura crucial é a irmãzinha de Emme.

A irmãzinha

Cabem-lhe numerosas interpretações. Podemos considerá-la de fato a irmã de Emme, aludindo à questão da irmandade, temática bastante explorada. A menininha é incapaz de erguer a vasilha cheia d'água, chama pela irmã pedindo-lhe para unir-se a ela, no lago — no silêncio e no esquecimento. Aqui, a irmãzinha expressa o desespero de muitas meninas, torturadas pelas convenções sociais. Emme surge do lago, ajuda a irmã mais nova dando-lhe mostras de simpatia e consolo. Ela a acalma quanto à justiça que um dia virá. A certeza de Emme vem de seus desejos, uma vez que não age no intuito de se libertar, bem como ninguém mais. Sua simpatia não soluciona os problemas imediatos da garota. A justiça só se faz quando Emme sai do lago, confronta a escrava e reivindica seu legítimo lugar na sociedade humana: as mulheres devem empreender ações para solucionar problemas de ordem prática.

É de notar a ausência de madrastas ou bruxas malvadas, freqüentes nos contos juvenis. "Emme" substitui as figuras maternas perversas por uma figura de irmã negativa — a mulher escrava com idade semelhante à dela. Nesse sentido, reedita-se a troca, já vista em "As duas irmãs", da figura da mãe pela da irmã.

A irmãzinha pode ser interpretada como uma parte de Emme, uma figura interna. Então, podemos entender a garotinha como o eu original de Emme, antes que lhe fosse imposto o estereótipo feminino. Figuras como a irmãzinha de Emme costumam aparecer nos sonhos de mulheres como lembretes de suas verdadeiras naturezas, como menciona Emily Hanock, e a tarefa da mulher é reapossar-se desse *self* natural, mais jovem.

Emergência

A escrava força a garota a buscar água no mesmo local em que Emme está aprisionada. Seria mais seguro mantê-la distante daquela fonte ou matá-la, eliminando assim a única testemunha do crime cometido pela escrava. Contudo, a falsa esposa não é estúpida; já se sabe o quanto é esperta. Portanto, há um significado mais profundo para seus atos. Ela funciona como a inimiga interna, a figura interior que força a mulher a se desenvolver. Ao engendrar o rapto de Emme pelo espírito da água, por exemplo, a escrava a força a inteirar-se do lado escuro da vida e a entrar no mundo inferior. Mais tarde, ao exigir que a menininha busque água diariamente, daquela nascente, a escrava dá a Emme a oportunidade de voltar à dimensão cotidiana. Sem a passagem pelo mundo inferior, Emme teria apenas saído de uma infância privilegiada para um casamento confortável, não se desenvolvendo psicologicamente. A escrava força Emme a individuar-se e personifica a parte da psique da mulher que a obriga, muitas vezes de modo impiedoso, a reapossar-se de sua força e energia.

Certo dia, um caçador vê Emme emergindo do lago, leva Akpan até a fonte e este a reconhece. Percebe que a mulher com quem se casou é uma impostora: por fim, ele desperta. Consulta então uma sábia, o que surpreende, pois em geral o herói apenas se precipita para o local da ação para salvar a virgem aflita. Em vez disso, Akpan reconhece seus limites e busca o conselho de uma mulher. Ele honra o feminino profundo, sugerindo que está prestes a se tornar um "novo homem", como Ivan, em "Maria Morevna". Aqui um lembrete importante: o "novo homem" sozinho não é capaz de resgatar as mulheres; recorre, portanto, a uma velha sábia.

Podemos ainda interpretar Akpan como uma figura interior que personifica parte da psique de Emme. Nesse sentido, representa uma figura positiva do *animus* e exemplifica o papel deste na psique feminina: ele é um mensageiro, um intermediário, não o redentor ou salvador. Ao consultar a velha, Akpan vincula Emme ao feminino profundo, agindo como seu assistente, tal qual Ivan, em "Maria Morevna".

A velha

A velha senhora sabe como libertar Emme, pois compreende os segredos do mundo inferior e da magia, ou seja, como opera o inconsciente. Ela pode ser interpretada como uma figura interior, o *self* maduro de Emme. Esta, sua irmãzinha e a velha simbolizam três aspectos do feminino: a virgem, a mulher madura e a anciã sábia, isto é, a chamada deusa tríplice. Todavia, acrescenta-se aqui um quarto elemento, na figura da escrava, que enfatiza a cisão imposta às mulheres pela maioria das culturas: a mulher boa, comportada, ingênua, e a má, assertiva e astuta. A tarefa da anciã e da irmãzinha é eliminar essa cisão.

A sábia pede a Akpan uma cesta com ovos, um pano, uma galinha, um bode e um escravo, todos brancos, que serão sacrificados ao espírito da água. Os ovos aludem ao domínio do feminino e simbolizam a nova vida, assinalando o renascimento de Emme ao emergir de seu confinamento. Os ovos provavelmente são brancos, portanto a cor comumente usada nas iniciações das mulheres, em várias tribos africanas[3], que simboliza a purificação, também a morte, porque se diz das iniciadas que primeiro morrem e depois renascem. Assim ocorre com Emme: ao desaparecer no lago, ela morre simbolicamente, e renasce ao reaparecer. Todo o processo de seu rapto, sua descida ao mundo inferior e o regresso completa, na realidade, uma parte da vivência iniciática.

O sacrifício de um escravo por certo desperta indignação, mas escravidão e sacrifícios humanos eram comuns na maioria das culturas ancestrais, da Europa à Ásia. Um episódio sombrio que

---

3. Boone (1986); Eliade (1975).

remete a um significado arquetípico: para se salvar uma vida outra deve ser entregue, em particular nas tradições guerreiras. Na vida moderna, o sacrifício humano das mulheres pode implicar a morte simbólica de um relacionamento empobrecedor ou abusivo.

O escravo sacrificado é um homem, não uma mulher: o sacrifício de um homem pela libertação de uma mulher. Um elemento surpreendente, pois a história vem de uma cultura patriarcal; sugere, portanto, que uma mulher deve, em algum momento, sacrificar os valores masculinos e subordiná-los ao seu *self* feminino profundo. O escravo branco é uma inversão de papéis, visto que os colonizadores europeus dominaram as culturas africanas a partir do século XVIII. Porém na Idade Média, na Europa, quando dominaram as culturas árabe e africana, os brancos capturados nas guerras eram por vezes vendidos como escravos.

O retorno de Emme

Na manhã seguinte ao sacrifício, a anciã volta ao lago e ali encontra Emme libertada pelo espírito da água. Ela então segue para a casa da velha em vez de acompanhar Akpan. Algo semelhante ocorre em "A mulher que veio do ovo", em que a verdadeira esposa vive algum tempo com a velha. Escapar de um falso *self* pode ser motivo de exaltação e inspiração, contudo não é possível a mulher voltar de imediato para o mundo, com seus valores masculinos. Com freqüência, ela precisa de um breve período de solidão e reflexão, num ambiente feminino, a fim de consolidar suas percepções e seu crescimento. Hoje, isso se dá pela psicoterapia, pela redação de um diário, por imaginação dirigida, meditação, pela acolhida de outras mulheres, ou seja, um grupo feminino. Esse período de recolhimento é fundamental.

O primeiro pedido de Emme ao ver Akpan é que lhe traga sua irmã mais nova. Ela não se atira em seus braços, agradecendo-lhe o resgate. Em vez disso, reafirma a importância da irmã, da irmandade e do feminino. Simbolicamente, Emme abraça seu verdadeiro *self*, a menina interior, em lugar do herói ou do *animus*.

Emme pede à irmã que atraia a escrava malvada até a casa, mostrando-se por fim ativa e abandonando a atitude passiva, simbolizada pela imersão no lago e a permanência na casa da anciã; adota de fato uma postura extrovertida, recuperando seu lugar na sociedade humana. Outra importante lição para as mulheres. O verdadeiro *self*, incorporado pela velha sábia, pode ser uma fonte de profunda sabedoria, criatividade e cura. Porém o *self* profundo não vem à tona na vida diária, nem é reivindicado quando há necessidade de atitudes astuciosas. Essa é uma incumbência do ego: atender às questões primárias.

Emme não confronta diretamente a escrava, invadindo-lhe a casa ao lado de Akpan, para condená-la. Primeiro, ela provoca a falsa esposa a revelar sua crueldade quando bate na menina. Emme a desmascara diante de todos, então a castiga, tratando-a da mesma maneira. Amarra a escrava a uma árvore e a deixa morrer à míngua. Pareceria cruel, entretanto como símbolo interno revela o quanto Emme recuperou suas energias assertivas e agressivas — da mesma forma que a rainha mata o assassino em "A rainha e o assassino". Emme não é mais ingênua e dócil. Deixar a escrava morrer à míngua significa não alimentar mais o lado ambicioso, cruel e demoníaco de si mesma — sua sombra. É uma autodisciplina necessária quando se enfrenta o lado escuro do coração humano.

Os mistérios das mulheres: a tesmoforia

A temática básica sobre "Emme" reaparece nos rituais das mulheres em várias partes do mundo, e a tesmoforia, um antigo rito grego, que antecede os mistérios de Elêusis, evidencia ainda mais esse paralelismo[4]. O ritual iniciava-se com as mulheres se afastando dos homens para viver em cabanas primitivas construídas por elas mesmas, preparando suas refeições sem o uso do fogo. Estariam negando a civilização e voltando à natureza, tal

---

4. Meador (1986); Johansen (1975); Skov (1975).

como Emme quando deixou sua aldeia e atravessou a mata, afastando-se da sociedade. Após nove dias de purificação, tinha início o ritual principal da tesmoforia. O primeiro rito era chamado de Kathodos, ou Afundamento, porque as mulheres desciam por um abismo carregando leitões recém-nascidos: entravam assim no mundo inferior, tal como Emme, arrastada para o fundo das águas do lago. Antes de regressar, as mulheres faziam um sacrifício de sangue, matando os porquinhos e oferecendo-os a uma deidade viperina masculina, como a anciã ao sacrificar o bode, a galinha e o escravo para o espírito masculino da água.

No segundo dia da tesmoforia, as mulheres misturavam grãos e carne podre de porco colocando a substância num altar, e mais tarde semeavam essa mistura nos campos. Dessa maneira, as mulheres celebravam o poder da natureza de criar vida a partir da morte. O conto não induz ao tema da fertilidade, contudo o motivo do renascimento é evidente. Em seguida, na tesmoforia, as mulheres se reuniam e, sentadas em círculo no chão, comentavam as queixas ou discussões que porventura tiveram com outras mulheres: resultava uma conversa aberta a todas, que costumava terminar em gritos e explosões de insultos. Essas brigas acentuam o lado escuro da irmandade e da amizade — a inveja e os ciúmes entre as mulheres, personificados na escrava maldosa. Ao possibilitar um espaço ritual a essas energias sombrias, a tesmoforia proporciona o efeito da catarse.

No último dia, chamado de Kallegeneia, ou Belo Nascimento, as mulheres homenageavam Perséfone e seu regresso do mundo inferior. Reafirmavam o poder do feminino de se renovar, voltar do mundo dos mortos, assim como Emme volta do fundo da nascente. Ao celebrar juntas a tesmoforia, as mulheres reafirmavam sua solidariedade e a do feminino profundo. Criavam com esse ritual uma irmandade espiritual, num eco à temática de "Emme".

A sociedade ganso

Na Cultura americana nativa, a Sociedade Ganso — pertencente às tribos Arikara, Hidtsa e Mandan, habitantes das Grandes

Planícies — traça outro paralelo ao conto de Emme. Segundo a lenda, a Sociedade Ganso foi fundada por uma mulher cujo sonho mostrou-lhe um ganso que ensinava duas importantes cerimônias. Na primeira, a comemoração do outono, as mulheres reunidas formavam uma trilha com carne-seca, para presentear os gansos selvagens em sua rota de migração para o Sul, local associado à terra dos mortos; os gansos voando nessa direção simbolizavam assim a viagem até o mundo inferior, numa menção à descida de Emme até o fundo da água. Na Sociedade Ganso, as oferendas eram presentes à Mulher-Que-Nunca-Morre, para persuadi-la a trazer vida nova para a terra, findo o inverno. Ela personifica o poder doador de vida do feminino profundo. Ao usar a carne, a Sociedade Ganso lembra o sacrifício da galinha, do bode e do escravo em "Emme": a vida deve ser sacrificada para que se processem a renovação e a regeneração. No segundo rito da Sociedade Ganso, realizado na primavera, as mulheres colocavam carne-seca como oferenda, mas, dessa vez, representantes de todas as sociedades de homens a pegavam deixando presentes em troca. Então, cada mulher da Sociedade Ganso amarrava uma espiga de milho em salva e participava de uma corrida cerimonial. A vencedora era aquela a quem o espírito Ganso falaria naquele ano, lembrando o auxílio que Emme recebe de Akpan para voltar ao mundo humano. As mulheres e os homens, o feminino e o masculino, por conseguinte, devem cooperar. A corrida possibilitava um espaço sagrado para a inveja ou a competição, assim como a briga final entre Emme e a escrava malvada.

capítulo 10

"A mãe e o demônio":

Irmãs da natureza

(*Japão*)[1]

ma mulher vivia com seu abastado marido e sua amada filha. Quando chegou o dia em que a moça se deveria casar, a mãe ficou muito feliz. Acompanhou a filha em uma viagem pelas montanhas, num grupo que festejava o casamento, rumo à casa do futuro marido. A noiva seguia de carruagem, enquanto a mãe, os amigos e parentes caminhavam ao lado, cantando e rindo.

De repente, uma nuvem escura caiu do céu e rodeou a carruagem. Todos fugiram, temendo que fosse um mau espírito, mas ela se dissipou tão rapidamente quanto se havia formado. Contudo, a noiva sumira da carruagem!

"Minha filha! Onde está minha filha?", gritava a mãe.

"Um demônio a raptou!", exclamaram todos. "Devemos correr!"

"Mas onde está a minha filha? Tenho de encontrá-la!", repetia a mãe. Seus parentes e amigos arrastaram-na com eles, correndo para longe da montanha.

A salvo, de volta na aldeia, a mãe não conseguia descansar. "Devo encontrar minha filha!", ela repetia, embora todos aconse-

---

1. Kawai (1988).

lhassem-na a não regressar à montanha, do contrário o demônio a mataria. Mas a mãe estava decidida. Embrulhou um pouco de arroz para comer, vestiu roupas quentes, calçou seus sapatos mais resistentes e partiu na direção da montanha.

Por todo o dia ela escalou encostas e trilhou vales, chamando o nome da filha, mas apenas o vento e as aves lhe respondiam. Quando caiu a noite, a mãe estava exausta. Viu luz a certa distância e caminhou nessa direção, esperando contar com um teto para aquela noite. O que encontrou foi um templo no meio do campo e, quando se acercou, uma monja apareceu à porta.

"Reverenda senhora", disse a mãe inclinando-se para cumprimentá-la, "estou longe de casa. Posso ficar em seu templo esta noite?"

A monja de imediato introduziu-a no recinto. "Não tenho alimento para lhe oferecer", disse desculpando-se, "mas você pode passar a noite aqui."

"Eu lhe agradeço, irmã", suspirou a mãe extenuada, e se deitou para dormir. A monja despiu seu próprio manto para oferecê-lo à mãe.

"Você está em busca de sua filha", disse a monja suavemente, "e eu sei o que lhe aconteceu e como você poderá encontrá-la. Ela foi raptada por um demônio que vive do outro lado do rio que passa aqui perto. Para atravessar a água, você deve usar uma ponte mágica chamada Ponte do Ábaco. Ela é feita de contas, e se pisar em uma delas você cairá no local do nascimento e perecerá, portanto cuide para pisar corretamente. Para entrar no castelo do demônio, você deve passar por seus cães de guarda, um grande e outro pequeno. Eles são selvagens e matarão se a apanharem. Porém todas as tardes esses animais dormem um pouco, e então você poderá entrar a salvo na fortaleza."

"Obrigada, reverenda senhora", murmurou a mãe, que estava tão exausta que não conseguia sequer manter os olhos abertos. Pela manhã, a mãe despertou com um sobressalto. Descobriu-se em plena campina, banhada pelo sol, sem nenhum templo ou monja por perto, só um velho e pequeno pagode de pedra, que em outros tempos deveria ter sido um santuário. A mãe adormecera com a cabeça no pagode que lhe serviu de travesseiro. O vento soprou o capim alto, tangendo-o com um som melancólico e solitário.

"Será que foi apenas um sonho com o templo e a monja?", perguntava-se a mãe. Depois espiou à sua volta e viu um rio. Atravessando-o em forma de arco havia uma ponte feita de contas e, do outro lado, bem ao longe, o castelo, com um cão grande e outro pequeno, guardando a entrada — exatamente como a monja descrevera. "Então não foi um sonho!", exclamou a mãe. "Agora sei onde a minha filha está! Obrigada, reverenda senhora!"

A mãe esperou pacientemente que os cães adormecessem, então cruzou a ponte cuidando para pisar entre as contas. Atravessou o rio, passou ao lado dos cães adormecidos e entrou no castelo do demônio. "Como encontrarei minha filha num lugar tão grande?", ela se perguntava. Então ouviu o som de um tear. "Talvez ela esteja tecendo!", pensou a mãe, e foi diante de um tear que encontrou a filha. Ao se verem, mãe e filha choraram de felicidade, correram uma ao encontro da outra e abraçaram-se.

"Você está a salvo!", exclamou a mãe.

"O demônio deste castelo raptou-me", explicou a filha. "Ele e seus servos saíram e ficarão fora o dia todo, assim estamos a salvo." A filha exultante começou a preparar uma refeição para a mãe, mas, de repente, a movimentação no portão do castelo despertou os cães, que começaram a latir.

"O demônio está de volta!", a filha gritou. "Depressa, mãe, você tem de se esconder ou o demônio a matará!" A filha abriu uma caixa de pedra próximo a um grande baú de madeira. "Aqui você estará segura", ela disse à mãe, trancando em seguida a tampa de pedra.

O demônio aproximou-se do aposento e começou a farejar, desconfiado. "Sinto cheiro de humano", ele rosnou.

"Claro que sim", respondeu a moça. "Eu sou humana."

"Não seja boba", rebateu o demônio, "sinto o cheiro de outra pessoa."

"Você deve estar enganado", retrucou a filha. "Como alguém passaria pelos cães selvagens ou cruzaria a Ponte do Ábaco?"

"Você está escondendo alguém", grunhiu o demônio, e caminhou até uma planta mágica de seu jardim, que abria uma flor para cada pessoa que houvesse no castelo. Havia três flores, e o demônio voltou-se enfurecido contra a moça.

"Esposa", ele gritou, "você está escondendo alguém. Minha planta mágica indica três pessoas no castelo! Diga-me quem você está escondendo, ou eu a matarei!"

"Eu não estou escondendo ninguém!", respondeu a moça, mas o demônio permaneceu em seu encalço. Súbito, ela teve uma idéia. "Oh! eu sei por que há três flores! A terceira corresponde ao bebê que espero. Estou grávida, é seu filho!"

"O quê?", gritou de alegria o demônio. "Então vou ser pai? Abram o vinho, tragam os tambores e flautas! O momento é de celebrar! Espanquemos os cães! Matem-nos!" O demônio começou a beber e a cantar, ébrio de alegria. Atacou os dois cães, matou-os e dançou entusiasmado por várias horas. Seus servos juntaram-se a ele na celebração, e logo todos estavam bêbados.

"Esposa", grunhiu o demônio, "estou tomado pelo sono. Coloque-me na caixa de madeira." Mais do que depressa ela o ajudou a entrar no baú de madeira, fechando suas sete tampas e trancando seus sete cadeados. Quando ela constatou que todos os servos do demônio dormiam profundamente, correu até a caixa de pedra e libertou a mãe.

"Mãe", sussurrou, "devemos escapar enquanto o demônio e seus servos dormem." As duas mulheres correram para fora do castelo em direção aos estábulos, a fim de fugir com os cavalos do demônio. Na cocheira, encontraram duas carruagens: uma para mil e outra para 10 mil milhas.

"Qual usaremos?", perguntaram uma à outra. Diante de sua hesitação, a monja apareceu-lhes repentinamente.

"Não peguem nenhuma das duas", ela aconselhou. "Usem um bote e escapem pela água." A mãe e a filha correram até o rio, saltaram para dentro do bote e começaram a remar furiosamente.

No castelo, o demônio acordou e pôs-se a chamar pela esposa. "Traga-me água!", ele ordenou, mas vendo que a esposa não lhe respondia começou a quebrar a caixa de madeira, destruindo as sete tampas e os sete cadeados. "Onde está a minha esposa?", ele berrava. "Ela deve ter escapado!" Despertou seus servos e correram até o estábulo, onde encontraram os cavalos e as carruagens ainda no lugar. Correram até o rio e viram a mãe e a filha no bote. "Lá está ela, a desgraçada!", guinchou o demônio. "E está com alguém. Eu tinha razão, havia outro ser humano no castelo!"

O demônio voltou-se para seus servos. "Bebam toda a água do rio! As duas mulheres não irão escapar!" Ele se curvou e pôs-se a engolir a água. Seus servos fizeram o mesmo e, à medida que sugavam o rio, o bote das mulheres se arrastava até eles.

"Estamos perdidas!", mãe e filha gritaram, conforme o bote se aproximava do demônio. Subitamente, a monja apareceu a bordo.

"Levantem a saia!", ela ordenou. "Exibam as partes íntimas para o demônio! Rápido, vocês não têm tempo a perder!" As três mulheres levantaram seus quimonos, exibindo-se e saltando no ar. Diante da cena, o demônio e seus asseclas desataram a rir. "Mas o que é isso!", e o demônio engasgou. "Nunca vi nada mais engraçado!" O demônio e seus servos cuspiram toda a água que engoliram, e a torrente empurrou o bote das mulheres rio abaixo. As três logo estavam longe do castelo do demônio.

"Reverenda irmã", a mãe voltou-se para a monja, "você salvou nossas vidas. Como lhe agradecer?"

A monja parou por um momento e disse: "Vocês podem fazer algo por mim. Eu sou o espírito do pagode de pedra na campina. Muitas vezes sinto-me solitária, sem companhia. Se todo ano vocês trouxerem um novo pagode de pedra até a clareira, e o colocarem próximo ao meu, então terei companhia". Depois, a monja desapareceu.

Mãe e filha retornaram a salvo para casa, e, assim, todo ano levavam um pagode de pedra à campina, e em razão disso o local se transformou numa comunidade perdida na montanha. A partir de então, todos viveram felizes para sempre: a mãe, a filha, as famílias e a monja com suas novas companhias.

Mães e filhas

Este conto explora o relacionamento entre a mãe e sua filha adulta. Um tema contundente que transcende as culturas — uma história bastante semelhante vem das montanhas do Kentucky[2], e as duas narrativas constituem um paralelo ao mito grego de Deméter e Perséfone.

O conto de fadas introduz um relacionamento íntimo e feliz entre mãe e filha, como Deméter e Perséfone. Nesse sentido, desvia-se das figuras negativas de mãe e dos conflitos entre mãe e filha, presentes como em "Os três ovinhos" e "A mulher sem mãos". Seu enfoque é o potencial positivo do relacionamento — como mães e filhas proporcionam um crescimento mútuo.

No dia de seu casamento, a filha é raptada pelo demônio – como em "A mulher que veio do ovo" e "Emma". Aqui, o demônio masculino é outra figura nefasta do *animus*. Ele aparentemente viaja em uma nuvem ou assume a forma de uma nuvem escura, o que o vincula aos deuses da tempestade e do céu; na maioria das mitologias eles são masculinos. (Na mitologia japonesa, o grande perturbador da ordem é o deus das tempestades.) Assim, podemos interpretar o demônio como o símbolo de homens poderosos ou do poder masculino na sociedade, ou seja, a sombra nas culturas patriarcais, o lado inconsciente da sociedade. O rapto da filha ilustra como as mulheres são feitas prisioneiras dos estereótipos femininos confinantes, na maioria das culturas.

O demônio surge no momento em que a filha sai de casa, isto é, começa a tomar o rumo de sua própria vida. Grande parte das tensões entre mãe e filha surge na adolescência e no início da idade adulta. A filha pode ressentir-se da autoridade da mãe e revoltar-se. A mãe talvez inveje a maior liberdade da filha e suas amplas oportunidades — as chances que a sociedade não lhe deu. O demônio pode representar os conflitos decorrentes — e o lado sombrio tanto da mãe como da filha.

---

2. "A menininha e o gigante" (Roberts, 1955); ver também "Mamãe voltou" e "A menina que ficou na forquilha da árvore", ambos dos Bena Mukuni da África, assim como "A cidade onde os homens são consertados" e "A cidade em que ninguém pode dormir", dos Hausa da África (Abrahams, 1983; Radin, 1983).

Interno e externo

Além de um ser individuado, pode-se interpretar a filha como uma parte da psique da mãe, especialmente uma figura interna. Aqui, a filha representaria o *self* inocente e jovem da mãe, raptado e silenciado pelas convenções sociais. Ao ir em busca da "filha interior", a mãe está buscando seu verdadeiro *self*, seu eu natural. O significado ambivalente da filha — o eu mais jovem da mãe e uma pessoa separada desta — revela um importante aspecto da psique feminina: segundo Janet Surrey, as mulheres muitas vezes oscilam, quanto à sua identidade, entre os papéis de mãe e de filha, e a identidade de uma mulher em geral está intimamente ligada à de sua mãe e, caso as tenha, à de suas filhas[3]. A mãe projeta seu *self* mais jovem em sua filha, e esta, o *self* mais maduro na sua mãe. Dois livros abordam essa questão: o de Nancy Friday, *My mother/my self* e o de Kathryn Rabuzzi, *Motherself*.

Entretanto, um relacionamento próximo demais entre mãe e filha pode inibir o desenvolvimento individual de ambas, como revela o mito grego de Perséfone. Inicialmente, Deméter e Perséfone vivem juntas numa díade feliz e gratificante. Perséfone ainda não tem nome e é apenas conhecida como Kore, ou virgem; logo, falta-lhe a identidade própria, além de ser filha de Deméter. Em seguida à separação da mãe é que passa a ser conhecida como Perséfone, tornando-se assim uma criatura separada, individuada.

Aqui, o demônio é o responsável pela separação. No início, mãe e filha são íntimas e afetuosas, sendo ele quem as separa violentamente, na tentativa de obrigá-las a se tornar seres individuais únicos e fortes. O demônio representa "o outro", compele mãe e filha a reconhecer "a outridade" na outra. Ele assume uma forma oposta à da díade mãe-filha: ele é solteiro, masculino, hostil e violento. Sua violência retrata o que o inconsciente a princípio experiencia como individuação: um ataque. Naturalmente, uma relação íntima entre mãe e filha é reconfortante; logo,

---

3. Surrey (1991b, 1991c).

qualquer mudança parecerá de início uma perda ou interrupção. Assim, interpreta-se o demônio como um inimigo íntimo, uma força agindo no fundo do próprio psiquismo feminino, que impele a mulher a um nível mais acentuado de individuação em seus relacionamentos.

A busca

Após o seqüestro da filha, a mãe insiste em procurá-la, a despeito de qualquer perigo, assim como o fez Deméter. Embora convivesse com grande aflição, Deméter nunca correu riscos, pois era uma deusa olímpica. Não é o caso da mãe, advertida por amigos e familiares quanto ao perigo de a força inimiga voltar-se contra ela. Não obstante, é corajosa e parte. Sua coragem é ainda mais notável porque o pai, a princípio, não lhe dá nenhum apoio. Dá-se o mesmo com Perséfone, quando seu pai, Zeus, nada faz para resgatá-la (também aqui porque ele havia anteriormente consentido com o rapto).

A mãe procede a uma busca heróica pela filha, porém seu intuito é resgatá-la, não obter poder ou bens, metas tradicionais do herói: ela está em busca de reencontro, não de glória, de comunhão, de conquista. Merlin Stone identificou a mesma temática na mitologia: ao embarcar em jornadas heróicas, as deusas têm por meta restaurar o que foi rompido ou lesado. Ísis sai em busca dos pedaços do corpo de Osíris para ressuscitá-lo; Shekiná reúne as almas dos judeus em exílio; e Nu Kwa, uma deusa chinesa, perambula pelo mundo todo após um holocausto para reconstruir o cosmo.

Ao anoitecer, a mãe avista um templo e encontra uma monja, pede-lhe então ajuda, evocando temas recorrentes em contos de mulheres. Primeiro, a mãe acha refúgio na mata, na natureza, longe da civilização. Segundo, uma mulher desconhecida, porém informada, a ajuda, desempenhando um papel semelhante ao da velha sábia. Não se faz nenhuma menção sobre a idade avançada da monja, daí a relevância de a sabedoria feminina não se manifestar apenas na velhice! Na tradição budista, o contexto cultural do conto, as religiosas vivem em comunidade e as monjas são chamadas de "irmãs", introduzindo o aspecto espiritual da irmandade. Na verdade, a monja lembra a deusa grega Ártemis, que vivia na mata em companhia de ninfas e dríades, como irmãs. No mito de Deméter e Perséfone, Hécate desempenha um papel semelhante ao da monja. Quando Deméter parte em busca de sua filha, ninguém a ajuda, por desconhecer o destino de Perséfone ou por temer a fúria de Hades. Somente Hécate, a deusa do mundo inferior, vem em seu auxílio. (É relevante a ascendência de Hécate dos Titãs, antecessores dos deuses e deusas olímpicos. Dessa forma, ela representa uma cultura ancestral, pré-patriarcal.) Ártemis, Hécate e a monja ilustram uma figura importante nas histórias sobre mulheres, que se chamaria a irmã da natureza, prestativa e associada à natureza. Tais contos enfatizam que a natureza e a irmandade são aspectos fundamentais do feminino profundo.

Sabedoria interior

A monja oferece abrigo à mãe no templo, entretanto não há comida. A mãe o dispensaria, pois fizera um pacote com provisões. Em termos psicológicos, a sábia existente no interior da alma da mulher, personificada pela monja, não providenciará alimento, dinheiro ou nenhuma outra forma de ajuda material. A velha interior não é uma fada-madrinha, tampouco uma mãe substituta, e as mulheres devem cuidar de si mesmas. Isso significa que o trabalho psicológico interior ou o apoio de um terapeuta não são suficientes. As mulheres também precisam encontrar um trabalho satisfatório, parceiros adequados, ajuda cotidiana confiável e comunidades seguras. Não obstante, a monja lhe dá seu próprio manto, oferecendo à mãe apoio emocional e conforto, forças poderosas da relação de irmandade. Ainda mais importante, a monja denuncia o demônio e lhe informa como chegar até a filha. Além de apoio, a mãe necessita de esclarecimentos. Essa ajuda prática e psicológica evidencia-se em "Emme", quando ela consola a jovem irmã, embora nada faça para reverter a situação. Para tanto, fazia-se necessário o conhecimento de uma velha sábia.

Na manhã seguinte, a mãe desperta e se vê só numa campina. Seu encontro com a monja teria sido um sonho ou uma revelação espiritual. A monja é uma figura interior que leva sabedoria à mãe, desde sua própria fonte profunda de saber. Ela se dá conta de que usou um pequeno pagode de pedra como travesseiro. Este seria uma versão reduzida das altas torres tradicionalmente associadas aos templos budistas. No Japão, pagodes em miniatura também são usados como santuários, como relicários para vários espíritos da natureza e deidades associadas a rochas, riachos, plantas, animais, montanhas e vales. Sugere, portanto, que a monja é alguma espécie de espírito da natureza, que vive no pequeno pagode de pedra. O termo "pagode" vem do sânscrito e significa "fêmea divina".

Ao entrar em contato com um espírito da natureza, a mãe salienta o profundo elo de ligação entre o psiquismo feminino e a natureza. Como espírito da natureza, a monja associa-se a um local em particular, ou seja, à terra. No entanto, ela não é uma figura materna, porém uma irmã. Nesse sentido, a monja comprova a afirmação de Susan Griffin: a terra também é irmã, não apenas mãe.

A ponte

Obedecendo às instruções da monja, a mãe avista o castelo do demônio do outro lado do rio, guardado por dois cães: um grande e outro pequeno. Esses elementos estreitam o paralelo entre o conto japonês e o mito grego de Perséfone, a qual foi arrastada para o mundo inferior, guardado por Cérbero, o cão de três cabeças, do outro lado do rio Estige. Também nas mitologias hindu e budista, um cachorro monta guarda no local de acesso ao mundo inferior, e em numerosas culturas a terra dos mortos é descrita rodeada por um rio.

Para alcançar o castelo do demônio, a mãe tem de cruzar uma ponte mágica, chamada Ponte do Ábaco, feita de contas. A monja a adverte para não pisar nas contas, do contrário ela cairia no local de nascimento e pereceria. Essa passagem é intrigante, por isso arriscaria aqui apenas algumas sugestões. A ponte é feita de contas, uma forma arcaica de adorno, em geral associada ao feminino. Nesse sentido, elas evocam o tema da beleza feminina, e, na maioria das culturas, a beleza das mulheres está a serviço do prazer dos homens. Ao aconselhar a mãe a não pisar nas contas, a monja parece lhe aconselhar a não se tornar prisioneira desse jogo milenar do embelezamento.

Para evitar as contas, a mãe tem de apoiar os pés talvez num fio ou algum tipo de arame que as une. Concentrar a atenção neste fio é uma metáfora a seu desafio fundamental: encontrar seu *self* verdadeiro, profundo, a dimensão una subjacente aos diferentes papéis e máscaras que ela porventura tivera de assumir para sobreviver. De fato, diversas mulheres têm dificuldade em definir quem são, seja porque desempenham muitos papéis diferentes na vida, seja porque têm empatia muito facilmente com os outros. O desafio consiste em encontrar essa continuidade sutil e muitas vezes invisível.

O fio oculto também seria interpretado como a ligação subjacente ao vínculo mãe-filha. As contas representariam eventos dramáticos nesse relacionamento, os seus altos e baixos, os desentendimentos, os momentos compartilhados. Todavia, é o fio que os mantém todos unidos, constituindo um relacionamento duradouro, uma continuidade: a linha materna.

A ponte recebe o nome de ábaco, um instrumento usado para cálculos numéricos, em especial nos negócios. Intimamente vinculado ao dinheiro, o ábaco remete à noção de propriedade privada. Uma vez que a ponte conduz ao castelo do demônio, o qual personifica o lado inconsciente das culturas patriarcais, uma preocupação com a riqueza material integraria sombra da sociedade[4]. Outros contos sobre mulheres reafirmam essa temática[5].

---

4. Por exemplo, Ehrenberg (1989); Lerner (1986).
5. Na versão dos Grimm para "A virgem sem mãos", por exemplo, o pai faz um acordo com o demônio, para tornar-se rico em troca de qualquer coisa que estiver em pé em seu quintal. O pai descobre, posteriormente, que era a sua filha que estava lá, e o demônio vem para levá-la. Ela consegue escapar do demônio, mas só ao preço de ter as mãos decepadas. Dessa forma, a riqueza do pai vem da mutilação do corpo da filha. Simbolicamente,

Quando adverte a mãe quanto àquela no local de nascimento, a monja estaria referindo-se à doutrina budista, que afirma que o fracasso de uma pessoa no cumprimento de suas tarefas durante a vida significa ter de renascer, ou seja, completar o que faltou em outra vida. Ou ainda ao papel da mulher de dar à luz, de ser mãe. A monja parece adverti-la a não cair no papel convencional, ou perecerá psicologicamente. Ela deve se envolver com novos papéis, além do de mãe.

Reencontro

Após cruzar a Ponte do Ábaco, a mãe entra no castelo e ouve o som de tear. Ela o segue e encontra a filha; as duas abraçam-se efusivamente. Fiar é uma tarefa em geral feminina, muitas vezes monótona, em particular quando se é forçada e o trabalho é solitário. Esse parece ser o destino da filha, condizente com os estereótipos femininos.

Em seguida, a filha prepara o jantar para a mãe. Acontece aqui uma inversão de papéis entre as duas mulheres, algo comum na vida real: mãe e filha adultas costumam inverter papéis, cuidando uma da outra. Muitas filhas adultas, por exemplo, quando investem em seu desenvolvimento profissional e se expressam com mais liberdade, inspiram as mães a superar papéis convencionais.

---

a propriedade patriarcal deriva da opressão das mulheres. A história dos Grimm repete o tema um pouco mais adiante, depois que a virgem sem mãos sai de casa. Em suas perambulações, ela vai até um jardim onde uma há uma linda pereira e come uma fruta. A árvore pertence a um jovem rei que tem um hábito peculiar: ele numera cada pêra de sua árvore e conta-as diariamente. Por isso, ele rapidamente descobre a falta de uma fruta e logo encontra a virgem sem mãos. O hábito do rei de contar as peras ilustra a importância que a cultura patriarcal dá à propriedade privada e à "contabilidade". As peras numeradas são simbolicamente equivalentes à Ponte de Ábaco da história japonesa.

Ao alimentar a mãe, a filha preenche a lacuna deixada pela monja. A filha e a monja simbolizam funções distintas, o feminino profundo e o feminino funcional. A monja oferece sabedoria, ao passo que a filha atende às necessidades orgânicas e às preocupações cotidianas. As mulheres precisam das duas coisas em suas vidas.

O demônio volta cedo para casa, e a filha esconde a mãe numa caixa de pedra, assumindo uma postura ativa pela primeira vez. Está revigorada pela chegada da mãe, possivelmente porque a corajosa iniciativa de busca da mãe serviu-lhe de modelo de ação. Na verdade, muitas mulheres talentosas e assertivas dão às suas mães o crédito de as terem inspirado em sua autoconfiança, como Lyn Mikel Brown e Carol Gilligan registraram em sua pesquisa.

A caixa de pedra onde a mãe se esconde lembra um caixão e sugere que ela experiencia uma espécie de morte e renascimento simbólicos. A meu ver, o que morre é o papel de mãe tradicional, evitando o local de nascimento, como assim se expressou a monja. Quanto ao corpo, isso implica a menopausa. Psicologicamente, significa explorar novos papéis, libertar-se da convenção, reapoderar-se de partes negligenciadas de si mesma.

O ardil

No seu regresso, o demônio suspeita da presença de algum intruso, e a planta mágica lhe revela três pessoas no castelo. Aqui, há vários aspectos intrigantes. Primeiro, os servos do demônio parecem não contar como pessoas. Faria sentido se o castelo do demônio fosse símbolo para o lado inconsciente da sociedade, e eles representariam, então, a opinião ou a convenção coletiva — uma massa informe de tradições, sem a menor individualidade. A flor delata a espionagem às mulheres pela maioria das sociedades, concedendo-lhes pouca privacidade, nenhum refúgio. Na cultura ocidental, muitos homens têm um ateliê, estúdio ou cantinho em casa onde podem gozar tal privacidade, entretanto as mulheres não o têm, segundo Virginia Woolf, exceto talvez a cozinha, onde estão sujeitas a constantes interrupções. Na China, em virtude do severo programa de controle da natalidade, as mulheres têm até mesmo suas menstruações monitoradas pelos agentes de saúde locais. A maioria das sociedades tende a essa espionagem e a uma atitude controladora, alegando que elas devem permanecer reclusas para sua própria proteção. O conto expõe a hipocrisia de tal postura, colocando nas mãos do demônio uma flor espiã. O que seria um objeto de contemplação, na realidade, age como um meio de aprisionamento da filha.

Voltando mais cedo, o demônio interrompe o feliz reencontro entre mãe e filha e reedita o seu papel original: o de forçar as duas mulheres a se diferenciar, dentro de seu relacionamento. Sem a sua reaparição, mãe e filha teriam escapado do castelo e voltado para casa, para seu relacionamento íntimo e irrefletido. O demônio obriga as duas mulheres a continuar se desenvolvendo.

Para a filha, isso significa exercitar sua engenhosidade e astúcia, valendo-se do truque da gravidez. O demônio, completamente ludibriado pelo ardil e eufórico diante da perspectiva de tornar-se pai, abandona a intenção de matar a mulher. Isto lembra os astuciosos disfarces de "A esposa sábia", aqui uma capacidade singularmente feminina: engravidar. Ao invocar o poder de um mistério feminino ancestral, a jovem desarma o demônio, contrabalançando a maior força física de que ele é possuidor. Insinua-se assim que os mistérios da mulher podem torná-la forte o bastante para enfrentar o demônio da convenção social.

Engravidar é um símbolo criativo, dá-se vida a novas idéias e a novos relacionamentos; para haver um bebê é preciso que haja dois. Interpretemos o ardil da filha de forma mais ampla: ela recorre à criatividade e ao relacionamento para lidar com o demônio. Em vez de adotar valores masculinos competitivos para sobreviver no mundo, as mulheres podem seguir por um caminho singularmente feminino, ressaltando a criatividade e a colaboração. Observe-se que, embora a mulher tenha de desistir do "local de nascimento" e do papel maternal para cruzar a Ponte do Ábaco, a filha deve invocar o poder de ambos. O conto sugere que os mistérios do parto podem ser fortalecedores para as mulheres jovens, mas talvez não para as mais velhas.

O demônio bêbado

O demônio se embebeda, mata seus cães de guarda e pede à esposa que o coloque numa grande caixa de madeira, o que ela atende prontamente. Embora a filha o enganasse, é a sua embriaguez que lhes dá a chance de escapar. Tema arquetípico presente em muitos mitos, como o da deusa Inanna e sua visita ao deus Enki. Segundo fontes diversas, este era o seu pai ou avô. Feliz por vê-la, ele organiza uma festa, embriaga-se e ergue-lhe vários brindes, concedendo-lhe o trono, o domínio da verdade, a arte do herói e muitos outros poderes. No dia seguinte, Enki se dá conta do que fez e parte para reclamar seus poderes, porém Inanna recusa-se a devolvê-los, tornando-se a rainha do Céu.

O mito e o conto são uníssonos: os patriarcas não abrem mão facilmente de seu poder; entretanto, quando ébrios com a própria glória, espojando-se em seu fausto poder de dominação ou vitórias, tornam-se vulneráveis e, muitas vezes, só então desistirão de sua autoridade. Em vez de matar os patriarcas, atitude dos heróis masculinos, as mulheres têm de ser mais astutas, ou seja, esperar pelo seu momento de embriaguez.

O demônio não só mata os cães, como lhes bate antes de embebedar-se. Uma atitude sádica ou um simbolismo mais profundo. Os dois cachorros funcionam como um sacrifício de sangue, em substituição à mãe e à filha. Aqui, retomamos "Emme", em que a velha sábia sacrifica uma galinha, um bode e um escravo para poder libertar Emme.

Ao matar os cães, o demônio parece ajudar a mãe e a filha a escapar — aquela parte da psique da mulher que a impele, às vezes sem piedade, a continuar desenvolvendo-se. Por outro lado, se interpretamos o demônio como uma figura externa, que representa o lado sombrio da sociedade, nos surpreendemos. Mesmo sendo violento e ameaçador com relação às mulheres, o demônio não deseja de fato destruí-las, mas parece esperar que alguém o detenha. O mesmo ocorre com os homens de hoje, os quais são em geral abusivos com as mulheres, contudo reconhecem o mal que ocasionam e, secretamente, esperam que alguém os contenha.

Fuga por terra ou pela água

Trancafiado o demônio, mãe e filha correm para os estábulos, na intenção de fugir cavalgando. Discutem qual carruagem tomar: para mil ou para 10 mil milhas. Podemos interpretar essa escolha como a busca de uma solução para curto ou longo prazo. Devem as mulheres concentrar-se na obtenção de cotas mais justas e recursos legais, para conseguir resultados rápidos, ou insistir em educação de massa, mediante um processo muito mais lento de transformação cultural? A monja adverte: se forem por terra, o demônio as alcançará, tomem o bote e fujam pelo rio. Qual o significado desse extraordinário aviso da monja?

Para a maioria das culturas, o trato e o uso de cavalos estão tipicamente associados aos homens, e os antropólogos constataram que a importância deles numa sociedade é inversamente proporcional ao *status* das mulheres. Nos locais em que os cavalos são usados para o trabalho agrícola, por exemplo, os homens cuidam dos animais, controlam a produção de alimentos e dominam a sociedade. Quando são usados na guerra, as mulheres têm ainda menos *status* porque os homens começam a tratar melhor os animais do que suas esposas. Logo, os cavalos aludem ao poder masculino.

Quando a monja diz à mãe e à filha que não usem os cavalos, adverte-as para não se enredar na teia dos valores patriarcais. Mensagem precisa para as mulheres atuais, conforme vão escalando postos nas instituições, conquistando posições de nível público, ocupando lugares na sociedade, uma vez que é fácil ser tragadas pelos jogos tradicionais de poder. Margaret Thatcher, Golda Meir e Indira Gandhi, afinal de contas, entraram em guerra, tais quais os líderes masculinos. As mulheres evitam essa armadilha, sugere a monja, permanecendo fiéis ao feminino profundo, honrando os relacionamentos e a flexibilidade, simbolizados pela água. Não é uma tarefa fácil, sobretudo numa cultura competitiva como a atual, vertiginosamente rápida. Seguir pelo rio implica seguir o fluxo, o que significa dar atenção aos ritmos corporais, dar ouvidos às intuições internas, permitir-se algum tempo para refletir, abrir mão da necessidade de estar no controle de todas as situações.

Ao se materializar nos estábulos, a monja interrompe mãe e filha assumindo uma função vital, até então desempenhada pelo demônio: obrigá-las a se individuar ainda que dentro de seu relacionamento. Separando mãe e filha de modo violento e tempestuoso, o demônio personifica os conflitos que irrompem entre filhas adolescentes e suas mães; a monja simboliza um relacionamento entre irmãs num nível mais maduro, mais calmo, mais sensato e mútuo.

A dança selvagem

Após algum tempo, o demônio desperta, quebrando a caixa de madeira, e sai em busca da esposa. Quando a encontra no rio, ele e seus servidores põem-se a beber toda a sua água. Evidencia-se aqui o perigo de tentar trancafiar o lado sombrio da sociedade. Quando é suprimida, a sombra se liberta e reaparece com fúria ainda mais arrasadora. Antes de ser aprisionado, o demônio mantinha a filha presa, porém viva. Agora, ameaça matar as mulheres, bem como atingir o seu feminino profundo, simbolizado pelo rio. O demônio pode ser interpretado como o efeito de uma retaliação cultural em relação às mulheres quanto à sua luta de libertação — para fugir de imposições sociais demoníacas. A monja aconselha com sensatez — e surpreendentemente — a forma de lidar com esse poder diabólico.

Ela orienta as mulheres a levantar as saias e exibir suas partes íntimas, e faz o mesmo. O demônio e seus serviçais riem às gargalhadas, cuspindo a água que haviam engolido; logo as mulheres estão correnteza abaixo, rumo à sua segurança. Exibir-se sexualmente é algo presente em outros contos folclóricos, como neste exemplo do México, em que uma garota levanta a saia diante de um menino provocando-lhe um desmaio (observe-se: o homem é quem perde a consciência, não a mulher!). Numa história dos índios Pueblo, uma mulher lidera um grupo de homens durante uma batalha e, logo antes do ataque, ela se exibe levantando a saia quatro vezes, em seguida derrota o inimigo[6].

Os freudianos diriam que, ao levantar as saias, o demônio e seus asseclas imaginaram que as mulheres fossem castradas; temendo um destino semelhante, tal ansiedade os levou a perder o controle e a gargalhar compulsivamente. Uma interpretação mais contemporânea é que, ao exibir seus genitais, as mulheres invocam o poder da sexualidade feminina, e sua ligação com o nascimento e a vida. Diante dessa energia arquetípica, que Emily Culpepper denominou de "ginergia", o poder dos demônios masculinos é neutralizado[7]. (Na realidade, muitos homens criados em culturas patriarcais temem a sexualidade das mulheres.) Esse episódio também pode ser interpretado num nível interior, refletindo a psicologia feminina. Aqui, os demônios podem representar a visão patriarcal de que o corpo da mulher e a sexualidade feminina são maus e corruptos. Quando as mulheres inconscientemente internalizam esse estereótipo, concebem sua sexualidade e seu corpo como uma espécie de diabo. A monja põe abaixo essa tradição misógina ao celebrar o corpo feminino e, dessa forma, despacha para longe os demônios das convenções sociais.

Mulheres selvagens

Em outras versões, as mulheres não exibem seus genitais, entretanto soltam gases ou batem com colheres nos quadris. O elemento comum a todas essas variações é a atitude ousada e não-convencional das mulheres em relação ao seu corpo. A cena mobiliza o demônio que é tomado pelo riso e desiste do ataque às mulheres. Hoje, os especialistas em autodefesa sugerem exatamente essa forma de estratégia para a mulher que é atacada por algum agressor: fazer algo bizarro e inesperado para pegá-lo de surpresa e então fugir.

---

6. Jordan (1985); Stone (1979).
7. Daly (1992).

O poder libertador da ação selvagem e do riso também é claro no mito de Deméter e Perséfone. Após o rapto da filha por Hades, Deméter entra em desespero, recolhe-se e recusa a comer. Estava então disfarçada de mortal e vivia como serva no palácio de um rei. Outras mulheres que lá habitavam notam o desespero de Deméter e tentam animá-la, porém sem sucesso. Por fim, Iambe, filha do rei, e Baubo, uma velha ama, contam-lhe piadas obscenas. As duas mulheres encenam uma pantomima grotesca, em que Iambe finge nascer de Baubo, pois sai engatinhando de debaixo de suas vestes. A crassa paródia faz Deméter rir e a tira de seu desespero. Tal como a monja, Baubo e Iambe conseguiram romper o poder de um homem demoníaco, valendo-se de uma conduta escandalosa.

A dança obscena neste conto ilustra um importante arquétipo feminino: a mulher selvagem. Como observa Clarissa Pinkola Estés, a mulher selvagem é uma parte profunda da psique da mulher, caracterizada pela espontaneidade, pela liberdade, pela desinibição, mantendo-a próxima da vitalidade da natureza e livre das convenções sociais. Linda Leonard ressalta que a mulher selvagem contrapõe-se às figuras masculinas destrutivas, como mostra o conto. Claire Douglas chama esse arquétipo feminino de "o obsceno" e o associa à velha sábia. A monja ilustra tal ligação; ela é escandalosa e sábia, obscena e imaculada. Sugere-se aqui que é essa mulher natural quem melhor neutraliza a sombra do patriarcado. Repressões, condenações, ataques diretos contra o demônio em geral não inúteis. A libertinagem feminina, portanto, funciona.

A mulher primal não é mero produto da fantasia e tema de histórias. Os antropólogos nos dão numerosos exemplos de rituais, de diversas culturas, e seus relatos ajudam a enriquecer nossa concepção desse arquétipo.

Mulheres selvagens do mundo todo

Em muitas culturas, as mulheres jovens são submetidas a inúmeras restrições sociais. Não podem viajar sozinhas, permanecem confinadas à casa e não devem responder aos homens.

Nessas mesmas sociedades, contudo, as mulheres que já vivenciaram a menopausa estão livres dessas limitações. Elas podem contar piadas sobre sexo para os homens, por vezes têm a região pubiana à mostra, tal é a disposição rebaixada de suas saias, têm, inclusive, permissão para manusear os objetos sagrados nos recintos masculinos. As mulheres maduras são livres para se tornar selvagens — naturais.

Numerosos ritos secretos das mulheres são selvagens, licenciosos, escandalosos[8], e repetem temas dos contos de fadas sobre mulheres. No período medieval, por exemplo, entre os Mordvins da Rússia, as mulheres reuniam-se para uma celebração anual na casa de uma anciã. Elas imitavam cavalos e usavam duas bolinhas como testículos. (Note-se o elo entre cavalos e o masculino.) Quando uma jovem esposa chegava à comemoração, as mulheres mais velhas a chicoteavam três vezes e diziam: "Ponha um ovo". Ela, então, fazia surgir um ovo de debaixo de sua saia, assim como Baubo "deu à luz" Iambe, no mito de Perséfone. No rito Mordvin, organizava-se um banquete desregrado, no qual as mulheres se embebedavam e cantavam canções pornográficas.

Na tribo Baronga da África, as mulheres realizam um ritual chamado de "limpeza dos poços", em que cavam até encontrar água no solo, saltando para dentro dessa escavação e cantando obscenidades. Homem algum tem permissão para observá-las. Entre os Kuta, na iniciação à sociedade Lisimbu de mulheres elas têm de mergulhar nuas na água, enquanto a mãe ritual da iniciada dança encena uma relação sexual, como um paralelo à atitude da monja.

A interpretação tradicional da sexualidade nos rituais das mulheres salienta a fertilidade. Em alguns países da Europa, por exemplo, as mulheres costumavam exibir seus órgãos genitais a campos de linho exclamando: "Por favor, cresçam até a altura em que se encontram meus genitais". Entre os boro, da Ásia, as mulheres dançam nuas à noite, na ribanceira de seu rio sagrado, o Kanamakra, para induzir a Terra Mãe e o Céu Pai a fazer amor e provocar chuva, a fim de frutificar os campos. Contudo, as his-

---

8. Eliade (1960); La Fontaine (1985); Wissler(1916); Kraemer (1988); Monestier (1963).

tórias e os ritos escandalosos das mulheres têm significados mais profundos, ou seja, são subversivos, e uma de suas principais finalidades é chocar as pessoas e levá-las a refletir a respeito das convenções sociais. A mulher primal não é apenas um arquétipo; ela também representa uma poderosa força de mudança social. Em um incidente ocorrido na Austrália, as mulheres aborígenes reuniram-se para protestar contra a disponibilidade irrestrita de bebidas alcoólicas e os problemas que isso causava aos homens aborígenes. Elas fizeram uma passeata atravessando a cidade, com os seios à mostra e o corpo pintado com desenhos rituais tradicionais, para escandalizar o governo e levá-lo a agir. Um acontecimento semelhante se deu na África colonial. As mulheres se reuniram e marcharam, seminuas, pela capital, para chocar os administradores britânicos e forçá-los a tratar melhor os homens e mulheres nativos. (A reação do exército foi exemplar: os soldados nativos viraram-se de costas, em sinal de respeito às mulheres, enquanto os britânicos atiraram nelas e as mataram.)

Embora poderosamente oprimidas e condenadas pelas convenções sociais, as mulheres selvagens sobrevivem hoje como contadoras de histórias. As anciãs de várias culturas, incluindo a americana atual, costumam se tornar exorbitantes contadoras de histórias, que apreciam chocar os ouvintes com contos libertinos, ardis escandalosos e piadas engenhosas sobre o cotidiano. As autoras seguem freqüentemente esse padrão, a exemplo de Virginia Woolf, que aos 50 anos expressava-se livremente e até mesmo escandaliza em seus textos.

A mulher selvagem está representada de maneiras surpreendentes nos ofícios femininos contemporâneos. Tecer colchas é um exemplo tradicional das mulheres americanas, ilustrado especialmente por Sunbonnet Sue, uma comportada garotinha que em geral aparecia brincando com suas bonecas ou lidando com tarefas domésticas. Outros grupos de artesãs têm atualizado essa imagem consagrada pelo tempo, apresentando Sunbonnet Sue queimando o sutiã, dançando o cancã, lendo livros pornográficos, bebendo martínis, nadando nua, fumando, namorando no carro, banhando-se ao lado de um homem e mostrando a gravidez no dia do seu casamento! Sunbonnet Sue revelou-se uma mulher selvagem, uma mulher natural.

Dança, riso e espiritualidade feminina

A dança licenciosa das mulheres evoca temas diversos. Primeiro, como observaram Karen Signell e Claire Douglas, a dança aparece com freqüência nos sonhos de mulheres, e a imagem típica é a dança em grupo, com outras mulheres. Numerosos terapeutas observaram também que dançar é profundamente terapêutico para elas e ajuda-as a celebrar seus corpos e desvencilhar-se de estereótipos negativos.

Em segundo lugar, o riso, em vez da força, é o que desarma o demônio e seus asseclas, e aqui se oferece às mulheres uma estratégia útil. Certamente não se sugere nenhum tom de brincadeira acerca de casos de assédio sexual, discriminação ou estupro, para minimizá-los. Assim como o bom humor não substitui uma correta atuação política. A sagacidade funciona em bases mais pessoais, psicológicas, com indivíduos do sexo masculino. Os homens costumam ignorar as críticas, em particular se estas procedem das mulheres, todavia gostam de piadas e acabam ouvindo o que precisam por intermédio de histórias humorísticas. Uma das tarefas do homem, na meia-idade, é aprender a rir de si mesmo e das imposições patriarcais, como mostram os contos sobre eles. Quando as mulheres recorrem ao humor para lidar com homens opressores, aliam-se àquela parte da alma masculina que o impele a se desenvolver.

Por fim, a monja arquiteta a dança libertina a despeito de sua condição. Sugere-se que a espiritualidade das mulheres é selvagem, escandalosa e, às vezes, obscena — envolvendo uma celebração do corpo feminino, da sexualidade e da sensualidade. O conto rejeita decididamente a cisão patriarcal tradicional entre corpo e espírito, na qual o corpo é pervertido e o espírito é puro. Na realidade, a monja é um tanto bruxa — vive na mata, tem conhecimento dos caminhos da sexualidade, bem como de outros instintos naturais, e ignora as convenções sociais. Ela também é capaz de aparecer e desaparecer a seu bel-prazer, materializando-se no estábulo do demônio e, depois, no bote. Como muitas mulheres já assinalaram, as bruxas — e a espiritualidade das mulheres — foram expurgadas da maioria das culturas, o que torna ainda mais importantes os contos sobre mulheres: eles preservam imagens ancestrais da espiritualidade feminina.

A comunidade

Ao escapar do demônio, mãe e filha agradecem à monja perguntando-lhe como retribuiriam. Ela revela ser o espírito do pagode solitário, sentindo-se então bastante só, portanto pede às duas que lhe tragam outros pagodes como companhia. Mãe e filha, todo ano, em peregrinação ao pagode, acrescentam-lhe um, e assim eles tomam uma proporção cada vez maior em meio à mata.

Embora sábia e poderosa, a monja é solitária e sofre em seu isolamento, flagrando uma dolorosa realidade: o feminino profundo é vilipendiado e temido pela maioria das culturas, e isso causa dor. Ao pedir auxílio à mãe e à filha, a monja busca curar-se. Aqui ela inverte o elo habitual entre a humanidade e a divindade. Com freqüência é o humano a pedir ajuda aos deuses e espíritos. Ao pedir socorro, ela oferece um novo modelo de espiritualidade, que muda o paradigma religioso tradicional, o qual apresenta as deusas e os deuses como pais, e assim os torna algo novo: companheiros. A monja é uma figura representativa mais de irmã do que de mãe.

Acrescentando pagodes, mãe e filha criam uma comunidade para a monja. Simbolicamente, as duas formam uma nova sociedade, o que novamente é ressaltado: as mulheres criam novos mundos em resultado de seu desenvolvimento individual. A temática da comunidade também é clara no mito de Deméter e Perséfone. Segundo a lenda, em sua busca pela filha, Deméter determinou os Mistérios de Elêusis, os quais evoluíram até se tornar um dos grandes rituais comunitários da Grécia clássica.

A idéia da construção de uma comunidade está presente em muitos outros rituais femininos; é um pólo arquetípico de interesse da psique feminina. Para as mulheres Kinki, por exemplo, uma sociedade secreta feminina da tribo Kafu-Bullom, de Serra Leoa, cada iniciada leva um objeto que é posto num pacote sagrado e secreto, guardado pela chefe da irmandade[9]. Essa coleção é,

---

9. Butt-Thompson (1969).

como no conto, a comunidade de pagodes em expansão. Algo semelhante acontecia na tesmoforia grega em que cada mulher criava imagens sagradas com argila para depois ofertá-la, em grupo, e colocá-la num altar, exaltando-se assim a colaboração e a comunhão. (Por outro lado, os ritos masculinos ressaltam a individualidade e a separação. Entre as tribos americanas nativas, por exemplo, como parte de sua iniciação, o homem faz uma trouxa com objetos sagrados para si, em resposta a uma visão. O iniciado não leva objetos para uma coleção comunitária.) A imagem de reunir-se em comunidade, acrescente-se, corresponde a um motivo feminino arquetípico: fiar e tecer, atividades que envolvem a conjugação de muitos fios individuais na produção de uma unidade coletiva, maior e mais forte.

A arte das mulheres reflete esse espírito comunitário. Margaret Hicks, por exemplo, construiu uma extraordinária obra de arte na qual dispôs troncos de árvore para formar três círculos concêntricos no meio de uma floresta. No centro deles há um tronco disposto verticalmente e sobre ele, uma pedra alojada; cada visitante que contempla a obra é solicitado a deixar ali uma pedrinha, como símbolo de sua presença[10]. Essa coleção de pedras parece lembrar aqui a comunidade de pagodes.

Um sonho

Para concluir a análise de "A mãe e o demônio", recorro a um sonho narrado por Polly Young-Eisendrath e Florence Wiedermann.[11] Ele vem de uma mulher que as autoras denominaram de "Psique" e iniciou a terapia aos 35 anos. Ela fora sexualmente molestada por um tio, quando ainda pequena, e após contar o incidente aos pais estes confrontaram o agressor. A esposa divorciou-se do marido que, logo depois, morreu de um ataque cardíaco. Psique sentia-se muito culpada, como se fosse responsável

---

10. Gottner-Abendroth (1991).
11. Young-Eisendrath e Wiedermann (1987).

pela morte do parente. Em terapia, Psique teve um "grande" sonho que vem corroborar a temática de "A mãe e o demônio".

No sonho, ela rouba uma estátua de alabastro, cuja figura eram um homem e uma mulher nus e entrelaçados. As duas figuras choravam, abraçadas entre si. Ao carregar a estátua, Psique correu até uma doca onde um bote a aguardava. Nele estavam sentadas uma mulher idosa e outra, mais jovem, com aproximadamente a sua idade, acompanhadas por um demônio. Psique deu a estátua às mulheres, e o demônio então a levantou ajudando-a a se colocar no barco. A velha dirigia rapidamente o barco por um canal, e Psique sentia-se excitada com a velocidade em que viajavam.

Ela sentia que, de alguma maneira, a estátua roubada relacionava-se àquela experiência de abuso sexual em sua infância. Ao retratar um homem e uma mulher abraçados, a estátua simbolizava a sexualidade e o amor, que para Psique haviam sido distorcidos pela experiência com o tio. Simbolicamente, a sexualidade de Psique — seu *self* passional — fora abduzida na infância pelo demônio do incesto. (Note-se: Perséfone foi raptada e estuprada por Hades, seu tio.) Ao roubar a estátua, Psique retoma sua sensualidade e paixão, recuperando essas energias vitais em poder do demônio do abuso sexual. Já adulta, Psique resgata seu *self* infantil e o salva do trauma original, assim como aqui a mãe salva a filha, um símbolo do seu *self* mais jovem.

No sonho, Psique corre até um barco, exatamente como a mãe e a filha, quando fogem do demônio pela água, ou seja, as mulheres encontram refúgio no feminino profundo. O sonho de Psique corrobora a temática, na figura da velha dentro do barco, sábia arquetípica, acompanhada por uma mulher mais jovem, uma figura de irmã. "A mãe e o demônio" combina esses dois arquétipos na personagem da monja.

O demônio do sonho de Psique surpreende, pois é solícito e não causa problemas. Talvez Psique contasse com ajuda dos pais para lidar com o tio, e elaborou o trauma com seu esforço terapêutico. Psicologicamente, ela neutralizou o efeito tóxico do demônio, processo análogo ao modo como a monja provoca o demônio fazendo-o rir, dissipando assim a raiva das duas mulheres. Os símbolos e a trama diferem, entretanto a temática básica dos contos e sonhos de mulheres é a mesma, expressando a sabedoria do feminino profundo.

PARTE V

Viagem ao Mundo Novo

capítulo 11

"A esposa-sereia":

Retornando das irmãs

(*Itália*)[1]

á muito tempo, uma mulher casou-se com um marinheiro, porém ele ficava longe de casa a maior parte do tempo, velejando pelos sete mares. Um dia, quando ele estava distante, a esposa viu um rei que passava a cavalo e os dois se apaixonaram. A esposa foi então viver com o rei, e quando o marinheiro voltou para casa, pouco tempo depois, encontrou sua casa fria e vazia.

Em pouco tempo, o rei e a esposa cansaram-se um do outro, e ela voltou para casa. Suplicou ao marido que a perdoasse, mas ele, enfurecido, lançou-a no convés de seu barco, içou velas e, no meio do oceano, jogou-a na água. "Mulher infiel!", ele gritava. "Essa é a punição que você merece!" Um instante depois, o marinheiro recuperou o juízo. "O que foi que eu fiz?", exclamou. "Estou matando a única mulher que amo!" Tentou salvá-la, no entanto a esposa já sumira na espuma. Com o coração partido, voltou para casa.

A esposa mergulhou no mar e caiu entre as sereias que estavam em seu jardim de coral e pérolas. "Que mulher linda!", elas

---

1. Calvino (1980).

exclamaram. "Como alguém tentaria afogá-la?" As sereias levaram a esposa para seu palácio e reanimaram-na com sua mágica. "Você será uma de nós", lhe diziam, e chamaram-na de "Espuma". Pentearam-lhe o cabelo, passaram perfume em seu corpo, adornaram-na com pérolas e organizaram uma festa em sua homenagem. A esposa dançou a noite toda num salão repleto de mulheres, belos jovens e uma música maravilhosa. Daí em diante, ela viveu no luxo e na alegria.

Um dia, a mulher lembrou-se de seu marido e encheu-se de tristeza, pois ainda o amava. No fundo de seu coração, ela sabia que ele também a amava, e sentiu muita vontade de vê-lo novamente.

"O que a está atormentando?", as sereias lhe perguntaram.

"Não é nada", disse a esposa, mas a aflição ainda vincava seu rosto, e as sereias não puderam suportar vê-la sofrer.

"Venha cantar conosco", elas sugeriram, "isso a deixará alegre!" As sereias levaram-na até a superfície do mar e cantaram à luz do luar, ensinando a Espuma suas mágicas melodias. Suas canções eram tão lindas que faziam os marinheiros mergulhar no mar, onde as sereias os transformavam em moluscos, coral ou caranguejos.

Certa noite, enquanto as sereias cantavam, um homem saltou na água e a esposa reconheceu-o de imediato, pois não era outro senão seu marido. Seu coração foi todo para ele.

"Vamos torná-lo um camarão!", uma sereia exclamou ao lado do marinheiro inconsciente. "Ou em um coral rosa!", exclamou outra.

"Não, não", interrompeu a esposa. As sereias ficaram surpresas com essa sua súbita manifestação de interesse.

"O que você quer com ele, Espuma?", as sereias interrogaram.

A esposa hesitou e depois teve uma idéia. "Quero tentar alguma mágica eu mesma." Elas concordaram, muito contentes. Prenderam o marinheiro em seu palácio e depois foram todas dormir.

A esposa foi secretamente até o aposento em que estava o marido e cantou, do lado de fora. Ele acordou e reconheceu de imediato a voz de sua esposa. "Você está viva!", ele exclamou, arrebatado de felicidade. Depois lhe pediu perdão.

"Eu já o perdoei há muito tempo", a esposa sussurrou. "Mas você deve ficar quieto. Se as sereias ouvirem-no, irão fazer-lhe mal. Voltarei hoje mais tarde, depois que elas saírem para cantar, e então o libertarei."

Quando anoiteceu, e as sereias partiram, a esposa ficou para trás. Ela libertou o marido, os dois se abraçaram e então ela nadou rapidamente até a superfície, longe das sereias, e deixou-o em segurança. Logo um navio passou ali perto e a esposa disse ao marido: "Faça um sinal pedindo ajuda, para que eles possam resgatá-lo. Quanto a mim, devo regressar para as sereias".

"Volte comigo", o marido implorou, porém ela balançou a cabeça, entristecida.

"Não posso", explicou. "Sou uma sereia agora, e se sair do mar morrerei." Em seguida, ela mergulhou no oceano e desapareceu.

O marido gritou de angústia, e os marinheiros do navio ouviram-no. "Homem ao mar!", gritaram, e tiraram-no da água. O pobre marido contou-lhes que sua esposa era uma sereia, todavia os marinheiros não acreditaram, pensando que perdera o juízo. Içaram velas e levaram o homem para casa.

O marido permaneceu inquieto; dia e noite só conseguia pensar em sua esposa. Certo dia, imerso em seus pensamentos, saiu perambulando pela floresta e aproximou-se de uma velha nogueira em torno da qual, dizia a lenda, as fadas dançavam.

"Por que essa expressão tão triste, meu bom homem?", indagou uma velha que saiu de trás da árvore. O marinheiro quase saltou de tão surpreso.

"É a minha esposa", suspirou o marido, e ele lhe contou o que acontecera a ela, presa com as sereias.

A anciã balançou a cabeça, gravemente. "Posso ajudá-lo a libertar sua esposa", ela disse. "Mas só o farei com uma condição."

"Farei qualquer coisa!", exclamou o marido.

A velha prosseguiu. "Essa não é uma tarefa fácil. Você tem de me trazer a flor que cresce no palácio das sereias, a qual elas chamam de 'a mais linda'. Traga-a para mim e sua esposa sairá sã e salva."

O marinheiro coçou a cabeça. "Como conseguirei essa flor, que está no fundo do mar?"

"Isso você tem de resolver", a velha respondeu com suavidade, e desapareceu por trás da nogueira.

O marido pensou e pensou, e finalmente pôs-se ao mar. No meio do oceano, chamou pela esposa. Quando ela apareceu, ele contou-lhe brevemente a oferta da anciã. A esposa balançou a cabeça. "Não posso lhe dar 'a mais linda'. As sereias roubaram-na das fadas há um longo tempo e, se a perderem, perecerão. Eu também morrerei, porque agora sou uma sereia."

"Não", exclamou o marido, "a anciã e as fadas irão salvá-la."

A esposa hesitou. "Devo pensar sobre isso. Volte amanhã e eu lhe darei a resposta." Então mergulhou nas ondas.

No dia seguinte, o marido pôs-se ao mar e encontrou novamente a esposa. "Eu conseguirei a flor para você", ela disse, "mas preciso de sua ajuda. Você tem de vender tudo o que tem, comprar as mais belas jóias que houver em terra, pendurá-las em seu navio e içar as velas. As sereias não conseguem resistir a jóias e o seguirão. No momento em que você tiver conseguido atraí-las para longe de seu palácio, colherei a flor mágica."

O marido apressou-se em ir à cidade. Estava trêmulo ao ajuntar todos os pertences que venderia, contudo vendeu-os todos, comprou as jóias mais preciosas que pôde encontrar, pendurou-as em seu navio e partiu.

As jóias atraíram as sereias, e elas seguiram o marido ao velejar cada vez mais longe, afastando-as de seu palácio. Subitamente, o oceano tremeu, trovões ribombavam até o fundo, o mar se abriu e as sereias desapareceram. Todo o oceano tremeu uma segunda vez e, enquanto o marinheiro contemplava atônito, surgiu diante dele a anciã da floresta, no dorso de uma grande águia. Atrás dela estava sua esposa, sã e salva. As duas mulheres voaram para longe, na direção da casa do marinheiro, e quando este chegou encontrou sua esposa esperando por ele. Abraçaram-se, renovaram seus votos de amor, e dessa vez o compromisso durou pelo resto de suas vidas.

Um difícil começo

A história se inicia com a mulher cujo marido se ausenta por longos períodos. Uma situação familiar a muitas delas, atualmente, visto que os homens privilegiam o trabalho e suas carreiras preterindo as pessoas e os relacionamentos. Espera-se da mulher que ela aguarde fielmente o retorno do homem ausente, contudo aqui a esposa rejeita tal convenção opressiva. Um rei se apaixona por ela, que sai de casa para viver com ele; uma fantasia romântica arquetípica da mulher: encontrar o príncipe encantado. A esposa de fato tem iniciativa, abandonando as fantasias. Sua aventura com o rei representa sua capacidade de auto-afirmação e sua disponibilidade para ir em busca de suas próprias necessidades e desejos, isto é, ao vivenciar o romance com o rei, entra em contato com sua própria autoridade, com seu rei interior.

Após certo tempo, ela se cansa dele e volta para casa. Mas por que ela voltaria para um marido que não lhe dá atenção? Não se sugere que o verdadeiro lugar da mulher é o lar, uma vez que a esposa prossegue, rumo a desenvolvimentos ainda mais importantes. O romance — mesmo que com um rei — é apenas o ato inicial de um drama muito mais complexo e extenso para as mulheres.

Na volta ao lar, ela pede ao marido que lhe perdoe; ele se enfurece e a joga ao mar. Tal atitude reitera o tema da opressão das mulheres e a condenação cultural que lhes é imposta ao agir movidas por suas necessidades e desejos.

As sereias

Quando cai na água, a esposa é salva pelas sereias. No mar encontra segurança; mais uma vez aqui a natureza acolhe as mulheres, oferecendo-lhes um refúgio.

As sereias estão intimamente vinculadas a figuras de deusas. Na China ancestral, a deusa Nu wa era representada com a cauda de um peixe, assim como Atargatis, a deusa mesopotâmica do mar, e Nina, uma deidade suméria[2]. Como figuras femininas arcaicas, ocultas no oceano, as sereias podem ser interpretadas como a energia feminina divina, normalmente reprimida pela sociedade.

---

2. Stone (1979).

Em outras palavras, elas simbolizam o feminino profundo, e é em seus mistérios que a esposa penetra.

As sereias chamam a esposa de "Espuma", o que pareceria depreciativo, porém isso nos leva à deusa grega Afrodite, que nasceu da espuma da mar: em grego o termo *aphors* significa "espuma do mar"[3]. Portanto, o nome liga a esposa sereia a um poderoso arquétipo do feminino divino. A deusa Afrodite personificava o amor romântico e a importância dos relacionamentos, um aspecto fundamental na vida da maior parte das mulheres. Alguns de seus amores eram mulheres, e Afrodite deliciava-se ao passar longo tempo com as ninfas — os espíritos femininos da natureza. Ela representa a capacidade feminina de vincular-se e ser autêntica, não abrindo mão de si mesma nos relacionamentos, mas prestigiando tanto o amor como sua própria integridade.

Metade humana e metade peixe, a sereia ilustra outro tema importante nos contos femininos: a comunhão com a natureza. Em "A mulher que veio do ovo", a bela esposa é atacada pela bruxa, em seguida salta no poço e torna-se um peixe. Em ambos os contos, a mulher é atacada por uma força sombria, mergulha num domínio aquático que simboliza o feminino profundo, assume, por conseguinte, uma forma ictíaca temporária, com a qual se une ao reino animal por algum tempo.

Irmandade

As sereias vivem juntas em comunidade, numa irmandade. Como em "Emme" e "A mãe e o demônio", são as figuras de irmãs, não heróis homens, que salvam as mulheres em situação desesperadora. Vários aspectos se destacam nessa irmandade das sereias. Em primeiro lugar, desfrutam uma espécie de paraíso, residindo num lindo palácio e passando todo o seu tempo dançando,

---

3. Downing (1990). Algo semelhante ocorre na tradição hebraica, em que Adão foi feito do pó, enquanto Lilith, que precedeu Eva, foi feita de limo, numa ligação até próxima com a espuma. Ver Dunne (1989).

cantando, adornando-se, brincando e entretendo-se. Outras histórias repetem esse motivo[4]: a natureza não só salva as mulheres, como também lhes fornece motivo de alegria e prazer, o que contrasta acentuadamente com todas as suas lutas em meio à civilização.

Em suas danças, as sereias contam com a presença de belos jovens, ou seja, não há menção a homens, o que parece implicar que para elas eles são de importância secundária. O domínio das sereias é, nesse sentido, uma imagem em espelho da sociedade convencional, em que há a reversão da preeminência masculina. Segundo Virginia Woolf, elas oferecem a Espuma não apenas um aposento, mas todo um reino.

A beleza reconsiderada

Quando as sereias reanimam a esposa, adornam-na com jóias e passam uma boa parte do tempo embelezando-se. Na cultura moderna, a beleza e os adornos em geral são considerados frívolos ou superficiais. Aqui, Afrodite serve de contraponto mitológico. Como deusa da beleza e da sensualidade, ela enfatiza que a beleza feminina é divina, não frívola. A relevância, porém, é que Afrodite se embeleza para seu próprio deleite, não para agradar aos homens. Ela celebra o corpo feminino, a sensualidade e o que poderia ser chamado de a beleza profunda das mulheres. Tradicionalmente, a beleza feminina está relacionada à juventude e ao sexo, e espera-se das mulheres que pareçam belas aos homens. Por outro lado, a beleza profunda é a das mulheres, para as mulheres. Nesse sentido, o adornar-se converte-se em um meio de expressar-se pessoalmente, em que roupas e jóias tornam-se parte da voz da mulher, refletindo seu ser individual, em vez de instrumento para silenciar esse ser ou anulá-lo. A beleza profunda também implica

---

4. Por exemplo, "Os três ovinhos" no Capítulo 4, e "A árvore de ouro" em meu livro *Once upon a midlife*.

unir-se ao esplendor da natureza, recorrendo ao uso de perfumes destilados de flores e pedras preciosas, retiradas da terra. Assim, a beleza profunda é uma celebração do corpo da mulher, de sua ligação com a natureza e da vida materializada em geral — o deleite da sensorialidade. Escritoras como Gertrude Koch e Jutta Bruckner retraçam o caminho da beleza profunda até aquele prazer intenso em que mães e filhas jovens sentem uma profunda proximidade e seu desfrute pré-verbal do mútuo adornar-se.

A flor mágica da sereia, "a mais linda", resume a beleza profunda, vinculando-a ao afeto e ligando o amor ao belo. Essa conexão é mais do que jogo de palavras, porque o amor gera o belo: o que é amado é vivenciado como lindo. Em muitos sentidos, o amor é a origem da beleza profunda. (Por outro lado, a beleza convencional desperta luxúria ou cobiça, não amor.)

A flor mágica é que mantém as sereias: o amor e a beleza dão-lhes vida. Aqui, a flor parece a erva mítica da vida. A mais remota referência a essa planta vem do épico sumério Gilgamesh, o qual descreve uma planta mágica dotada do poder da imortalidade, que cresce no fundo do mar. Em outro mito sumério, essas plantas mágicas pertencem exclusivamente a Ninhursag, a deusa dos nascimentos. Embora esse pareça um pequeno detalhe, como o nome "Espuma", "a mais bela" aponta para a vitalidade feminina profunda.

"A esposa sereia" não explora em demanda "a mais bela", o que não é surpreendente. A beleza profunda é um mistério feminino, não discutido abertamente. A insinuação de sigilo evoca outro aspecto deste conto de fadas: as sereias aludem às sociedades secretas de mulheres, e o fato de a esposa tê-las encontrado é como um rito de iniciação. Na realidade, faz-se um paralelo a toda a tradição e aos ritos da Sociedade Sande, uma organização secreta da África ocidental, exclusivamente feminina.

As Sande e as sereias

A irmandade Sande é uma das mais destacadas organizações africanas do Oeste desse continente, abrangendo mulheres de muitas tribos e nacionalidades. Segundo a tradição Sande, a vitalidade espiritual dessa sociedade advém dos rios, nascentes, lagos ou, nos territórios próximos à costa, do mar, reiterando assim o tema da água nos contos sobre mulheres. Todos os anos, as mulheres Sande constroem um *kpanguima*, um santuário ritual sob a água num sítio mágico e sagrado, um local de abundância, partilha, dança, beleza e regozijo. Os homens são explicitamente barrados do *kpanguima* Sande, exceto por um, chamado *ngeba*, que faz a construção pesada e o trabalho de manutenção. No reino Sande, os homens e o masculino assumem papéis secundários, como no mundo das sereias.

Em suas cerimônias de iniciação, as noviças Sande fazem um ritual de mergulho no rio, descendo simbolicamente até o reino aquático secreto e sagrado, em seguida voltam transformadas para o mundo de todo dia. É exatamente o que a esposa-sereia faz: ela desce até o fundo do mar, une-se às sereias no feminino profundo e regressa, então, à vida do dia-a-dia.

As mulheres Sande são a fonte de toda beleza e, em alguns contos, Tingoi, um espírito da água ou uma sereia, é a fonte final da beleza, numa alusão à "mais bela". Além disso, na tradição Sande, a beleza dos objetos e animais é compreendida em termos da beleza das mulheres, mas toda mulher é considerada bela, não só as esbeltas ou jovens. A beleza é definida partindo-se do modo de agir e ser das mulheres de carne e osso, e não o inverso. Desse modo, as Sande honram a beleza profunda, e a irmandade é o foco central dessa celebração.

Essa sociedade também tem papéis políticos e culturais importantes. As *sowei*, mulheres mais velhas que governam a Sande, mediam disputas conjugais e agem como juízas nas discórdias entre as mulheres. As mulheres Sande em geral pronunciam-se a respeito de questões políticas quanto ao bem-estar das mulheres, e as opiniões emitidas pelas *sowei* têm bastante peso nos assuntos tribais. Dentro da Sande, as mulheres adquirem uma valiosa experiência na prática da liderança e chegam a ocupar de 10% a 15% dos postos mais importantes de chefia, embora sua cultura seja amplamente patriarcal e polígama, com os homens tendo várias esposas. Em casa, é costume os homens comerem antes das mulheres, e alguns maridos esperam inclusive que suas esposas ajoelhem-se para lhes servir a refeição! A Sande funciona como um santuário vital para as mulheres nessa situação. Na realidade, quando o *kpanguima* é construído, e a Sande está em sessão, homem algum pode impedir a mulher de ir à cerimônia. Toda mulher, até mesmo as não-pertencentes àquela aldeia ou tribo, é recebida no recinto ritual. Embora os homens vociferem contra as mulheres, afirmando que no *kpanguima* elas só vadiam, nenhum deles ousa interferir.

No enclave, as mulheres festejam, relaxam e brincam, tratando-se como iguais. A hierarquia habitual imposta pela cultura polígama é abandonada, pois ali as esposas mais velhas dão ordem às mais novas. A solidariedade entre as mulheres é o ideal Sande, e a sociedade tem como ditado: toda vez que várias mulheres se reúnem, existe Sande. A igualdade e a mutualidade reforçam o deslocamento do eixo vertical dos relacionamentos mãe-filha para um espírito mais fraternal. É evidente que o movimento contemporâneo das mulheres tem conhecimento da importância da irmandade feminina em termos psicológicos, espirituais, econômicos e políticos. O que o rito Sande e a história das sereias acrescentam é o papel da beleza profunda na irmandade — beleza para as mulheres e, entre elas, um sacramento do feminino.

Ritos femininos

Temas semelhantes estão presentes nos rituais de mulheres pertencentes a outras culturas. As mulheres australianas aborígenes, por exemplo, têm numerosos ritos secretos, incluindo alguns para o parto, cerimônias para conduzir as meninas à puberdade e rituais amorosos, cuja finalidade é manter os maridos fiéis ou atrair amantes para a mulher. Os rituais amorosos são semelhantes aos observados em "A esposa-sereia" e aos das mulheres Sande. Liderado por uma mulher de meia-idade ou mais velha, o rito é realizado à luz do dia, em geral a distância de um quilômetro e meio do local onde a tribo está instalada. Os homens evitam esse local, pois temem adoecer se as mulheres usarem seu poder. Como as sereias e as Sande, as mulheres australianas criam um domínio feminino, separado do dos homens. Em sua cerimônia, elas pintam signos simbólicos em seu corpo e untam a pele até que fique brilhando. O clima é festivo, e há muitas brincadeiras, risos e provocações. As mulheres desfrutam a companhia umas das outras, enquanto se adornam para seu próprio deleite, não para satisfazer os homens. Ao pintar símbolos mágicos em seus corpos, as mulheres também os tornam sagrados: o adorno é um sacramento, não uma diversão. Como parte do rito, elas também adornam seus bastões de luta, os *miliri*, para imbuí-los de poder se porventura precisarem se defender, no caso de uma discussão com o marido ou amante tornar-se violenta. Nesse sentido, se as mulheres celebram a beleza profunda, também evocam seu poder agressivo para se proteger dos homens. Nem as sereias nem as aborígenes separam a beleza do poder, como as culturas patriarcais tipicamente o fazem. Os ritos e contos das mulheres reiteram a beleza feminina como robusta e bravia.

Anseios

Após viver com as sereias por algum tempo, a esposa começa a sentir falta de seu marido. Mas por que, se ele até mesmo tentou matá-la? Ela não é uma vítima da síndrome da esposa maltratada, em que a esposa permanece numa situação de sofrimento porque não tem meios de escapar: as sereias proporcionam à esposa o abrigo perfeito para as mulheres. Outros contos também mostram as mulheres abandonando maridos violentos ou negligentes, reapossando-se de sua força e sabedoria e em seguida voltando, por escolha pessoal, para os maridos. Qual o significado desse retorno?

A esposa regressa a casa impulsionada pelo amor, reconhecendo que ama o marido e acreditando que ele ainda a ama. Na realidade, o marido lamenta profundamente a iniciativa de matar a esposa, fato do qual ela se conscientiza. O desejo que a move de reconciliar-se com ele reflete o poder de seu amor, de sua fé em seus próprios julgamentos, a coragem de correr o risco e uma reafirmação da importância desse relacionamento em sua vida.

Ao pensar em seu marido, ela se entristece, e as sereias tentam animá-la, ensinando-lhe suas canções mágicas e levando-a em suas aventuras à luz da Lua, em que atraem os marinheiros até que eles se afoguem. A antipatia das sereias pelos homens tem muitos significados. A princípio, reflete uma perspectiva masculina convencional a respeito delas: são letais, enganadoras, criaturas malvadas cujo único prazer é destruir os homens. Aqui se reverte esse estereótipo ao apresentar as sereias como figuras prestativas que salvam Espuma e dão-lhe uma nova vida. A história também inverte as convenções, pois enquanto a maioria das culturas torna as mulheres objetos sexuais para os homens as sereias devolvem esse papel aos homens, usando de atrativos sexuais para atrair os marinheiros à própria morte. A hostilidade das sereias quanto aos homens, na verdade, apenas revida os ataques dos homens contra as mulheres na maioria das sociedades, e as sereias podem ser interpretadas como símbolo da energia feminina que exige ser ouvida, usando a única linguagem à qual o patriarcado entende: a violência e a força.

Num nível mais profundo, os ataques das sereias contra os homens refletem o tradicional sigilo envolvido nos ritos femininos. A tesmoforia grega, os homens e até mesmo os machos de espécies animais eram excluídos; as aborígenes australianas ameaçavam os homens com conseqüências funestas, caso se aproximassem de suas cerimônias secretas; e homem algum era admitido no local Sande sagrado (exceto o *ngeba*, o guardião do solo).

Resgate

Certa noite, o marido salta na água do mar, enfeitiçado pelas sereias, e a esposa o resgata. Mais tarde, ele desperta, reconhece a esposa e pede-lhe perdão. Aqui, a esposa inverte os papéis com freqüência destinado aos sexos, nos contos de fada, e é quem salva o marido desamparado. Ao acordá-lo, ela mostra o despertar de um homem inconsciente por uma mulher forte. Ao pedir à esposa que lhe perdoe, o marido reafirma o julgamento feito por ela: por trás da fúria havia o bem, oculto em seu coração. Ao perdoar e salvar o marido, a esposa começa a escrever um acordo de paz na proverbial guerra dos sexos. Note-se que é ela a dar o primeiro passo nesse sentido. Criados de acordo com as tradições heróicas, os homens na maioria das vezes consideram os relacionamentos competições ou batalhas, daí tratarem as esposas como servas ou inimigas.

Quando as sereias adormecem, a esposa leva o marido até a superfície do mar, onde ele é salvo por um navio que passa. Embora ele lhe suplique que volte consigo, ela explica que se tornou uma sereia e deve permanecer no oceano, cena que introduz um tema de imensa importância. A esposa está aprisionada no oceano, tal como Emme no lago, e a esposa em "A mulher que veio do ovo", num poço. A esposa sereia parece reconhecer sua situação: no momento em que as sereias perguntaram-lhe por que estava deprimida, Espuma não lhes revela sentir falta do marido. Provavelmente, percebeu que elas fariam oposição ao seu desejo de voltar para ele. Logo, ela vive um dilema. Embora elas a tenham salvado, as sereias parecem agora ter-se tornado um problema para ela, um obstáculo ao avanço de seu desenvolvimento. Dessa maneira, a história apresenta o lado sombrio da irmandade profunda — seus possíveis efeitos negativos — e como os relacionamentos próximos entre mulheres podem complicar a sua individuação. Luise Eichenbaum e Susie Orbach observaram que as mulheres muitas vezes permanecem fiéis a outras mulheres mesmo quando essas amizades são limitadoras ou destrutivas. Por exemplo, muitas mulheres imaginam que para ser bem-sucedidas no trabalho ou se desenvolver psicologicamente como indivíduos devem, de alguma forma, ferir suas amigas. Com isso tendem a minimizar sua competência e singularidade diante das amigas, acentuando, de outro modo, seus atributos conformistas e sua postura comunitária.

Regresso problemático

O destino como sereia é bastante significativo. No folclore, as pessoas que entram no mundo das fadas em geral lá se aprisionam, incapazes de voltar para o mundo real. Em termos psicológicos, a pessoa pode ficar retida no domínio arquetípico — por exemplo, tornando-se fascinada pelas imagens numinosas e usando os arquétipos para escapar dos problemas do cotidiano. Como observou Marion Woodman, uma mulher pode se identificar com figuras ancestrais de deusas e sentir, inconscientemente, que é tão plena, inesgotável e poderosa como uma deusa. Mobilizada dessa forma, pode se esfalfar tentando ser sobre-humana, ou tornar-se tão exigente, caprichosa e devoradora como uma deusa. O mundo arquetípico e numinoso deve estar em equilíbrio com o domínio cotidiano da sociedade humana comum. Pensar em deusas e irmãs sagradas é muito mais fácil do que lidar com problemas reais de relacionamento com a mãe e o marido, ou aprender a dizer o que pensa no ambiente de trabalho!

Annis Pratt e Irene Neher realizaram um estudo acerca do modo como a literatura sobre mulheres retrata esse processo de retorno à sociedade. Um exemplo dramático vem do romance de Kate Chopin, *The awakening*, que lembra "A esposa-sereia" em vários aspectos. Nesse livro, Edna, a protagonista, desperta para sua própria singularidade quando nada, certa noite, nua e sozinha no mar. Depois disso, Edna aos poucos vai percebendo os enormes obstáculos enfrentados pelas mulheres em seu processo de vir a ser indivíduos autênticos na sociedade. Em lugar de voltar ao papel convencional e submisso, ou de combater a opressão social, Edna, certa noite, nada mar adentro e se afoga. Ela rejeita a sociedade humana, mergulha no feminino profundo e não volta.

A velha sábia

Após a esposa salvar o marido, ele jura fazer de tudo para salvá-la. Certo dia, encontra uma velha que vive no meio da floresta, a velha sábia arquetípica, símbolo do verdadeiro *self* da mulher. Aqui a velha está associada às fadas e essa referência a elas é importante porque no folclore europeu as fadas são governadas por uma rainha, não por um rei: as fadas parecem obedecer a uma hierarquia matriarcal. A nogueira, associada à anciã, reitera a ênfase feminina. Na tradição grega e romana, as nogueiras servem, nas cerimônias de casamento, como símbolo da fertilidade e da abundância, duas funções associadas à deusa mãe. Em muitos contos de fadas europeus, a heroína recebe nozes mágicas que contêm lindos vestidos ou jóias. Assim, a nogueira representa um símbolo do *self* feminino, em várias dimensões.

Quando o marido conta à anciã o ocorrido com a sua esposa, ela sabe exatamente como libertá-la. Um drama notável está em andamento aqui. A esposa está presa entre as sereias, que representam uma parte do feminino profundo. Então outra parte do mesmo feminino profundo, simbolizada pela anciã, envia ajuda. Em termos psicológicos, a esposa representa o ego, que ficou retido no nível arquetípico, no mundo numinoso da irmandade. Por isso, numa camada ainda mais profunda da psique, o verdadeiro *self* se mobiliza e envia a velha para ajudar o ego a escapar e continuar com seu desenvolvimento.

A anciã explica ao marido que ele pode libertar sua esposa se conseguir a flor mágica das sereias. Observe-se que a velha sábia não oferece gratuitamente ao marido uma solução. Ela propõe uma troca, o que contrasta com as fadas-madrinhas dos contos juvenis, as quais oferecem ajuda sem impor condições. O que diferencia os contos juvenis e as histórias da meia-idade é o realismo presente na maturidade: não existem almoços grátis!

Uma vez que a velha é sábia, presume-se que ela tem conhecimento do destino das sereias ao obter "a mais linda" — todas elas perecerão. Com isso, surge a sua disposição para matar, e evidencia-se aqui um paralelo com a anciã de "Emme", que sacrificou uma galinha, um bode e um escravo para salvar a protagonista. Novamente, vemos como um sacrifício simbólico é às vezes necessário para o desenvolvimento das mulheres.

O intermediário

Em seguida à conversa com a anciã, o marido vai até a esposa e pede-lhe que roube a flor mágica. Observe-se que ele não a resgata diretamente. Embora esse homem tenha um papel crucial, contrariamente aos contos juvenis, aqui o herói não salva a heroína. O marido tem o papel de um intermediário, não de herói. Como "assistente" de sua esposa, ele faz a mediação entre ela, presa às sereias, e a velha sábia, que representa o verdadeiro *self* da esposa. Tema de "Emme", em que Akpan age como intermediário, e de "Maria Morevna", em que Ivan faz o mesmo papel. Ambos os homens ajudam as esposas a entrar em contato com a sabedoria do feminino profundo.

Como intermediário, o marido cumpre seu papel. Agora é dela a decisão de roubar ou não a flor, colocando sua vida em risco. Deve também discernir como apoderar-se da "mais linda" e de fato agir. Embora a iniciativa e a responsabilidade repousem sobre os ombros da mulher, marido e esposa cooperam, e um complementa o outro. O conto iniciou-se com um mútuo antagonismo entre ambos — ela o deixa por causa de um amante, e ele tenta matá-la. Essa hostilidade recíproca, contudo, tornou-se agora uma interdependência. A esposa não pode safar-se sozinha das sereias e, por sua vez, o marido não pode salvá-la, apesar das informações da velha. Quanto a esta, ela parece incapaz de obter sozinha "a mais linda", e para isso precisa da ajuda do casal. A chave é a mutualidade.

O marido é um marinheiro comerciante, condição de relevância no papel de intermediário. Como negociante, trabalhando em vários portos, ele funciona como elo de ligação entre partes distantes entre si. É como atua ao vincular a esposa à velha sábia. Além disso, ele veleja na superfície da água, ao passo que a esposa está submersa nela. Simbolicamente, ela mantém contato direto com o inconsciente, enquanto ele não.

O conto registra o fato de as sereias roubarem "a mais linda" das fadas, e a velha e as fadas quererem-na de volta. Existe, portanto, uma oposição entre as sereias, que moram no oceano, e a velha sábia, que vive com as fadas na floresta. Nos sonhos e contos de fadas, mar e floresta representam normalmente o inconsciente. Aqui se deixa transparecer, então, que o inconsciente feminino está dividido em dois campos. Qual seria o significado dessa cisão?

Sereias e fadas

Como criaturas metade peixe, metade humana, as sereias simbolizam uma íntima ligação com os instintos e os animais. A velha, por outro lado, é aliada das fadas, mágicas, imortais e capazes de voar. Essas três qualidades vinculam as fadas a um reino espiritual. (De muitas maneiras, as fadas são versões pagãs dos anjos; ou melhor, os anjos são versões cristãs das fadas.) Diversamente destas, as sereias são mortais, uma vez que morrem sem "a mais linda", assim enfatizando sua conexão com o reino animal. As fadas e as sereias parecem simbolizar o espírito e o instinto, a alma e o corpo, a mente e a matéria. Esse é um dualismo tradicional nas culturas patriarcais, e aqui ele se evidencia em duas situações. As sereias possuem "a mais linda", que lhes confere vida e poder. Como fonte de vida, essa flor lembra a bíblica Árvore da Vida, no Jardim do Éden. Por outro lado, a velha surge próxima a uma árvore mágica na floresta. Como a anciã tem ciência do destino das sereias e da forma de libertar a esposa desse reino, ela representa o conhecimento. Nesse sentido, sua árvore lembra a Árvore do Conhecimento. A oposição entre a flor, como fonte de vida, e a árvore da velha, como símbolo do conhecimento, reitera a cisão entre vida e conhecimento, entre instinto e espírito, entre corpo e mente. Essa dualidade provavelmente surgiu com os estados patriarcais, como Susan Griffin, Naomi Goldenberg, Mary Lou Randour, Carrin Dunne e outras afirmaram. Essa cisão não se faz presente em muitas culturas tribais indígenas, nas quais não é feita distinção entre espírito e corpo. Dessa forma, a cisão entre as sereias e as fadas reflete um modelo cultural posterior, imposto a um todo único, original, integrado. Aqui se vai mais longe para mostrar como a esposa e a velha recuperam sua totalidade, curando uma ferida ancestral no psiquismo feminino.

Após refletir, a esposa decide roubar a flor das sereias, confiando no que lhe diz o marido a respeito de a velha vir salvá-la. Sabendo que as sereias adoram jóias, a esposa orienta o marido a vender tudo de valor que possui, comprar pedras preciosas, pendurá-las na borda de seu navio e ir para perto das sereias, a fim de atraí-las e assim afastá-las da planta mágica. A esposa sabe que não pode equiparar-se à magia das sereias, nem sequer ao seu grande número; logo deve ser astuciosa para vencê-las. O seu plano, contudo, é sábio em outro sentido: defende a justiça poética. Para salvar sua esposa, o marido deve vender tudo o que amealhou durante sua vida de viagens pelos sete mares, o lucro que teve em todos os anos nos quais ignorou a esposa. Ao sacrificar seus bens, ele demonstra que verdadeiramente ama sua esposa, e por fim afirma a importância de sua relação com ela acima do trabalho, uma tarefa normal de desenvolvimento para os homens na meia-idade. Há também uma inversão no enredo habitual dos contos juvenis, nos quais as mulheres sacrificam tudo pelo marido e pela família. Agora, é o marido a fazer o sacrifício. Ao atrair as sereias para longe de seu palácio, ele também "vira o jogo". Assim como elas usaram de seus encantos para trazê-lo e a outros homens até o fundo do mar, agora é ele a atraí-las para seu fim, seduzindo-as com jóias. As sereias também podem ser ambiciosas, preocupadas com posses.

Quando a esposa rouba a flor, o mar treme e leva as sereias até o fundo. Novamente, uma "morte" simbólica que costuma ser necessária para que a mulher se liberte. Reitera-se aqui o drama, uma vez que a esposa deve matar as próprias mulheres que, no início, a salvaram.

Transformação

Embora as sereias pareçam morrer, há outra interpretação possível. Quando elas desaparecem, surge a anciã, voando no dorso de uma grande águia com a esposa atrás. De onde teria vindo a águia[5]. Nesse momento, é oportuno o comentário de Marie-Louise von

---

5. Italo Calvino observa, em sua antologia de contos folclóricos italianos, que a versão original da história mostrava a velha e a esposa montadas numa vassoura. Calvino substituiu a vassoura por uma águia porque não conseguiu encontrar nenhum outro exemplo de uso de vassoura como veículo em todo o folclore italiano. Simbolicamente, estar no dorso de uma águia e voar em um pau de vassoura tem uma estreita relação, como discutirei mais adiante. Contudo, considero a imagem da águia consistente com outros contos sobre mulheres e, por isso, conservei a conclusão dada por Calvino.

Franz, a analista junguiana que trabalhou extensamente com contos de fadas. Segundo ela, na maioria dos contos de fadas, personagens simbólicos não somem nem morrem, apenas mudam para outras formas igualmente simbólicas. Ela observou ainda que essas transformações refletem fielmente o que se passa na vida real, pois as questões mais significativas da vida psicológica de uma pessoa não desaparecem nem morrem, mas sim mudam e assumem novas formas. A energia psíquica não fica perdida, ela é transformada. Daí o desaparecimento das sereias e o súbito aparecimento da águia sugerirem que elas se transformam na ave. Como animal, a águia continua simbolizando o domínio instintivo. Mas, como ave, ela também simboliza o espírito. Por isso, como símbolo, a águia integra espírito e instinto. Essa ave mantém ainda uma ligação com as sereias, pois a mitologia apresenta as sereias em duas formas: uma é a mais conhecida, com cauda de peixe, e a outra é uma criatura metade humana e metade ave. Essa é uma forma simbólica muito antiga, pois as esculturas dos assentamentos agrícolas pré-históricos representam as mulheres usando máscaras de aves, o que então lhes dá uma aparência metade humana, metade ave, sentadas em tronos. O simbolismo feminino por trás da águia pode parecer surpreendente, uma vez que tem sido usado como emblema patriarcal masculino pelo menos desde a Roma imperial. Na então mais antiga tradição xamanista, contudo, a águia é em geral considerada a mãe dos xamãs.

A combinação anciã-águia sugere que a cisão entre as sereias e as fadas, entre o espírito e o corpo, foi desfeita. Ao obter "a mais linda", a esposa-sereia reconcilia simbolicamente dois reinos, separados pela tradição patriarcal. O mesmo tema apareceu em "A mulher que veio do ovo", no qual a protagonista vem de um ovo que se encontra no alto de uma árvore, ligando-a assim ao Céu e ao espírito e, mais tarde, transformando-a em peixe, escondido num poço, vinculando-a à água e aos instintos. Mais tarde, ela se transforma em penas de um pato, o qual atravessa o reino do céu e da terra, vinculando espírito e instintos.

Embora a velha seja sábia e poderosa, não lhe é possível obter "a mais linda" por seus próprios recursos. Ela precisa da ajuda da esposa e do marido. Simbolicamente, a anciã não consegue integrar espírito e instinto, céu e terra. A coragem da esposa e sua atuação resoluta são fatores determinantes no processo, repetindo um importante motivo em "A mãe e o demônio", no qual a monja é sábia e mágica; entretanto, precisava da ajuda da mãe e sua filha para encontrar companhia e viver em comunidade. Os contos enfatizam que a espiritualidade feminina envolve uma parceria mutuamente benéfica entre o divino e o humano.

Iniciação e retorno

No momento seguinte em que o marido vê a esposa no dorso de uma águia, com a anciã, volta com seu navio para casa e ali encontra a esposa. Ela retorna ao mundo humano; essa volta à vida comum e aos seus relacionamentos completa sua experiência iniciática. Como observa Clarissa Pinkola Estés em *Mulheres que correm com lobos*, em algum ponto da vida as mulheres têm de seguir em peregrinação até sua alma-lar, até a condição selvagem existente no fundo de si mesmas, e isso em geral assume a imagem de um mergulho na água, como ilustra "A esposa-sereia". É igualmente importante, como enfatiza Estés, que haja o retorno ao mundo.

A luta para voltar à vida cotidiana é marcante no sonho de uma mulher, relatado por Polly Young-Eisendrath e Florence Wiedermann. Uma mulher de 46 anos, profissional bastante respeitada em sua área de atuação, sonhou que estava numa república de universitárias, porém não se sentia bem. (Na realidade, Linda estava resfriada na noite em que teve este sonho.) À sua volta, havia seis lindos vasos de flores, dispostos em círculo. Uma mulher loura entrou e falou de uma energia maravilhosa que encontrara em si mesma e afastou as pernas para revelar a fonte de sua vitalidade. A cena então muda, e Linda está com seus pais em casa. Ela está deitada no chão, enrolada em um casaco de pele e sentindo-se doente. Sua mãe está furiosa com ela e a acusa de ter um colapso nervoso. Linda nega veementemente essa acusação e diz à mãe que é ela quem está tendo um "chilique". Linda então sobe para o piso superior, tomada pela raiva em relação à mãe. Mais tarde, Linda e seus pais sentam-se à mesa para jantar, e sua mãe lhe pergunta se elas irão conversar. Linda não responde; uma de suas amigas entra na sala e ela cumprimenta a mulher erguendo as sobrancelhas.

No sonho, Linda encontra-se numa república de universitárias — uma irmandade, semelhante à esposa vivendo ao lado das sereias. Linda não se sente bem e, na vida real, passava por uma doença leve e temporária, o que evoca um importante motivo: o encontro com o feminino profundo em geral é precipitado por uma crise, como o vivenciado pela esposa-sereia, atacada pelo marido, ou por uma doença, como depressão ou a síndrome da fadiga crônica.

No sonho de Linda, ela se encontra cercada por lindos vasos cheios de flores. Estas fazem pensar em "a mais linda" das sereias e reiteram o tema da beleza profunda. Em seu sonho, uma mulher loura lhe diz ter encontrado um poder misterioso e se refere aos genitais como a fonte deste. Ela indica a existência da "ginergia", a energia puramente feminina, e simbolicamente introduz Linda aos mistérios do feminino profundo, da mesma forma como as sereias transmitiram suas peculiaridades a Espuma. A cena se transporta no sonho de Linda e ela se vê na casa dos pais, quer dizer, de volta à vida comum, cotidiana. Mas esse é um retorno problemático: Linda está deitada no chão, sentindo-se doente; ela veste um casaco de pele, o que evoca a imagem de uma criatura híbrida, metade humana, metade animal, como o são as sereias, e assim se insinua a ligação entre a natureza e o feminino profundo. Linda, contudo, está agora numa casa comum, por isso deitar-se no chão, com um casaco de pele, é uma atitude imprópria. Sua mãe também está furiosa com ela, indicando que Linda ainda tem um complexo materno com que lidar — um problema comum da vida cotidiana! Mergulhar no feminino profundo não resolve tão-somente as dificuldades emocionais de vivenciar a condição humana.

A mãe de Linda acusa-a de estar tendo um colapso nervoso. Psicologicamente, ela não se dá conta de que a filha está experienciando uma iniciação, não um chilique. Na realidade, para as pessoas criadas numa cultura patriarcal, o feminino profundo é, inicialmente, semelhante a uma aberração comportamental, ao estar doente, ou é ameaçador. A princípio, incapaz de explicar a importância do que está vivenciando, Linda acusa a mãe de estar tendo um chilique, o que parcialmente se explica: a mãe pode ter perdido o contato com o feminino profundo e com o seu verdadeiro *self*, de tal sorte que não consegue mais reconhecer suas manifestações. Por outro lado, Linda está respondendo à mãe com infantilidade: "Não sou eu quem tenho o problema, é você!". Linda retira-se furiosa, deixando sem resolução o problema mãe-filha; sua iniciação, portanto, ainda não está completa.

Mais tarde, no sonho, Linda senta-se para jantar em companhia dos pais; sua mãe quer conversar, Linda se recusa, e aparece uma amiga. Aqui o sonho torna-se enigmático; contudo, a meu ver, a amiga oferece alguma esperança de ajuda para que ela se reconcilie com a mãe, numa função semelhante à exercida pela monja em "A mãe e o demônio". A amiga representa a figura de irmã e, assim, oferece um elo simbólico de ligação entre o feminino profundo e a vida cotidiana, além de lembrar a tarefa remanescente: equilibrar ambas as dimensões.

Uma viagem pela arte

Um paralelo ao conto "A esposa-sereia" também está presente nas pinturas de Leonor Fini, uma artista do século XX. Vários críticos, como Estella Lauter[6], dividiram a carreira de Fini em estágios distintos, que correspondem a este conto. Quando Fini tinha entre 20 e 30 anos, suas pinturas centralizavam-se em torno de mulheres que lembravam deusas antigas, como Ísis, Deméter, ou Ceres, e nesses trabalhos os homens só apareciam como figuras secundárias. (Os homens também parecem dormir!) Desse modo, Fini começa com imagens nítidas da energia e do poder femininos, assim como "A esposa-sereia" surge como a esposa que abandona o lar e tem um romance com um rei, o que demonstra sua assertividade.

---

6. Lauter (1984, 1985); Ferrara (1983).

Ao completar 40 anos, ela passou a focalizar imagens de animais e plantas, que freqüentemente se mesclavam a rostos e figuras humanas. Suas pinturas lembram as sereias e o tema da comunhão com a natureza. É significativo que as sereias sejam um tema tão explícito na pintura de Fini intitulada *The veil*, a qual marca sua mudança da temática das deusas para as figuras híbridas que fundem o humano e o natural.

Aos 47 anos, Fini retomou a pintura de figuras femininas; entretanto, agora, as mulheres estão em grupos, em geral trios, sugerindo o tema da irmandade. Nesta fase, ela pinta mulheres em belíssimas cores, ora nuas, ora vestidas com elegância, e estas ilustram a beleza profunda. Não surpreende que os homens sejam relativamente insignificantes neste grupo das pinturas de Fini.

Apesar de sua ênfase na beleza, Fini não ignora o lado escuro da vida. Em *The strangers*, por exemplo, ela pinta várias mulheres belas que manipulam partes de corpos humanos. As mãos, os pés e as cabeças esquartejadas constituem uma imagem macabra e parecem deslocadas em relação à beleza e à elegância da pintura como um todo. Mas as partes do corpo aludem a alguma espécie de violência e são, por isso, análogas à esposa-sereia, destruindo as companheiras no conto de fadas.

Na fase seguinte, Fini retrata figuras masculinas de uma perspectiva mais proeminente e positiva. O reaparecimento das figuras masculinas sugere um retorno do feminino profundo à vida mundana, do mesmo modo como a esposa-sereia reconcilia-se com seu marido e volta para casa. Os trabalhos finais de Fini parecem menos dramáticos, distintivos e numinosos, em comparação às suas primeiras pinturas, mas é o que se espera da pessoa que volta individuada de uma viagem arquetípica e regressa à realidade cotidiana. As mulheres que realizaram essa viagem voltam com sabedoria, conquistada pelo acesso ao feminino profundo, e com a verdadeira beleza do *self* profundo.

capítulo 12

"A princesa Marya e Blênio":

Resgatando o príncipe

(Nenets, Sibéria)[1]

Certa vez, numa terra muito distante, vivia uma princesa tão bela que muitos e muitos príncipes vieram pedir-lhe a mão. Mas seu pai, o czar, recusou-os todos, achando que nenhum era bom o bastante para ela. Um dia, um velho perguntou-lhe se seu filho poderia casar-se com a princesa.

"Quem é seu filho?", perguntou o czar.

"Majestade", respondeu o velho, "meu filho é um blênio."

"Mas esse é um peixe que vive no fundo do rio!", o czar exclamou. "O que você está dizendo é ridículo!"

"Sim, de fato", persistiu o velho. "Durante muitos anos minha esposa e eu sofremos porque não tínhamos filhos. Então, certo dia, enquanto eu pescava, encontrei Blênio na ribanceira do rio. O peixe pediu-me que lhe poupasse a vida e prometeu que seria um filho para mim e minha esposa, e então o levei para casa. Agora, como ele cresceu, pediu-me que lhe arranjasse o casamento com sua filha."

"Por que eu deixaria que a princesa se casasse com ele?", o czar inquiriu.

---

1. Zheleznova (1980).

Naquele momento, detrás de uma cortina próxima ao czar, ela se manifestou. "Pai, por que você não dá uma tarefa ao Blênio? Se ele obtiver êxito, casar-me-ei com ele, mas se fracassar, deverá ser morto. É assim que os russos fazem."

O czar pensou por um instante. "Bom, meu velho, o seu filho pode se casar com a minha filha se ele construir um novo palácio para ela, ainda mais magnífico do que o meu. E ele deve fazer isso até amanhã de manhã, do contrário cortar-lhe-ei a cabeça — e a sua, para que sirva de lição!"

O velho quase desfaleceu de terror, mas ao voltar para casa e contar ao filho qual era a exigência do czar, Blênio disse: "Não tema, pai. Vá dormir, e amanhã veremos o que tivermos de ver".

Naquela noite, Blênio deslizou até a porta da casa, saltou o umbral, transformou-se num lindo rapaz, ergueu um bastão de ferro e fincou sua ponta no chão. Instantaneamente, surgiram trinta homens armados que lhe perguntaram: "Qual é o seu desejo?".

"Construam-me um palácio vizinho ao do czar", Blênio disse, "e façam-no mais belo que o dele."

"Às suas ordens", responderam os homens. Blênio voltou para casa, subiu o umbral, voltou a ser um peixe e foi se deitar. Na manhã seguinte, ele acordou o velho. "Pai", disse, "pegue um machado, vá ao palácio do czar, depois volte e diga-me o que viu."

O velho foi até o palácio e não conseguiu acreditar no que seus olhos viam. Ao lado daquele, estava outro palácio ainda mais lindo do que o do czar. O velho foi até o novo palácio e atingiu-o com o seu machado, mas nem uma só lasca de pedra voou. Apressou-se em voltar para casa e contar ao filho o que vira.

"Agora", ele disse, "vá até o czar e peça-lhe que me deixe casar com sua filha." Nesse ínterim, o czar tinha visto o novo palácio e ficou intrigado. "O filho desse velho não é um homem comum!", pôs-se a pensar o monarca. Entretanto, odiava a idéia de sua filha casar-se com um peixe; quando o velho se aproximou dele, o czar disse: "Tenho outra tarefa para seu filho. Ele deve construir uma nova igreja, tão linda quanto a minha catedral. E tem de construir três pontes: uma que vá da velha catedral até a nova, outra da nova igreja até o novo palácio e a terceira, de minha casa até o palácio dele. Se seu filho não construir tudo isso até amanhã, você e ele morrerão".

O velho tremeu de pavor e pensou: "Eu devia ter matado Blênio no rio!". Mas quando contou ao filho qual era a exigência do czar este limitou-se a sorrir. "Não tema, pai. Vá dormir e amanhã veremos o que tivermos de ver."

Naquela noite, depois que o velho e a esposa adormeceram, Blênio engatinhou até o umbral, tornou-se um belo jovem e enterrou a ponta de seu bastão de ferro no chão. Trinta guerreiros surgiram, e Blênio ordenou-lhes que construíssem uma igreja e três pontes, segundo as exigências do czar.

"Como quiser", disseram os trinta homens e saíram. Blênio então voltou para sua casa, passou pelo umbral, voltou a ser peixe e foi para a cama.

No dia seguinte, Blênio acordou o velho. "Pai", ele disse, "pegue um machado e vá até o palácio do czar. Depois volte e diga-me o que viu." O velho partiu, e quando chegou no palácio esfregou os olhos incrédulo. Ao lado dele, erguia-se uma nova igreja, ainda mais linda que a catedral do czar, com três pontes, uma ligando a velha igreja à nova, outra indo da nova igreja até o novo palácio, e a terceira ligando o palácio do czar ao de Blênio. O velho atingiu a igreja e as três pontes com o machado, mas nem uma só lasca de pedra voou. Rapidamente voltou para casa, trazendo as boas novas.

"E agora", disse Blênio ao pai, "vá até o czar e veja o que ele tem a dizer."

O velho deparou com o czar contemplando assombrado a nova igreja e as três pontes. Mas o czar disse: "Diga ao seu filho que tenho uma última tarefa para ele. Quero que ele me traga um trenó e três cavalos mais esplêndidos do que tudo o que possuo. Se ele conseguir, casar-se-á com a princesa, a despeito do que todos vierem a dizer. Mas, se fracassar, você e seu filho terão as cabeças cortadas".

"Não devia ter dado ouvidos a Blênio!", pensou o velho consigo mesmo. Mas, quando voltou para casa e contou ao filho o que acontecera, ele sorriu. "Descanse tranqüilo hoje à noite, pai, e amanhã veremos o que tivermos de ver."

Mais tarde, naquela noite, Blênio rastejou até o umbral, transformou-se num belo jovem e fincou seu bastão de ferro no chão. Surgiram trinta homens e ele lhes ordenou: "Encontrem-me um trenó com três cavalos mais maravilhosos do que tudo o que o czar possua".

"Às suas ordens", responderam os trinta homens, e partiram. O jovem cruzou o umbral, voltou a ser peixe e foi dormir. Na manhã seguinte, acordou o velho. "Pai, vá até o czar, depois volte e diga-me o que viu."

O velho correu até o palácio e contemplou assombrado o trenó com três cavalos; nada poderia ser mais belo do que tudo o que o czar possuía. Quando o velho regressou para casa com a notícia, Blênio disse: "Agora, pai, vá até o czar e peça-lhe a mão de sua filha!".

O czar, nesse ínterim, vira o trenó com os três cavalos, e quando o velho chegou o monarca declarou: "Seu filho cumpriu minhas três tarefas, então manterei minha promessa. Traga-o aqui, e a princesa irá casar-se com ele, hoje mesmo, não importando o que o povo diga".

O velho correu para casa e contou as novidades ao filho. "Bom, pai", disse Blênio, "coloque-me num saco e leve-me até o palácio para a festa do casamento!" Ao longo do caminho, os cidadãos se reuniam e riam porque a princesa estava se casando com um peixe. Quando o velho chegou ao palácio, colocou Blênio numa banqueta e começou a comemoração. Por fim, foram todos até a nova igreja, e a princesa e Blênio se casaram. A comemoração começou novamente e durou uma semana inteira. Por fim, a princesa e Blênio recolheram-se à sua nova casa.

O casal viveu junto por três anos, e toda noite Blênio abandonava sua pele de peixe, transformando-se num lindo rapaz. A cada manhã, porém, ele a vestia de novo, e assim mais ninguém conhecia o segredo, exceto a princesa. Todos continuaram zombando dela por ter se casado com um peixe.

Certa manhã, a princesa Marya acordou mais cedo que de costume. Sentou-se sozinha, sentindo-se triste e envergonhada. "Todos riem de mim por ter me casado com um peixe", ela falava consigo, "e eu estou muito cansada disso." De repente, teve uma idéia. "Se eu queimar a pele de peixe do meu marido antes que ele acorde, ele deve permanecer um homem!" Ela agarrou o traje de peixe, lançou-o ao fogo e entrou no quarto; contudo, seu marido havia desaparecido. Naquele momento, um pequeno pássaro entrou voando pela janela.

"Que pena, princesa Marya", disse a ave. "Se você tivesse esperado mais três dias, seu marido teria ficado livre de um feitiço maligno. Teria permanecido humano o resto da vida, mas agora você o perdeu." Com essas palavras, a ave saiu voando pela janela.

"O que foi que eu fiz?", exclamou Marya. "Se ao menos eu soubesse! Por que meu marido não me contou!? O que fazer?" Durante uma semana, a princesa sofreu; depois se levantou e jurou: "Irei em busca de meu marido e o salvarei, não importa o que aconteça". Naquele dia, ela deixou o seu palácio, partindo sem saber para onde. Sua única pista era a direção em que a avezinha tinha voado. Nos limites da cidade, a princesa deparou com uma velha que se debruçava da janela de uma pequena cabana.

"Por que um ar tão triste, princesa Marya?", perguntou a anciã.

"Ai de mim!", respondeu Marya. "Queimei a pele de peixe de meu marido e o perdi para um feitiço maligno. Estou procurando por ele."

"Você jamais irá encontrá-lo viajando do modo como está", disse a velha, balançando a cabeça. "Volte para casa e peça ao ferreiro que lhe prepare três pares de botas de ferro, três chapéus de ferro e três pães de ferro. Então volte aqui e eu lhe direi onde ir em busca de seu marido; se você encontrá-lo, porém, será realmente uma mulher de sorte."

A princesa Marya agradeceu à anciã pelos conselhos e voltou para casa. Pediu aos ferreiros que forjassem para ela os três pares de botas de ferro, os três chapéus de ferro e os três pães de ferro. Depois ela foi novamente ao encontro da velha, nos limites da floresta.

"Hoje já está muito tarde para você continuar a viagem", disse a velha. "Jante comigo e descanse por esta noite. Amanhã poderá partir, descansada e fortalecida." A princesa Marya agradeceu à velha e ficou em sua casa. No dia seguinte, ao amanhecer, a anciã ofereceu-lhe alguns conselhos.

"Depois que sair daqui, procure um grande buraco na terra", instruiu a velha. "Quando chegar ao abismo, coloque um dos pares das botas de ferro, um dos chapéus e coma um pão de ferro. Então desça. Você encontrará lá muitas pessoas gritando, cantando, chorando, e elas lhe pedirão que fique com elas, entretanto você deve seguir em frente sem delongas. Se parar, jamais sairá dessa caverna. Quando tiver gastado os três pares de botas de ferro e os três chapéus e comido os três pães de ferro, chegará ao fim da passagem. Do outro lado vive a minha irmã, e ela lhe dirá o que fazer em seguida."

A princesa Marya estremeceu ao ouvir o que tinha pela frente, mas agradeceu à velha e pôs-se a caminho. Quanto Marya viajou ninguém sabe, porém seu caminho terminou repentinamente, na beira de um abismo. Ela espiou lá embaixo e não viu o fim. Destemida, calçou um dos pares das botas, pôs um chapéu de ferro na cabeça e comeu um dos pães de ferro. Depois, começou a descer no vazio. Desceu, desceu, desceu até que chegou num túnel sombrio. Lá ouviu pessoas que gritavam, cantavam e choravam, as quais lhe pediam que ficasse com elas. Contudo, ela as ignorou e foi em frente. O solo da caverna estava forrado de lâminas de ferro e, embora ela estivesse usando botas de ferro, seus pés se feriram. A cada passo ela sangrava. Penduradas do teto da caverna havia lanças de ferro e, por mais que tentasse evitá-las, sua cabeça as tocava constantemente, e fios de sangue escorriam por seu rosto como se fossem lágrimas.

Conforme a princesa Marya afundava mais e mais na escuridão, mais estridentes se tornavam os gritos, cantos e lamentos à sua volta. As pessoas clamavam-lhe para parar, entretanto ela continuou seu caminho. Quanto tempo ela lutou não poderia dizer, mas quando comeu o derradeiro pão de ferro, usou o último par de botas e o último chapéu viu um lampejo de luz a distância. Chegou no final da caverna tenebrosa, arrastou-se até a luz do sol e despencou numa encosta gramada. Por uma semana ficou imóvel, fraca demais para se movimentar. Mais tarde se levantou, enfraquecida e faminta, e começou a seguir adiante aos tropeções. Chegou a uma casa e bateu na porta. Baba Yaga, a grande bruxa, surgiu na soleira.

"Princesa Marya!", Baba Yaga exclamou. "Aonde está indo nesse estado? Minha irmã deve tê-la mandado aqui!"

"Ai de mim!", Marya respondeu. "Queimei a pele de peixe do meu marido e o perdi. Mas eu o amo profundamente e estou buscando por ele."

Baba Yaga suspirou. "Já se passaram dez anos desde que seu marido passou por minha casa. Agora ele é humano, porém nesse intervalo ele se casou com a filha do Rei Fogo e agora vive com ela em seu palácio. Eu lhe direi como encontrá-lo e conquistá-lo de volta, mas primeiro entre, descanse e coma."

Por uma semana, a princesa ficou com Baba Yaga, recuperando as forças. Então, a velha dirigiu-se a Marya. "Chegou o momento de você ir ver seu marido. Ele vive lá longe, com a filha do Rei Fogo", e Baba Yaga apontou para um palácio distante. "Eis o que você deve fazer", Baba Yaga prosseguiu. "No jardim em torno do palácio há uma pequena encosta. Sente-se no chão gramado desse morro e penteie-se com este pente." Baba Yaga entregou a Marya um lindo pente de ouro. "A filha do Rei Fogo irá vê-la e sairá do palácio, pedindo para comprar o pente de você. Ela estará acompanhada de mais duas mulheres, e elas têm exatamente a mesma aparência. Por isso, você deve cuidar para escolher a mulher certa, que será a do meio. Diga-lhe que você troca o pente por uma noite a sós com Blênio, mas não lhe dê o pente antes de estar com seu marido."

A princesa Marya agradeceu a Baba Yaga sua ajuda e deixou a casa. Chegou a um grande palácio, parou à entrada do jardim e sentou-se na encosta gramada. Começou a pentear o cabelo com o pente de ouro, e logo as três mulheres acercaram-se dela. A do meio exclamou: "Nunca vi um pente tão lindo. Você o venderia a mim? Posso pagar do jeito que você quiser".

"Não o vendo por dinheiro", respondeu Marya, "mas posso trocá-lo por outra coisa."

"O que você deseja?", indagou sofregamente a filha do Rei Fogo.

"Apenas passar uma noite sozinha com seu marido", respondeu Marya.

"Ora, isso não é nada", disse a filha do Rei Fogo. "Você pode fazê-lo hoje mesmo. Agora dê-me o pente."

"Não", disse Marya, "ele será seu somente quando eu pisar dentro do quarto de seu marido."

"Muito bem", a filha do Rei Fogo disse, franzindo a testa. "Logo anoitecerá, portanto venha comigo." Chegando à porta do palácio ela entrou, enquanto Marya esperava; momentos depois reapareceu. "Você pode vir comigo agora", e acenou para Marya, guiando-a em seguida até o quarto. Pegou o pente de ouro das mãos de Marya e deixou-a sozinha com Blênio. Marya correu até o marido e chamou-o pelo nome. Todavia, ele estava dormindo e não se moveu. Ela chorou e contou-lhe a longa viagem que fizera para encontrá-lo, mas mesmo assim ele não se mexeu. Quando amanheceu, a filha do Rei Fogo precipitou-se para dentro do quarto e expulsou Marya de lá.

Marya voltou até Baba Yaga, com o coração partido e desencorajada, e por uma semana chorou. Então Baba Yaga deu-lhe um lindo anel de ouro. "Use este anel", ela aconselhou. "Vá novamente até o palácio e sente-se no jardim. As três mulheres virão novamente até você e a do meio lhe pedirá para comprar o anel. Diga-lhe que você o dá em troca de passar uma noite sozinha com Blênio, mas não o entregue enquanto não estiver dentro do quarto de seu marido."

Cheia de esperança outra vez, Marya foi até o palácio e sentou-se no jardim, com o anel de ouro no dedo. As três mulheres apareceram e a do meio pediu-lhe para comprá-lo.

"Eu não o venderei", explicou a princesa Marya, dirigindo-se à mulher do meio. "Porém posso trocá-lo por uma noite sozinha com seu marido!"

"Isso é muito fácil!", a mulher concordou. "Mas primeiro dê-me o anel."

"Não", Marya insistiu. "Será seu somente quando eu estiver dentro do quarto de seu marido."

"Muito bem, siga-me", disse a filha do Rei Fogo. Ela entrou por um instante no palácio, enquanto Marya esperava do lado de fora, em seguida voltou e guiou Marya até Blênio.

Marya correu até o marido, chamando-o pelo nome, mas ele dormia e não se mexeu. Ela suplicou e chorou, descrevendo toda a viagem que fizera pelo abismo, todavia ele continuou dormindo. Quando amanheceu, a filha do Rei Fogo abriu a porta abruptamente e mandou Marya embora. Desesperada, Marya voltou para Baba Yaga.

"Não consegui acordar meu marido!", ela exclamou, e contou a Baba Yaga tudo o que acontecera.

"A filha do Rei Fogo deu uma poção ao marido para que ele dormisse!", murmurou pensativa Baba Yaga. "Essa é esperta."

A princesa Marya chorou por uma semana, com saudade do marido, e depois Baba Yaga tirou do armário um lenço muito belo. "Você deve ir mais uma vez em busca de seu marido, Marya", disse a velha, "mas esta é sua última chance de recuperá-lo. Use este lenço da mesma forma como fez com o pente e o anel. Não há lenço mais lindo que este, e a filha do Rei Fogo irá desejá-lo intensamente. Troque-o por uma noite com seu marido, porém, se você não o acordar desta vez, nunca mais o verá. Esta é a última vez que a ajudo."

Marya agradeceu a Baba Yaga, seguiu rumo ao palácio e, como antes, sentou-se na encosta gramada do jardim, usando aquele lenço maravilhoso. As três mulheres se aproximaram e a do meio pediu o lenço. "Nunca vi nada mais maravilhoso!", ela exclamou. "Compro o lenço de você agora!"

"Eu não o venderei", Marya explicou, "mas posso trocá-lo por uma noite com seu marido Blênio."

"Isso não custa nada", exclamou a filha do Rei Fogo. "Agora me dê o lenço."

"Será seu quando eu estiver ao lado dele!", insistiu Marya.

"Está bem", concordou de má vontade a segunda esposa de Blênio. "Siga-me." Ela levou Marya até a porta do palácio, entrou sozinha por um momento, reapareceu e então apressadamente levou a princesa até o quarto de Blênio. "Agora me dê o lenço!", exigiu, e Marya entregou-o a ela.

Marya correu até o marido e chamou-o pelo nome. Embora chorasse e implorasse a noite inteira, ele nem sequer se mexeu. Quando finalmente chegou a manhã, Marya desesperou-se. Tomada pelo sofrimento, chorou. De repente, a porta do quarto se abre e a filha do Rei Fogo entra triunfante. "Seu tempo se esgotou! Você deve sair imediatamente!", grasnou a mulher.

Naquele momento, uma das lágrimas de Marya cai sobre o rosto de Blênio, que acorda sobressaltado. "Está chovendo?", gritou.

"Saia agora!", a filha do Rei Fogo berrou para a princesa Marya.

Blênio viu Marya em pé ao seu lado e imediatamente a reconheceu. "Marya! É você! Finalmente você chegou!"

"Saia!", disse a filha do Rei Fogo a Marya, tentando puxá-la para fora do quarto.

"Deixe que ela fique!", exclamou Blênio à segunda esposa. "Ela é Marya, minha primeira e verdadeira esposa." Ele abraçou Marya e ela lhe contou tudo por que passara desde que ele desaparecera. Então Blênio reuniu todos os anciãos do reino, ofereceu-lhes uma grande festa e perguntou-lhes: "Qual destas é a minha verdadeira esposa? A que arriscou a vida para me encontrar, usando três pares de botas de ferro, três chapéus de ferro e comeu três pães de ferro, ou a que me trocou por um pente, um anel e um lenço?".

Os anciãos responderam em uníssono: "Sua verdadeira esposa é Marya, e é com ela que você deve viver".

Blênio concordou e voltando-se para Marya disse: "Está na hora de voltarmos para casa". Depois disse à filha do Rei Fogo: "Você deve encontrar outra pessoa com quem se casar. Eu voltarei para casa com minha verdadeira esposa".

Blênio pegou uma velha caixa enferrujada. "Marya, feche os olhos", ele disse delicadamente. Sem hesitar, ela assim fez, e no instante seguinte sentiu um vento suave soprando em seu rosto. "Agora, Marya, abra os olhos", o marido sussurrou.

Quando Marya olhou em volta, ficou atônita. O palácio da filha do Rei Fogo tinha desaparecido. Em vez de estarem lá, ela e Blênio encontravam-se num campo, ao ar livre, próximo a um rio. Diante deles, uma cidade fervilhava.

"Você reconhece este lugar?", perguntou Blênio.

"Sim", Marya disse. "Penso que sim."

"É o reino de seu pai", disse Blênio, enquanto abria de novo a caixa.

Marya desfaleceu e, ao acordar, encontrou-se num lindo palácio, sua própria casa, construída por Blênio. Deitado num divã próximo a ela, estava seu marido, dormindo profundamente. Alguns instantes depois, ele acordou.

"Você me deu três tarefas antes de casarmos", Blênio explicou a Marya. "Essa é a razão de ter sofrido tanto. Porém agora estamos juntos mais uma vez." Enquanto os dois se abraçavam, o velho pai e a velha mãe de Blênio entraram, seguidos pelos pais de Marya, o czar e a czarina. Todos se sentaram para comemorar juntos, com uma grande festa, e desse dia em diante Marya e seu marido viveram felizes para sempre. No devido tempo, quando o velho czar e a czarina morreram, Marya e Blênio tornaram-se os regentes daquela terra, e viveram felizes e enamorados pelo resto de seus dias.

Marya e os homens

A história tem dois protagonistas, a princesa Marya e Blênio, entretanto ela é a personagem principal, a única dotada de um nome próprio, ao passo que todos os demais têm um título genérico. O pai de Marya é simplesmente chamado de "o czar", o pai de Blênio é "o velho homem", a filha do Rei Fogo é assim nomeada ou como "a segunda esposa de Blênio", ao passo que este é designado como essa espécie de peixe.

Muitos leitores terão reconhecido a similaridade entre o conto de Marya e o mito grego de Psique e Eros. Na realidade, as duas histórias são versões diferentes do mesmo drama, que tem muitas variantes ao redor do mundo[2]. Escolhi a versão de Marya porque sua abrangência é incomum e vem de uma cultura relativamente distante da influência ocidental: os Nenets, uma tribo da Sibéria.

A trama inicia-se com a chegada de muitos homens para obter a mão de Marya e casar-se com ela, mas seu pai, o czar, recusa todos os pretendentes. Sua condição resume a posição das mulheres na maioria das culturas. Embora seja uma princesa que goza de uma vida privilegiada, não pode decidir com quem se casará, visto que seu pai, um patriarca, assim o fará. Na verdade, ela goza de um pseudoprivilégio. Marya também é obrigada a sentar-se atrás de uma cortina próxima ao trono do pai, e não pode ser vista

---

2. Por exemplo, "A leste do Sol, a oeste da Lua" (Avenei, 1984); "Urso branco rei Valemon" (Asbjornsen e Moe, 1982); "Os gênios do lago do moinho" e "A cotovia que voa cantando" (Grimm e Grimm, 1944); "O touro preto de Norroway" (Phelps, 1978); "O príncipe canário", "Fio de ouro", "Filomena", "O rei feito à mão", "O filho do rei no galinheiro" e "O rei vaidoso" (Calvino, 1980); "O marido camelo" (Bushnaq, 1986); "Luisa" (Weigle, 1982); e "O violino de Elias" (Schwartz, 1985). A história básica é do tipo 425 segundo Aarne e Thompson (1961).

publicamente: está interditada para a vida pública. Estamos diante do tema da opressão da mulher, mesmo sendo ela uma princesa.

A tarefa

Apesar disso, Marya não se mostra passiva nem impotente nessa situação. Quando o velho pede ao czar que deixe Blênio casar-se com ela, o monarca despreza o pedido, mas, antes que possa recusá-lo, Marya intervém. Ela sugere que Blênio receba uma tarefa. Se ele for bem-sucedido, ela se casará com ele; do contrário, morrerá. Ao manifestar sua idéia, Marya revela que não desistiu de ter voz; não foi completamente silenciada pelas pressões sociais. Marya também parece intuir a importância do pedido de Blênio, talvez percebendo que ele não é uma pessoa comum e pode ser um cônjuge adequado para ela, capaz de enxergar por trás das aparências externas.

Ao sugerir que Blênio realize uma tarefa cujo fracasso seria sua morte, Marya equaliza as regras do jogo do casamento, o qual estabeleceria a sua situação para todo o sempre; para ela, casar é um investimento para toda a vida. Quando ela estabelece a morte como resultado de uma tarefa malsucedida, Marya obriga os pretendentes, como Blênio, a correr o mesmo tipo de risco que ela.

O czar acata o conselho da filha, algo bastante significativo. Ele dá ouvidos à sua sugestão, valida a opinião dela, e desse modo encoraja seu desenvolvimento como pessoa. Essa postura auxilia na explicação da coragem e da persistência que mais tarde ela revela.

Ao sugerir que seu pai dê uma tarefa a Blênio, Marya revela a forma comportamental dos russos. Os Nenets eram um povo nômade, independente, que caçava, pescava e pastoreava renas nas regiões árticas até que os russos começaram a expandir seu império, nos séculos XVIII e XIX. Como os americanos nativos na América, os Nenets não puderam resistir aos rifles modernos nem às numerosas doenças que os russos trouxeram, tais como a tuberculose, a gripe e a sífilis[3]. Os Nenets e outras tribos siberianas

---

3. Riordan (1989).

foram rapidamente dizimados, "pacificados" e forçados a adotar costumes russos. A própria menção a czar e princesa reflete as influências russas, pois tradicionalmente os Nenets possuíam chefes e xamãs, não monarcas absolutos.

O Blênio

O marido de Marya é um blênio, ou seja, um peixe. Em outras versões do conto, o marido é sempre alguma espécie de animal: um urso, no conto norueguês "A leste do Sol, a oeste da Lua", um leão, na versão dos irmãos Grimm, "A cotovia que voa cantando", e um camelo na versão da Palestina, "O marido camelo". Qual a simbologia oculta nos maridos-animais?

Podemos interpretar Blênio como um personagem interior, uma parte da própria Marya, ou seja, seu lado masculino. Então, ele seria uma figura do *animus*, e sua natureza animal, subumana, sugere que Marya não está consciente de suas forças masculinas. Porém, desde o início ela se mostra assertiva, e mais tarde vai bravamente em busca do marido. Corajosa, assertiva, capaz: ela não está inconsciente a respeito de suas energias masculinas. Blênio pode ser mais bem interpretado como uma figura real de homem.

A natureza animal de Blênio revela a forma como Marya o vê, uma criatura tosca, não civilizada. Certamente essa é a visão que muitas mulheres têm dos homens. Com freqüência, numa interpretação freudiana, seria o temor sexual das mulheres em relação aos homens; a maioria das culturas ensina às mulheres que tenham receio da sexualidade, e da sua em particular, condenando os corpos femininos e seus desejos como pecaminosos, pervertidos e perigosos. Historicamente, contudo, as mulheres têm tido razões próprias para temer a sexualidade: antes dos modernos métodos contraceptivos, o sexo na maioria das vezes levava à gravidez e ao risco de morte no parto. Nas culturas competitivas, claro, os homens costumam comportar-se como animais violentos, impiedosos, selvagens embrutecidos. O tema da bestialidade, portanto, é um comentário a respeito da ordem social.

Aqui o marido é um peixe, em vez de um leão ou outro animal predador tradicionalmente considerado "masculino". Blênio seria uma versão masculina da sereia, e o elo com a água sugere sua afinidade com o feminino, sua abertura para respeitar e honrar as mulheres e seu potencial para se desenvolver além dos papéis masculinos convencionais, tornando-se um "novo homem". Nos contos de fada, homens metade animais, como Blênio, costumam tornar-se parceiros afetuosos e responsáveis. Algumas escritoras reiteram essa temática, e seria o que Annis Pratt chama de "o amante do mundo verde". Suaves e acolhedores, ao mesmo tempo intensos e apaixonados, esses personagens masculinos cultuam e dão apoio explícito às mulheres. Como observam Linda Leonard e Karen Signell, as mulheres sonham freqüentemente com esses homens.

Blênio foi transformado em peixe em razão de algum feitiço, mas quem o lança não é um personagem identificável. Na versão norueguesa, a maldição vem da madrasta do homem, enquanto no mito grego de Eros e Psique é a mãe de Eros, Afrodite. Na realidade, muitos rapazes vivem sob o jugo do feitiço psicológico de suas mães, o que os torna indisponíveis para um relacionamento profundo e autêntico. O encantamento de Blênio também significa que ele não é uma criatura livre e plena. Como uma figura masculina incompleta ou entorpecida, ele se opõe ao *animus* ominoso de "A rainha e o assassino". A mudança do macho perigoso para o macho incapacitado reflete o desenvolvimento da mulher: conforme elas reivindicam mais sua força natural e sua própria sabedoria, enxergam com mais nitidez as fachadas heróicas dos homens e vislumbram a incompletude psicológica que está pulsando por trás da postura de macho.

Construindo um novo mundo

Blênio deve ter êxito em três tarefas para casar-se com Marya, temática sempre presente em contos de fada. Entretanto, o jovem deve fazer algo heróico, como matar um dragão, encontrar a água da vida, ou conquistar um grande tesouro. Obter glória e achar um tesouro são os desafios usuais. As tarefas de Blênio rompem essa convenção heróica, e cada uma delas implica reafirmar as mulheres e o feminino. Os testes determinam seu potencial para vir a ser um parceiro de valor, aspecto que alude ao modo como a mulher que veio do ovo, no Capítulo 7, exige água do rapaz para atestar se ele conseguiria lidar com o feminino e os sentimentos.

O primeiro desafio de Blênio é construir um palácio em que a princesa fosse viver, próximo ao do czar. Isso significa que ela não deixará a família para viver com o clã de Blênio, desenraizando-se para entrar no mundo do marido, prática usual na maioria das sociedades. Blênio é quem deve deixar sua casa e viver perto da família da princesa, prática típica das culturas matriarcais, nas quais as mulheres têm muito mais honraria e influência. Simbolicamente, Marya desafia Blênio a construir uma nova casa, um novo mundo, que honre o feminino, inspirada pela convenção matriarcal em lugar da patriarcal.

A segunda tarefa de Blênio é construir uma igreja, para que o casamento não seja celebrado na velha capela real. O relacionamento entre Marya e Blênio, como esposa e marido, não seguirá rituais ou papéis patriarcais tradicionais. Em termos mais abrangentes, a nova igreja simboliza uma perspectiva espiritual inédita. Marya percebe que, para ela e Blênio, não é suficiente criar uma nova casa, uma nova ordem secular, livres das amarras da tradição patriarcal. Eles devem também construir uma nova perspectiva espiritual, uma tarefa que hoje homens e mulheres estão enfrentando, como observam Mary Daly, Susan Griffin, Mary Giles, Merlin Stone e Mary Lou Randour.

Como parte de sua segunda tarefa, Blênio deve também construir três pontes, ligando a nova igreja à velha, aquela ao novo palácio e este à residência do czar. Metaforicamente, o novo mundo deve estar ligado ao velho de forma consciente. Deixar o velho mundo patriarcal e construir novos reinos para as mulheres é apenas o primeiro passo de uma longa jornada. O desafio seguinte é vincular essas instituições que reafirmam as mulheres ao restante da sociedade.

As três pontes ressaltam a dimensão horizontal, contrariamente às torres, aos obeliscos, às pirâmides e aos arranha-céus que acentuam o plano vertical. Estruturas em formato de torre são as favoritas dos reis, pois lhes possibilitam estar mais alto que todos os outros, olhando-os de cima para baixo, o que é próprio das sociedades hierárquicas. Pontes servem como uma alternativa mais "feminina", focalizando a interação horizontal: a mutualidade e a igualdade.

A derradeira tarefa de Blênio é obter um lindo trenó com três cavalos magníficos. Pode parecer uma exigência menor, em vista da construção de um palácio, de uma igreja e de três pontes. Uma tarefa insólita que constitui um desafio simbólico. Como observado antes, os Nenets eram originalmente uma cultura nômade, que criava renas e vivia nas regiões árticas. Como suas terras permaneciam cercadas pelo gelo boa parte do ano, os Nenets viajavam sempre de trenó, puxado por renas. Ao pedir um trenó em lugar de uma carruagem, Marya está homenageando a tradição de seu povo. Ao solicitar cavalos em vez de renas, ela também reconhece as profundas mudanças ocorridas na sociedade Nenet após a colonização russa. Ela admite explicitamente que uma simples volta aos antigos costumes não é mais possível e, em vez disso, o velho deve ser integrado ao novo. O desafio está em tecer um futuro valendo-se dos melhores fios do passado e do presente.

Rompendo o silêncio

Em seguida ao casamento, Marya e Blênio vivem juntos por três anos. De dia ele é um peixe, contudo toda noite transforma-se num belo rapaz. Marya finalmente queima a pele de peixe do marido para mantê-lo humano. Ela não pode dizer a ninguém que à noite seu marido é humano. (Se ela o fizesse, não seria vítima de zombarias por ter se casado com um peixe.) Como outras protagonistas nos contos femininos, Marya é silenciada. No entanto, ela é uma mulher notável e não tolera a situação. Queima a pele de peixe de Blênio, desafiando assim as restrições opressoras. Ela age no início da manhã, período em que o marido ainda dorme. Aqui voltamos a um tema familiar nos contos femininos: as mulheres já estão despertas, mudando as coisas, enquanto os homens permanecem adormecidos ou inconscientes.

Um ponto a ser observado é o fato de ela ser meramente chamada de "a princesa" até o dia em que queima a pele de peixe de seu marido. A partir de então surge seu nome próprio, "Marya". Desse modo, ela não tem uma identidade singularizada enquanto não desafia sua situação opressiva, seguindo sua própria decisão, ou seja, as mulheres serão capazes de expressar sua individualidade única somente se desafiarem os tabus e o silêncio a elas impostos. Ao queimar aqui as "ictíacas" limitações patriarcais, as mulheres recuperam seus verdadeiros nomes.

Marya queima a pele de peixe de Blênio porque estava farta da zombaria de todos, temática recorrente em outras versões da história. Poderia parecer fraca, cedendo à pressão pública e à convenção social, mas, na realidade, ela é muito forte, como o demonstra o desfecho da história. Marya responde aos comentários alheios porque afirma a importância dos relacionamentos, e a vida humana é uma teia de conexões. Ceder às influências sociais é considerado uma fraqueza apenas em culturas competitivas, as quais idealizam o herói solitário. Na verdade, se Marya ignorasse a opinião pública, nunca teria dado início à sua busca, nem descoberto a dimensão de sua força e o poder de seu amor. Tampouco teria libertado o marido de seu casamento imposto com a filha do Rei Fogo e, por extensão, libertado a sociedade de tradições opressivas.

A pressão pública à qual Marya se submete é, de fato, uma exigência social de sua participação no mundo. O mesmo tipo de imposição fica claro em "A rainha e o assassino", em que a rainha deseja manter em segredo seu casamento com o rei; todavia, posteriormente é obrigada a aparecer em público e confrontar o assassino.

Fogo e queima

Marya queima a pele de peixe, e a imagética do fogo reaparece na maioria das demais versões da história. Na mitologia, a humanidade consegue fogo quebrando um tabu. No mito grego, por exemplo, Prometeu roubou o fogo dos deuses para dá-lo à humanidade, e a Mulher Aranha faz o mesmo no folclore norte-americano nativo. Nesse sentido, o fogo reitera o desafio oculto na destruição da pele do peixe.

Na mitologia, o fogo também está estreitamente relacionado a deusas ancestrais. O folclore de muitas tribos siberianas, por exemplo, descreve um espírito feminino do fogo que governa o fogo da lareira[4], como Héstia, a deusa grega. A lareira, permitindo que se faça comida e se tenha abrigos aquecidos, é o alicerce de todas as culturas humanas. O fogo simboliza igualmente persistência, da qual Pele, o espírito polinésio do fogo, deusa dos vulcões, é um bom exemplo. Uma mulher selvagem arquetípica, espontânea, persistente, tempestuosa, e ainda assim terna. Desse modo, o fogo aponta para o estilo passional das mulheres de se ligarem afetivamente e amar, sua persistência e a determinação com que protegem seus filhos ou a comunidade. Na verdade, quando Marya queima a pele de peixe de Blênio, ela está reproduzindo a queima dos sutiãs realizada pelas feministas na década de 1960, isto é, um apaixonado protesto contra as tradições misóginas.

Fogo e paixão incluem sexualidade, e reivindicar sua sexualidade feminina é vital para as mulheres. Não é por acaso que o movimento feminino é tão abrangente, difundido e poderoso hoje, depois da invenção de métodos contraceptivos confiáveis. Menos temerosas de engravidar inesperadamente, as mulheres podem começar a celebrar seus corpos e paixões. O resultado tem sido dramático, visto que as mulheres têm dado vazão às energias femininas há muito reprimidas.

Blênio desaparece

Após Marya queimar a pele de peixe, Blênio desaparece, e um passarinho lhe revela que ele fora vítima de um feitiço. Ela desco-

---

4. Zheleznova (1980).

bre a verdade a seu respeito e adquire consciência. Ao mesmo tempo perde-o, o que ocorre em todas as outras variantes do conto. Sua atitude, no entanto, acaba encaminhando-a a seu processo de individuação, à libertação de seu marido e a uma união igualitária autêntica entre ambos[5]. Sua nova consciência transforma o mundo. Aqui, Marya apõe-se a Eva, que, segundo a Bíblia, comeu da Árvore do Conhecimento, adquirindo, assim, consciência. Mas foi ao mesmo tempo expulsa do Paraíso e condenada como aquela que cometeu o pecado original. Na trajetória de Marya rejeita-se essa condenação patriarcal.

O passarinho lhe diz que se ela houvesse esperado três dias mais seu marido estaria livre para sempre do feitiço. Marya se indaga a respeito do silêncio do marido, e a maioria das mulheres identifica-se com sua situação, porque com freqüência os homens não explicam o que está se passando. Entretanto, por trás do silêncio dos homens pode haver grandes carências ou uma acentuada vulnerabilidade.

Muitas mulheres também considerarão familiar o fato de Blênio desaparecer exatamente antes de ela descobrir seu segredo: quando as mulheres se tornam próximas e emocionalmente íntimas, os homens em geral fogem. A pele de peixe é uma defesa — como as bravatas do herói machão —, e somente à noite, quando ninguém mais pode vê-los, é que os homens despem as máscaras e revelam seu lado vulnerável. Insiste-se aqui em que as mulheres não têm de suportar essa forma constrita de intimidade. Um relacionamento pleno e igualitário com um homem é possível, mas somente depois de muito trabalho realizado por ambas as partes.

---

5. Todas as versões do conto de Marya explicam que um feitiço maligno força o marido a abandonar sua esposa, e a magia, responsável pelo sofrimento da esposa, vem de uma bruxa, um gigante monstruoso, ou alguma outra espécie de vilão. Se aplicarmos a explicação deste conto de fadas à história bíblica de Eva, surge uma perspectiva surpreendente: Eva sofre por comer o fruto do conhecimento por causa de um feitiço maligno. Mas aqui a fonte da mágica seria Deus, e não um gigante monstruoso ou uma bruxa! Naturalmente, essa conjectura é uma heresia, porém os contos de mulheres estão repletos dessas mensagens iconoclastas.

A busca

Após perder Blênio, Marya sofre por uma semana; a seguir, pôs-se a caminho para encontrar o marido. Mas por que ela o quer de volta? Dirá ela a Baba Yaga que o ama profundamente e o quer de volta. Ela empreende sua árdua viagem movida pelo amor. Não está atrás de poder ou glória, apenas reunião e resgate. Essa é uma mensagem de grande relevância nos dias atuais, quando mulheres e homens consideram-se com tanta hostilidade, posicionando-se em campos adversários. Entre a raiva das mulheres e a vingança dos homens parece haver pouca esperança de reconciliação. O conto nos reassegura de que o amor autêntico, baseado em igualdade e mutualidade, torna possível a reunião.

Na busca pelo marido Marya não sabe que destino tomar, e em outras versões ocorre o mesmo. Numa variante da Noruega, a esposa deve ir "a leste do Sol, a oeste da Lua" — aos confins do mundo. Na versão dos Grimm, a esposa jura ir "aonde quer que o vento sopre e enquanto o galo cantar". Essas protagonistas viajam até o desconhecido porque romperam com as convenções sociais e não têm diretrizes tradicionais pelas quais se pautar. Na verdade, em sua viagem, Marya escreve um novo roteiro para as mulheres, servindo como exemplo de uma jovem mulher forte e talentosa, em busca do que lhe é valoroso e ama, usando sabedoria e capacidade de negociação, em vez de combates ou vitórias.

Marya decide seguir o passarinho, ou seja, "a sensação íntima", as imagens intuitivas que emergem do inconsciente, o que Mary Belenky e suas colegas denominaram de "conhecimento passional". O desafio é prestar atenção a tais mensagens: se Marya não tivesse percebido a direção na qual a ave voou, poderia ter perambulado inutilmente para sempre.

A velha e a descida

Ao seguir viagem, Marya encontra uma velha que lhe aconselha sabiamente. Essa anciã arquetípica vive no limite da cidade. Nas histórias sobre mulheres, a mulher sábia em geral aparece no meio da floresta, não em sua fronteira. Aqui ela se encontra mais próxima e disponível a Marya, talvez porque a princesa não tenha sido completamente silenciada, mantendo o contato com seu *self* natural.

A velha lhe adverte de que está despreparada para a viagem. Ingenuamente, esta se pôs a caminho na crença de que o amor e a coragem seriam suficientes para sustê-la. Hoje, isso deve ser levado em conta quando as mulheres se desvencilham das antigas algemas e se sentem excitadas e otimistas quanto a se aventurar em incursões pelas instituições do governo, da administração dos negócios ou do sistema educacional. Contudo, os adversários continuam existindo, ainda mais sutis e poderosos, manifestando-se em reações que vão desde retaliações conservadoras até colocar em xeque a reputação. A velha sábia aconselha a mulher sobre os preparativos necessários.

Ela instrui Marya a obter chapéus, botas e pães feitos de ferro, metal que reaparece na versão inglesa "O touro preto de Norroway", e na italiana "O rei Crin". O significado mitológico do ferro é surpreendentemente uniforme através das culturas. Durável, forte, firme, o ferro em geral simboliza força de caráter. Ao usar um chapéu de ferro, calçar botas de ferro e comer pão feito de ferro, sugere-se que Marya aumenta sua coragem natural e sua força. Nos folclores grego e romano, o ferro também está associado a Ares e Marte, deuses da guerra, provavelmente porque o ferro é essencial aos armamentos. É significativo que Marya use o ferro para se proteger, e não como forma de agressão, como também recorra a algo nutritivo a partir desse frio metal. Simbolicamente, ela adota a força férrea de um guerreiro, porém permanece fiel ao seu *self* feminino. Afinal de contas, toda essa busca é motivada pelo amor a Blênio, não por uma sede de poder ou riqueza.

Obtidos os instrumentos de ferro, Marya desce por um túnel no qual lanças de ferro ferem-na; outro significado mitológico do ferro: sua ligação com o mal. Muitas culturas, por exemplo, chamam o momento presente de "Idade do Ferro", porque é assolado por guerras e regido por pessoas más, em relação à outra, há muito desaparecida, "Idade do Ouro", em que homens e mulheres eram nobres e pacíficos. Ao ingressar na caverna, Marya entra num domínio tenebroso. Desce ao mundo inferior. O ferro, vinculado à dimensão bélica, sugere que esse mundo inferior é o lado sombrio da cultura guerreira, das tradições heróicas e patriarcais. Quer dizer, Marya confronta não só sua sombra pessoal, mas também o lado inconsciente da sociedade. É exatamente essa a atitude da mãe em "A mãe e o demônio", quando ela entra no castelo do demônio.

Apesar de suas botas e chapéus de ferro, Marya é ferida pelas lanças do teto e pelas lâminas do solo, ou seja, todo o preparo do mundo e sua grande força e coragem não podem protegê-la. Numerosas mulheres bem-sucedidas passam por uma experiência semelhante quando caem em depressão na metade da vida, apesar de suas realizações e relacionamentos seguros. Embora elas se punam por não se arrancar de seu tormento, já que estão tão acostumadas a lidar com situações adversas, esse padecimento não é um fracasso pessoal, mas uma tarefa básica do desenvolvimento humano: chegar a um acordo com o mundo inferior, com o lado negro da vida, com a tragédia e a vulnerabilidade.

Fantasmas

Enquanto desce pelo abismo, Marya ouve muitas pessoas cantando, gritando, chorando e pedindo-lhe que fique com elas. Advertida pela anciã, Marya ignora as súplicas e continua em seu caminho. Psique tem uma tarefa semelhante na versão grega: quando entra no mundo interior, os espíritos dos mortos pedem-lhe que os ajude, e sua tarefa é ignorar os apelos comovedores, por mais que toquem ao coração. Os dois contos reiteram um importante desafio para as mulheres: impor limites a seus impulsos altruístas de ajudar os outros. As solicitações podem vir de uma mãe envelhecendo, de crianças interminavelmente necessitadas de algo, de um marido dependente, de um patrão exigente. Mas a mulher deve permanecer leal à sua própria busca e rejeitar os estereótipos convencionais, os quais induzem as mulheres a se sacrificar pelos outros. Se ela fracassar aqui, ficará presa no mundo inferior, na depressão e no desespero.

Não obstante, Marya demonstra auto-sacrifício: ela arrisca a própria vida por Blênio. Relevante aqui é ela agir pela emoção, seguindo uma decisão que tomou livremente. Ela não está enfeitiçada, nem desesperada por um homem, nem obedecendo a imperativos culturais. Obedece a seus próprios sentimentos e segue as instruções da anciã, do feminino profundo. Nesse sentido, Marya é ao mesmo tempo capaz de auto-sacrifício e de cuidar de sua realização pessoal, rompendo, dessa maneira, com a tradicional dicotomia entre ambos os processos.

As pessoas suplicantes do mundo inferior parecem ser fantasmas e introduzem, assim, uma nova dimensão nas provas pelas quais Marya tem de passar. Os fantasmas e os mortos simbolizam questões que as mulheres herdam de seus pais, e estes dos seus. Separar os problemas ancestrais dos pessoais pode ser uma conquista que conduza a uma profunda libertação. Na adolescência, a maioria das mulheres reconhece os defeitos de seus pais e revolta-se contra a autoridade destes. Na meia-idade, quase todas se dão conta de onde vieram as falhas de seus pais: da geração anterior, de seus avós. Essa percepção ajuda as mulheres a aceitar seus pais e mães como seres humanos. Metaforicamente, filhas adultas aprendem a identificar os fantasmas que assustam os seus pais e não se atrapalham mais com eles.

Fantasmas também podem ser algo de que se lamentar, ou as idéias que tiveram após pensar melhor, os "tinha de", "devia". "Eu devia ter aceitado aquele emprego, apesar de toda a insegurança." "Se pelo menos eu soubesse que ele bebia..." "Tenho de perder peso e comer menos." Aqui se chama a atenção para os assombrosos "tinha de" e "devia" que podem aprisionar a mulher no mundo inferior. Porém, como ela distinguiria entre súplicas assombradas e a voz de seu verdadeiro *self*? Entre a tagarelice das convenções sociais e a autoridade dos desejos íntimos? Observe-se que as pessoas do mundo inferior falam todas juntas, como uma turba ou multidão, pronunciando muitas coisas diferentes ao mesmo tempo. Por outro lado, a anciã, ao personificar o *self* profundo de Marya, fala numa única voz e sustenta o que diz. Isso sugere que, quando o *self* profundo de uma mulher se pronuncia, não será com palavras mal pronunciadas nem sussurrando. Em "Os três ovinhos" ilustra-se bem esse ponto, uma vez que os ovos mágicos falam claramente e de maneira inequívoca. A voz do verdadeiro *self* também aparece nos sonhos como pronunciamentos misteriosos, mas dotados de autoridade. Ou irrompe em uma intuição, na qual a mulher simplesmente *sabe* de algo. As vozes assombrosas, por outro lado, são ranzinzas e atormentam, como os mosquitos; elas transmitem as convenções, não convicções, causando, portanto, preocupação, e não a sensação do esclarecimento.

Baba Yaga

Depois de uma longa e penosa viagem pelo abismo, Marya consegue se livrar e despenca numa encosta gramada, onde permanece por uma semana e então se recupera de suas agruras. Não se menciona como ela se alimenta; ela parece se recuperar apenas pelo contato com a natureza e o feminino profundo, da mesma forma que a virgem sem mãos, no Capítulo 6, que foi curada pela floresta.

A situação de Marya corresponde, aqui, a uma fase difícil em psicoterapia. Quando as mulheres descem até o inconsciente, ficam face a face com as questões psicológicas que estão na base de sua depressão ou ansiedade: fantasmas pessoais, demônios societários, problemas ancestrais. Armadas de seus *insights*, muitas mulheres reaparecem, após afundar, apenas para descobrir que seus problemas e sofrimentos cotidianos continuam todos de plantão. Diante disso, a impressão é a de que todo o esforço da psicoterapia, a penosa descida e o retorno, não serviu de nada. Não obstante, nesse difícil período, emerge uma nova vida e aparece a cura, paradoxalmente, mediante a inatividade. Na realidade, deitando-se na grama por uma semana, Marya se torna, pela primeira vez, passiva. Até aqui, ela tomou a iniciativa a respeito de tudo, sugerindo ao pai as tarefas a Blênio, queimando a pele de peixe do marido e lutando para atravessar o abismo. Agora Marya começa a equilibrar sua vida altamente ativa e energética, aprendendo a esperar e a estar aberta a elementos inesperados, como o poder curativo da terra. Isso é de extrema importância para as mulheres do tipo de Marya, que têm resistido a abrir mão de sua força natural e suas opiniões. Para estas, o desafio é confiar que, quando seus esforços conscientes fracassam, poderes desconhecidos surgirão vindos do fundo de seu ser. Não há necessidade de nenhum herói; apenas paciência para que o *self* profundo realize seu trabalho.

Quando Marya retoma sua viagem, encontra Baba Yaga. A bruxa arquetípica dos contos de fada russos é Baba Yaga, uma personagem usualmente má que come as crianças. Aqui, entretanto, é uma figura inteiramente prestativa. Ela sabe com precisão o paradeiro de Blênio e dá a Marya três inestimáveis presentes que a ajudam a recuperá-lo. Por que aqui Baba Yaga assume outra condição? Ela personifica o poder do feminino profundo, e, para meninas e moças jovens, esse poder numinoso pode ser devastador. Metaforicamente, Baba Yaga devora egos frágeis. Mas Marya está pronta para ela. Tem a força necessária para beneficiar-se do poder primordial da bruxa e seu conhecimento. Ao retratar Baba Yaga como uma figura positiva, o conto também rompe com uma tradição misógina que iguala as mulheres poderosas a bruxas malvadas. Ele é surpreendentemente moderno, uma vez que muitas feministas hoje celebram as bruxas como mulheres sábias e trabalham para reverter séculos de condenação patriarcal. É significativo que Baba Yaga e a primeira anciã sejam irmãs, o que evoca o tema da irmandade.

A filha do Rei Fogo

Baba Yaga conta-lhe que Blênio passou por ela havia dez anos e agora estava casado com a filha do Rei Fogo. Esta representa a falsa esposa e o falso *self*, como em "Emme" e "A mulher que veio do ovo". A filha do Rei Fogo troca uma noite com seu marido por objetos de ouro, colocando os bens materiais acima dos relacionamentos. Isso, porém, apenas reflete as sociedades mercantilistas, como as da cultura ocidental, em que tudo tem um preço e em que os relacionamentos são bens de consumo que podem ser comprados e vendidos.

A filha do Rei Fogo aparece em companhia de duas outras mulheres com aparência idêntica à dela. Isso sugere que ela não é uma pessoa singular, mas sim um "clone". Ela representa o estereótipo cultural, não uma pessoa de verdade. As três mulheres clones também destacam outro atributo das culturas hierárquicas: as pessoas são intercambiáveis entre si, e o que importa é seu papel, a função que desempenham dentro do sistema, haja vista o fato de não se dar à segunda esposa um nome. Ela é identificada somente por suas relações com dois homens: ela é a filha do Rei Fogo e a segunda esposa de Blênio.

Quanto à primeira designação, a falsa esposa está ligada ao fogo e, portanto, à paixão. Contudo, sua paixão concentra-se em objetos belos: ela, dir-se-ia, é uma consumidora compulsiva. É significativo que Marya também seja filha de um rei, o czar. No entanto, ela não se tornou um clone nem um estereótipo porque sempre ouviu seu coração, e não as convenções.

Além de representar um *self* falso, a segunda esposa de Blênio pode ser interpretada como a sua *anima*, seu lado feminino. Como acontece com muitos homens criados em tradições heróicas, Blênio não desenvolveu sua capacidade de se relacionar com os outros em um nível mais profundo, honrando as emoções e a intuição. Assim, sua *anima* assume a forma de um estereótipo cultural.

Os presentes de ouro

Baba Yaga dá a Marya um pente e um anel de ouro e um lindo lenço para ajudá-la a recuperar o marido. Os objetos envolvidos variam conforme as várias versões dessa história, mas sempre estão ligados ao domínio feminino, são costumeiramente usados pelas mulheres para se embelezar e, dessa maneira, aludem à beleza profunda. O conto de Marya apresenta paralelos notáveis com "A esposa sereia". A magia das sereias vem de "a mais linda", profundamente escondida no oceano e simbolizando a beleza profunda. O pente e o anel de ouro de Marya assim como o lenço são mais do que adoráveis, e vieram de Baba Yaga, o feminino primordial que habita no fundo do inconsciente. A esposa-sereia encontra as sereias e a beleza profunda somente depois de ter sido lançada ao mar e quase se afogado. Simbolicamente, ela morre e renasce no feminino profundo. De modo semelhante, Marya deve atravessar o mundo inferior, entre os fantasmas dos mortos, antes de encontrar Baba Yaga e dela receber os presentes de ouro.

Ouro e fogo

O pente e o anel de Marya são de ouro, como em outras versões. Na maioria das tradições, o ouro é considerado um símbolo da nobreza e da pureza, pois nunca se mancha. Essa é certamente uma virtude de Marya, pois sempre permaneceu fiel a si mesma, sem jamais desistir de sua busca, mesmo ao atravessar o mundo inferior. Sua pureza, contudo, não é a da virgem inocente, mas a da mulher que se sente plena. Por causa de sua cor, o ouro muitas vezes é associado ao Sol e, desse modo, à iluminação e ao *insight*. Um maior grau de percepção consciente é o objetivo de Marya; ela queimou a pele do peixe para romper com o que havia de secreto nele. Como o ouro está ligado ao Sol, é em geral um metal considerado "masculino". (Isto é especialmente verdadeiro nas culturas heróicas, porque em geral os heróis amealhavam ouro.) O ouro, entretanto, é maleável, macio e dútil. Enquanto o ferro é rígido, ele é flexível, podendo ser facilmente combinado com muitos compostos variados, ao contrário de outros metais. Nesse sentido, o ouro representa uma integração do masculino com o feminino, da individualidade com os relacionamentos. Marya atinge essa integração; ela reafirma o relacionamento e o amor em sua busca do marido, entretanto exercita sua força, coragem e assertividade no decorrer do caminho.

O ouro tem também conotações negativas e, como medida da riqueza, simboliza a cobiça e a corrupção. Marya não demonstra nenhum desses atributos, diferentemente da filha do Rei Fogo. É relevante que o ouro seja o segundo metal a ser introduzido na trama; o primeiro foi o ferro. Ao se passar do ferro para o ouro, há uma alusão à antiga alquimia que buscava transformar o ferro (ou o chumbo) em ouro. Segundo Carl Jung, a alquimia pode ser interpretada em termos psicológicos. Por exemplo, na alquimia tanto o ferro como o ouro estão associados ao fogo, porém o ferro é um metal "mais básico" que o ouro, e assim indica um tipo de fogo "inferior", diversamente da forma "mais nobre" do ouro. Na psicologia, o ferro simboliza os instintos básicos, como a raiva e a luxúria, enquanto o ouro aponta para estados mais evoluídos, como o discernimento e o amor. Passar do ferro para o ouro, por conseguinte, simboliza um processo de amadurecimento emocional e intuitivo que Marya ilustra.

Numerosas mulheres experienciam essa transformação alquímica do ferro em ouro por intermédio do feminismo. Inspiradas pelo movimento feminista, as mulheres protestam contra tradições misóginas opressivas, queimando simbolicamente os estereótipos "ictíacos". Mas essa inspiração com freqüência leva ao desespero no momento em que elas são vítimas de retaliações sociais. Elas então empreendem a árdua jornada ao longo do mundo inferior, lutando com a sombra da sociedade, aprendendo a lidar com o ferro no decorrer desse caminho. Disso resulta o ouro de Baba Yaga: a sabedoria, a coragem, a criatividade, a esperteza, o poder e o esplendor do feminino profundo.

O despertar

Baba Yaga adverte Marya de que, ao encontrar as três mulheres, ela deve negociar com a que estiver posicionada no meio, que será a filha do Rei Fogo. Marya deve identificar que pessoas e questões são verdadeiramente importantes para ela, ignorando o restante como distração. Para as mulheres de hoje a distração pode assumir a forma de uma promoção a uma posição de aparente autoridade e liderança, enquanto na verdade constitui um trabalho de muitas responsabilidades e pouca autoridade. As mulheres precisam aqui ser capazes de recorrer a um julgamento adequado para conseguir permanecer no seu próprio caminho. O segundo aviso de Baba Yaga é para que Marya não dê o pente, o anel e o lenço à falsa esposa até que ela tenha adentrado o quarto de Blênio, isto é, as mulheres — e os homens — que funcionam a partir do falso *self* não são dignos de confiança.

Marya segue o conselho de Baba Yaga, porém a falsa esposa frustra as suas tentativas de falar com Blênio, drogando-o. Ele dorme a noite inteira, ignorando os chamados de Marya, reiterando o tema familiar do homem adormecido. Não há belas adormecidas nos contos sobre mulheres adultas, mas homens inconscientes.

Quando Baba Yaga dá a Marya o terceiro presente, o lenço, adverte-lhe de que essa é sua última chance. Baba Yaga não pode ajudá-la indefinidamente. Embora ela lhe informe sobre o sonífero, não lhe dá nenhuma sugestão acerca do que fazer. Marya deve criar algo por si mesma, o que é semelhante ao processo da psicoterapia. O/A terapeuta de uma mulher pode oferecer conselhos e apoio inestimáveis, contudo é a própria pessoa quem deve agir em determinado ponto de seu caminho, exercitando sua coragem, astúcia e sabedoria próprias.

Marya vai uma terceira vez até o marido, mas ele ainda é incapaz de acordar. No último instante, uma de suas lágrimas cai sobre seu rosto e ele acorda, reconhecendo sua verdadeira esposa. Aqui dá a impressão de um recuo àqueles estereótipos de mulheres fracas, chorosas, porém Marya é qualquer coisa, menos isso; logo, há significados mais profundos. Lágrimas simbolizam sofrimento, causado em geral por amor e relacionamentos. Numerosas vezes a água serve como símbolo para o amor e os relacionamentos porque pode dissolver a maioria dos materiais, unindo substâncias até então separadas. A água também preenche espaços vazios, bem como o amor preenche a alma humana. A água é flexível e doadora de vida — como o amor — e ainda está intimamente ligada ao feminino profundo. Portanto, é a força do relacionamento e do feminino profundo que desperta Blênio.

Ao considerar as lágrimas e a água alcança-se um equilíbrio em relação à energia fogosa de Marya já descrita. Simbolicamente, ela integra o fogo e a água, o poder da raiva e da sexualidade por um lado, e por outro o amor e a capacidade de relacionar-se. É essa integração — a plena individuação de Marya — que desperta Blênio de seu sono entorpecido. Ao chorar,

Marya revela sua própria dor, não só a de Blênio. É o que ela sente por si mesma que desperta o marido, invertendo a convenção segundo a qual se espera das mulheres que se manifestem pelos homens, expressando os sentimentos masculinos em benefício deles, ignorando os seus próprios.

Ao abrir os olhos, Blênio imagina estar sob a chuva; ele precisa de mais um momento até se dar conta de que foram as lágrimas de Marya que o despertaram. O primeiro reflexo de um homem é localizar o aspecto objetivo de uma situação, não o interpessoal, focalizando os fatos mais do que os sentimentos, o clima em vez de os relacionamentos. Essa prática contraria a maioria das mulheres, contudo o conto sugere como elas podem ajudar os homens a ir mais além desse estágio, focalizando o estado de aflição mais do que a raiva, seguindo pela água em vez de pelo fogo. Na meia-idade, quando os homens lutam para superar os padrões heróicos tradicionais, entram mais em sintonia com o sofrimento e com a água do que com a raiva e o fogo.

Mudando a sociedade

Quando Blênio reconhece Marya, ele convoca os anciãos e pergunta-lhes quem seria de fato sua verdadeira esposa. Assinala como ela arriscou tudo para salvá-lo, ao passo que a filha do Rei Fogo vendeu-o por cobiça. Os anciãos declaram que a verdadeira esposa é Marya. Esse julgamento pode parecer óbvio, mas é profundamente significativo.

Na maioria das culturas, os anciãos — e especialmente os homens — são os guardiães da tradição e, em geral, constituem o elemento mais conservador de uma sociedade. Ao declarar Marya a verdadeira esposa, eles validam sua jornada e seu desenvolvimento individual. Isso é notável, uma vez que Marya transgrediu muitas regras sociais. Na realidade, ela é tudo o que uma mulher não deveria ser numa cultura patriarcal: franca, determinada, apaixonada, assertiva, persistente, talentosa, corajosa, intuitiva e sábia. Apesar disso, é declarada a verdadeira esposa pelos anciãos, que rejeitam a filha do Rei Fogo, seguidora dos estereótipos femininos tradicionais. Porquanto agora a sociedade aceita mulheres fortes e individuadas, como Marya. Ela despertou não só o marido, mas também o mundo.

A caixa enferrujada

Seu marido, em seguida, usa uma velha caixa mágica e enferrujada para transportá-los até a terra natal da esposa. Não se explica o que é a caixa nem sua procedência, tal como acontece com os contos sobre homens. Nas histórias masculinas, após o protagonista abandonar o paradigma heróico e patriarcal na meia-idade, surge um instrutor que de modo típico dá ao homem uma caixa mágica, que contém energias masculinas primordiais[6]. Essa caixa está em geral vinculada a espíritos alados, o que se insinua quando Marya sente uma fresca brisa em seu rosto e é transportada de volta à sua terra. Aqui a caixa está enferrujada, pois é feita de ferro e é velha. Se o ferro conota uma energia heróica, focalizada em batalhas, essa é uma caixa pós-heróica.

Antes de usar a caixa mágica, Blênio pede a Marya que feche os olhos, o que ela atende sem hesitação. Por todo o tempo, Marya trabalhou no sentido de aumentar sua consciência, todavia agora Blênio pede-lhe que a abandone por um momento. Em verdade, ele lhe pede que confie nele. Por sua vez, reafirma a confiança nela ao levá-la de volta à terra natal onde ela é uma princesa real e ele, um plebeu — um aspecto relevante para mulheres e homens contemporâneos. As mulheres começaram a expressar sua raiva pela opressão social e a exercitar seu poder e sua energia nativas. O passo seguinte envolve sua reconciliação com os homens que avançaram além do heroísmo e dos privilégios patriarcais. A confiança é essencial a essa reconciliação. E a sociedade irá mudar somente se mulheres e homens trabalharem por essa reunião sagrada mais profunda.

---

6. Ver meu livro *Beyong the hero*.

Marya fecha os olhos; a caixa mágica de Blênio envolve o masculino profundo, o qual deve permanecer secreto para as mulheres, da mesma forma como o feminino profundo tem de ser resguardado dos olhos dos homens[7].

Despertando juntos

Marya e Blênio voltam para casa; ele abre sua caixa mágica e Marya desmaia, assim como ele. Na verdade, Marya desperta antes. Se a magia faz Blênio adormecer, algo além dos mistérios masculinos está presente. O que poderia ser? Talvez o sexo. Marya acorda e Blênio dorme ao seu lado, portanto passaram a noite juntos. Entretanto, o que sugiro é a presença de um elo sagrado de união entre a mulher o homem, não o relacionamento conjugal convencional, mas uma comunhão profunda e autêntica, em que cada um trate o outro como um mistério, como algo que transcende a racionalidade e a consciência.

Marya acorda e Blênio lhe esclarece a razão de suas provações: ele teve de realizar três tarefas antes de se casarem. Agora são iguais, porque os dois sofreram um pelo outro. Nenhum deles pode dizer: "Veja o que fiz por você! Você valoriza todos os meus sacrifícios?". Apesar de tudo, o argumento de Blênio pode parecer um tanto vingativo, refletindo a atitude olho por olho. É, no entanto, um lembrete de que em qualquer relacionamento — mesmo aquele baseado numa autêntica e sagrada reunião — estão presentes os defeitos humanos. A reunião sagrada existe num nível profundo e numinoso, e as pessoas não podem permanecer nesse plano arquetípico. Ao retornar à vida cotidiana, a sombra reaparece, e mulheres e homens naturalmente mantêm um processo de argumentação. O amor profundo — a reunião do feminino e do masculino profundos — não é garantia de tranqüilidade doméstica! Na realidade, a história mostra que a comunhão profunda só é possível com muito fogo e lágrimas.

---

7. O mesmo tema aparece em "A cotovia que voa cantando" (Grimm e Grimm, 1944).

epílogo

Transmitidas ao longo de muitas gerações, de mãe para filha, de mulher para mulher, as doze histórias desta coletânea estão repletas de notáveis *insights* tão úteis hoje quanto há séculos. A sabedoria dos contos sobre mulheres, como a voz do *self* profundo de uma mulher, é ao mesmo tempo atemporal e totalmente oportuna, utópica e também útil. Os enredos mostram quais são os caminhos ideais que a mulher pode trilhar na vida, oferecendo igualmente conselhos práticos a respeito de como lidar com maridos ou chefes difíceis, mães problemáticas, sociedades opressoras. O que é ainda mais valioso nesses contos é o fato de revelarem os recursos existentes na alma de cada mulher, muitas vezes obscurecidos pelas pressões sociais: a velha sábia, a menina vibrante, a irmã selvagem, a própria natureza.

Os contos sobre mulheres são por demais ricos para que se possa resumi-los segundo algum modelo, porém se um czar de algum deles me encarregasse de fazê-lo sob pena de perder a vida, eu diria que essas histórias giram em torno de quatro tarefas distintas: *desafiar o demônio, recuperar seu verdadeiro* self, *dançar com as irmãs selvagens* e *despertar o mundo*.

Desafiar o demônio

"A rainha e o assassino" ressalta a tarefa de desafiar o demônio, quando a atormentada rainha finalmente confronta e mata o assassino. Esse facínora representa toda a opressão e menosprezo que as culturas misóginas devotam às mulheres, e sua viagem de individuação começa quando elas identificam, confrontam, combatem, derrotam e destronam esses demônios culturais. Até agora, o movimento feminista tem feito com que essa tarefa se torne evidente por si, mas ainda é preciso coragem por parte de cada uma delas para iniciá-la. Tampouco esse demônio é sempre masculino, pois às vezes as mães desempenham um papel demoníaco, como fica evidente em "Os três ovinhos". A mulher corajosa tinha de confrontar uma ogra, a qual personifica as influências maternas negativas. O demônio, também, nem sempre é uma figura externa, e como personagem interno em geral revela o aspecto sombrio da própria mulher, sua raiva e frustração, do modo como Koschey, o imortal, despertou o lado negro da czarina em "Maria Morevna".

Ao desafiar os demônios, a violência emocional é às vezes necessária não só para a autodefesa da mulher, mas também para seu crescimento. A velha, em "Emme", teve de matar uma galinha, um bode e um escravo para libertar a protagonista, e a esposa-sereia teve de sacrificar todas as sereias para poder voltar para casa. Como o nascimento, a individuação é, com freqüência, um processo doloroso, e relacionamentos destrutivos ou inconvenientes devem às vezes ser eliminados antes que a mulher possa levar sua vida adiante.

Recuperar o verdadeiro *self*

A tarefa de desafiar o demônio está intimamente associada à de recuperar o verdadeiro *self*. O espírito interior, o verdadeiro ser de uma mulher, permanece boa parte das vezes oculto durante a adolescência, quando as moças deparam com pressões sociais esmagadoras para que sejam "boazinhas". As mulheres são forçadas a manter silêncio, a sufocar seus sonhos e a adotar um falso *self* — pudico, cordato e condizente com as convenções — que desaloja o verdadeiro *self*. Como ilustram os contos "A mulher que veio do ovo" e "Emme", o *self* impostor ocupa o lugar do verdadeiro, arremessando-o para o fundo do inconsciente, o que os contos de fadas retratam como uma queda em um poço, ou ser tragada para o fundo das águas de um lago. A tarefa da mulher é recuperar seu verdadeiro *self* e ocupar seu legítimo lugar no mundo. Nesse processo, ela aprende a dar ouvidos à sua voz interior, ganhando acesso à sabedoria do *self* profundo, da mesma forma como a mãe desesperada em "Os três ovinhos". No decorrer de seu caminho, as mulheres exercitam suas energias heróicas, como a protagonista de "A esposa guerreira", que rejeita a postura de esposa abandonada e assume a de guerreira triunfante. Essas virtudes heróicas são essenciais para que as mulheres sobrevivam nas culturas competitivas.

Para as mulheres que não desistiram de sua voz e poder na adolescência — em geral as que cresceram junto de pais que lhes deram apoio ou a mães não-convencionais —, recuperar seu verdadeiro *self* assume uma forma diferente. Acostumadas a dominar as situações com competência, na meia-idade essas mulheres têm de aprender a lidar com o sofrimento, a vulnerabilidade e a impotência. "Maria Morevna" ilustra esse processo, quando a czarina é subjugada por Koschey, o imortal, tal como Inanna, a grande deusa suméria, que desceu até o mundo inferior. A dolorosa experiência da vulnerabilidade ajuda as mulheres a equilibrar poder e impotência, e essa integração conduz a uma nova forma de liderança ou influência, distinta da tradição heróica e patriarcal. O novo paradigma envolve o processo do fortalecimento, no qual a mulher não comanda nem domina, mas colabora, inspira e ensina, da mesma maneira que a protagonista de "A esposa sábia", que transformou o sultão guerreador e grosseiro em pai e marido dedicado. "Maria Morevna" apresenta outra perspectiva a respeito da liderança das mulheres, incluindo a imagem da lida com animais selvagens. Essa espécie de pastoreio oferece um novo modelo de resolução dos impulsos interiores conflitantes, solucionando discórdias entre crianças rebeldes, ou mediando acordos entre colegas de trabalho. Essa abordagem não elimina a dissensão, tampouco força a obediência, prática comum no modelo patriarcal.

Talvez o aspecto mais surpreendente da mulher que recupera seu verdadeiro *self* seja a descoberta de que sua alma abrange toda a natureza. Esse elo desenvolve-se gradualmente, iniciando-se quando a mulher encontra conforto, refúgio, cura e inspiração na mata, como aconteceu com a mutilada de "A mulher sem mãos" e a mãe aflita em "Os três ovinhos". Ao cuidar de um jardim, caminhar numa área verde, ou simplesmente apreciar a beleza de uma flor, as mulheres descobrem que são capazes de ter empatia com os animais e relacionar-se com eles, assim como com as plantas e as estrelas — e não só com as pessoas. A protagonista de "A mulher que veio do ovo" ilustra essa extraordinária profundidade e amplitude da empatia tornando-se inicialmente um peixe e em seguida um pato, fundindo-se assim simbolicamente com a natureza. Ao agir dessa forma, ela cura a velha cisão teológica entre animais e humanos, entre corpo e mente, entre instinto e espírito.

Dançar com as irmãs selvagens

A comunhão com a natureza pode ser aterrorizante por causa de seu poder numinoso. Isso leva à terceira tarefa nos contos sobre mulheres: dançar com as irmãs selvagens. Na companhia de outras mulheres, em irmandade espiritual, elas celebram o feminino profundo sem ser arrebatadas por sua imensa vitalidade. A solidariedade das irmãs também ajuda a neutralizar parte da opressão e da dor que as mulheres sofrem na maioria das culturas. Em "As duas irmãs", quando a patroa descobre que sua escrava é, na realidade, sua irmã há muito desaparecida, as duas mulheres se libertam da cultura feitor-escravo, típica das culturas hierárquicas. De modo similar, em "A esposa-sereia", as sereias resgatam Espuma do ataque de seu marido assassino e a introduzem numa irmandade profunda. A esposa aprende o sacramento da beleza profunda no qual as mulheres celebram a beleza para seu próprio deleite, não para o dos homens. A irmandade nos contos sobre mulheres oferece vislumbres das sociedades ancestrais, igualitárias, matriarcais, que antecedem os heróis e reis.

As figuras das irmãs nos contos femininos são selvagens: personagens ligadas à floresta, distantes da civilização, como a monja em "A mãe e o demônio". Ela lidera a mãe e a filha em sua dança escandalosa, em que se exibem ao demônio e seus cúmplices, superando assim o poder detido por eles. Essas irmãs selvagens também transformam o relacionamento mãe-filha numa relação de igualdade e mutualidade entre irmãs. É significativo aqui que a temática da irmã transmute a conexão da humanidade com o divino. As mulheres descobrem que a natureza e as deusas precisam das atenções das mulheres e de seus cuidados, da maneira como a monja pediu à mãe e à filha para que lhe trouxessem companhia naqueles ermos. O relacionamento entre as mulheres e a terra, entre as mulheres e as deusas, torna-se mútuo, não-maternal, uma questão de interação, e não de súplica, de trabalho feito em conjunto, em lugar de adoração. Quando as mulheres recuperam sua autoridade interna e externa, descobrem que a terra é tanto sua irmã quanto sua mãe.

Despertar o mundo

O derradeiro desafio das mulheres é despertar o mundo. Isso significa despertar os homens arrebatados pelo sono, embriagados pelos privilégios masculinos. Em contraste com os contos juvenis, nos quais a mulher está adormecida, à espera do homem que a desperte, agora é a mulher que tem de acordá-lo. As mulheres em geral dão início a esse processo de maneira dramática, tal como a rainha que atirou no assassino em "A rainha e o assassino" — o tiro acordou todo o palácio. Despertar o mundo também quer dizer romper o lacre dos segredos e ilusões que a sociedade alimenta, como o demonstra "A princesa Marya e Blênio": as mulheres devem queimar e destruir todos os costumes limitadores. O que resulta disso é a iluminação, o aumento da consciência, não só das mulheres como também dos homens. Os contos insistem que, para ter sucesso nessa empreitada, as mulheres precisam de suas paixões mais ardentes: a raiva e a sexualidade. Mas elas também precisam do fogo dourado, ou seja, a sabedoria, a astúcia e a perspicácia de Baba Yaga, o feminino profundo.

Por fim, despertar o mundo significa transformá-lo, criando um lugar em que as mulheres sejam honradas por sua força, independência e sabedoria. Os contos sobre mulheres deixam amplamente claro que o desenvolvimento feminino tem por meta final modificar a sociedade. A jornada de qualquer mulher supera o privado e o psicológico e atinge o público e o cultural. As histórias aqui reunidas enfatizam esse ponto com comentários perspicazes — e subversivos — acerca da cultura vigente. Os contos dizem respeito ao psíquico e à sociedade, ao pessoal e ao coletivo. Também insistem em que a mudança social corre paralelamente à transformação dos relacionamentos de intimidade: entre maridos e esposas, mulheres e homens, individualmente. Ao se despertar o mundo almeja-se, por fim, a uma reunião sagrada — em que é transformado o mais particular dos vínculos. O trabalho individual, a transformação interpessoal e a evolução cultural caminham juntos. Essas histórias não separam os mundos interno e externo, mas insistem em dizer que o desenvolvimento deve ocorrer em ambas as dimensões.

Contos de mulheres e de homens

Enquanto refletia sobre o que escrever para este epílogo, comecei a identificar com mais clareza como os contos sobre homens e mulheres se complementam. Embora retratem tarefas diferentes, todos os desafios encaminham-se numa única direção. Tanto elas como eles, embora às vezes possamos esquecê-lo, trilham o mesmo caminho no sentido da maturidade: rumo à emancipação e à comunhão sagrada.

Os contos sobre homens mostram que a primeira tarefa do homem na maturidade é abandonar o herói, ou seja, desistir dos papéis heróicos tradicionais e das prerrogativas patriarcais. Isso é equivalente à tarefa de desafiar o demônio que confronta as mulheres, exceto que os homens começam de um ponto de partida privilegiado. Tanto para estes como para aquelas, porém, a direção é a mesma: uma dimensão pós-patriarcal nova, interna e externa, tanto psicológica como social. A próxima tarefa dos homens é honrar o feminino, revertendo o desdém e a difamação das mulheres, das emoções, da intuição e dos relacionamentos. Esta é uma incumbência paralela à tarefa das mulheres de recuperar seu verdadeiro *self*, o que exige a derrota das convenções sociais opressoras. Para ambos os sexos, o objetivo é o equilíbrio e a integração, elevando o que as tradições culturais desvalorizaram e trazendo para um nível mais baixo o que estava superdimensionado.

A terceira tarefa dos homens é viajar com o seu irmão espiritual. Este é um xamã traquinas, cuja função é romper com as convenções, troçar dos dogmas sagrados, forçar as pessoas a pensar e, em última instância, libertar a sociedade de suas instituições obsoletas. Quando os homens viajam com essa figura, seguem o mesma guia que as mulheres, quando dançam com suas irmãs selvagens. Os objetivos do irmão espiritual e das irmãs selvagens são um só: o renascimento da criatividade, da espontaneidade, da autenticidade. Os contos sobre homens terminam com a união sagrada, em que marido e esposa reconciliam-se como seres iguais num nível mais profundo e íntimo. As histórias sobre mulheres também ressaltam a temática da reunião, todavia enfatizam um aspecto diferente desta: despertar o mundo. Os contos sobre mulheres insistem em que os novos relacionamentos que envolvem mulheres e homens devem produzir uma nova ordem social, como de fato a produzem. Os contos sobre homens, portanto, concentram-se na dimensão privada da emancipação, ao passo que os sobre mulheres enfatizam a pública. Isso inverte os papéis tradicionais de gênero, em que se espera que as mulheres permaneçam em casa cuidando da família e do lar, enquanto os homens correm o mundo. Desse modo, os contos sobre homens seguem a mesma diretriz das histórias das mulheres: os dois gêneros invertem seus papéis tradicionais.

Os contos sobre mulheres são uma inspiração e um desafio, uma provocação e uma tranqüilização, uma promessa e uma advertência. Os enredos advertem sobre o que ocorre quando as mulheres não dão atenção à sua voz interior ou não reivindicam seus talentos — tornam-se pessoas falsas, como a filha do Rei Fogo, em "A princesa Marya e Blênio", ou escravas-impostoras, como em "Emme". Se as mulheres perseverarem em suas viagens, apesar do medo, das dores no peito, das retaliações culturais, as histórias prometem uma incomensurável recompensa: mulheres despertas para seu verdadeiro *self* e para o feminino profundo interior, e, nesse processo, despertando o mundo todo. A viagem das mulheres é longa, difícil e muitas vezes confusa, entretanto seu resultado é a redenção de todos os mundos, internos e externos.

bibliografia

AARNE, A. e S. Thompson. *The types of the folktale: a classification and bibliography*. Helsinqui, Academia Scientarium Finnica, 1961.

ABRAHAMS, Roger. *Afro-American folktales*. Nova York, Pantheon, 1985.

AFANAS'EV, Aleksander. *Russian fairy tales*. Trad. Norbert Guterman. Nova York, Pantheon, 1973.

AMAN, Dra. S. D. B. *Folk tales from Indonesia*. Jacarta, Djambatan (Indonésia), 1991.

ASBJORNSEN, Peter Christen e Jorgen Moe. *Norwegian folktales*. Trad. Pat Shaw e Carl Norman. Nova York, Pantheon, 1982.

ASTIN, Helen e Carole Leland. *Women of influence, women of vision: a cross-generational study of leaders and social change*. São Francisco, Jossey-Bass, 1991.

AUERBACH, Nina e U. C. Knoepflmacher (orgs.). *Forbidden journeys: fairy tales and fantasies by victorian women writers*. Chicago, University of Chicago Press, 1992.

BALDWIN, Karen. "Woolf! a word on women's role in family story-telling". In: JORDAN e KALCIK (orgs.), 1985, pp. 140-62.

BATESON, Mary Catherine. *Composing a life*. Nova York, Penguin, 1990.

BELENKY, Mary Field, B. M. Clinchy, N. R. Goldberger e J. M. Tarule. *Women's ways of knowing: the development of self, voice and mind*. Nova York, Basic Books, 1986.

BERGER, Terry. *Black fairy tales*. Nova York, Atheneum, 1969.

BIRKHAUSER-OERI, Sibylle. *The mother: archetypal image in fairy tales*. Toronto, Inner City Books, 1988.

BLY, Robert. *Iron John: A book about men*. Reading (Mass.), Addison-Wesley, 1990.

BOONE, Sylvia Ardyn. *Radiance from the waters: ideals of feminine beauty in Mende Art.* New Haven (Conn.), Yale University Press, 1986.

BOOS, Claire (org.). *Scandinavian folk and fairy tales.* Nova York, Crown/Avenel, 1984.

BOURKE, Angela. "More in anger than in sorrow: irish women's lament poetry". In: RADNER (org.), 1993, pp. 160-82.

BROWN, J. K. e V. Kerns (orgs.). *In her prime: a new view of middle-aged women.* South Hadley (Mass.), Bergin & Garvey, 1985.

BROWN, Lyn Miel e Carol Gilligan. *Meeting at the crossroads: women's psychology and girls' development.* Cambridge (Mass.), Harvard University Press, 1992.

BRUCKNER, Jutta. "Women behind the camera". In: ECKER (org.), 1985, pp. 120-4.

BUSHNAQ, Iner. *Arab folktales.* Nova York, Pantheon, 1986.

BUTT-THOMPSON, F. W. *West African secret societies: their organization, officials and teaching.* Nova York, Argosy-Antiquarian, 1969.

CALVINO, Italo. *Italian folktales.* Nova York, Pantheon, 1980.

CAPLAN, Paula. "The myth of women's masochism". In: WALSH (org.), 1987, pp. 78-96.

CARDOZO-FREEMAN, Inez. "Maria Blanca". In: FARRER (org.), 1975, pp. 12-24.

CARTER, Angela (org.). *The old wives' fairy tale book.* Nova York, Pantheon, 1990.

CHERAZI, Shahla. "Female psychology: a review". In: WALSH (org.), 1989, pp. 22-38.

CHINEN, Allan. *In the ever after: fairy tales and the second half of life.* Chicago, Chiron, 1989.

_____. *Once upon a midlife: classic stories and mythic tales to illuminate the middle years.* Los Angeles, Tarcher, 1992.

_____. *Beyond the hero: classic stories of men in search of soul.* Los Angeles, Tarcher, 1993.

CHIRIBOGA, D. e L. Gigy. "Perspectives on the life course". In: M. FISKE Lowenthal, M. THURNTER e D. CHIRIBOGA (orgs.), *Four stages of life.* São Francisco, Jossey-Bass, 1975, pp. 122-45.

CHIRIBOGA, D. e M. Fiske Lowenthal. "Complexities of adaptation". In: M. FISKE, M. THURNTER e D. CHIRIBOGA (orgs.), *Four stages of life.* São Francisco, Jossey-Bass, 1975, pp. 99-121.

CLAASSEN, Cheryl. "Gender, shellfishing and the shell mound archaic". In: GERO e CONKEY (orgs.), 1991, pp. 276-300.

COURLANDER, Harold e George Herzog. *The cow-tail switch and other west African stories.* Nova York, Henry Holt, 1978.

CRAIGHEAD, Meinrad. "Immanent mother". In: GILES (org.), 1982, pp. 71-83.

DALY, Mary. *Outercourse: The be-dazzling voyage.* São Francisco, Harper San Francisco, 1992.

DEGH, Linda. *Folktales of Hungary.* University of Chicago Press, 1965.

_____. "Dial a story, dial an audience: two rural women narrators in an urban setting". In: JORDAN e KALCIK (orgs.), 1985, pp. 3-25.

DONNELLY, Dorothy. "The sexual mystic: embodied spirituality". In: GILES (org.), 1982, pp. 120-41.

DOUGLAS, Claire. *The woman in the mirror: analytical psychology and the feminine.* Boston, Sigo Press, 1990.

_____. *Translate this darkness: the life of Christiana Morgan.* Nova York, Simon & Schuster, 1993.

DOWNING, Christine. *Psyche's sisters: re-imagining the meaning of sisterhood.* Nova York, Continuum, 1990.

DUNDES, Alan. "The psychoanalytic study of the Grimm's tales with special reference to 'the maiden without hands' (AT 706)". *Germanic Review,* 62: 50-65, 1987.

DUNNE, Carin. *Behold woman: a Jungian approach to feminist theology.* Wilmette (Ill.), Chiron, 1989.

ECCLES, Jacquelyne. "Gender roles and achievement patterns: an expectancy value perspective". In: JUNE MACHOVER REINISCH, LEONARD A. ROSENBLUM e STEPHANIE A. SANDERS (orgs.), *Masculinity/Femininity: basic perspectives.* Oxford, Oxford University Press, 1987, pp. 240-80.

ECKER, Gisela (org.). *Feminist aesthetics.* Londres, The Women's Press, 1985.

ECKERT, Penelope. "Cooperative competition in adolescent 'Girl Talk'". *Discourse Processes,* 13: 91-122, 1990.

EDER, Donna. "Building cohesion through collaborative narration". *Social Psychology Quarterly,* 51: 225-35, 1988.

EHRENBERG, Margaret. *Women in prehistory.* Norman, University of Oklahoma Press, 1989.

EICHENBAUM, Luise e Susie Orbach. *Between women: love, envy, and competition in women's friendships.* Nova York, Penguin, 1987.

EICHORN, Dorothy, John Clausen, Norma Haan, Marjorie Honzik e Paul Mussen (orgs.). *Present and past in middle life.* Nova York, Academic Press, 1981.

ELIADE, Mircea. *Myths, dreams, and mysteries: the encounter between contemporary faiths and archaic realities.* Nova York, Harper & Brothers, 1960.

_____. *Rites and symbols of initiation: the mysteries of birth and rebirth.* São Francisco, Harper, 1975.

ERDOES, Richard e Alfonso Ortiz. *American Indian myths and legends.* Nova York, Pantheon, 1984.

ESTÉS, Clarissa Pinkola. *Women who run with the wolves: myths and stories of the wild woman archetype.* Nova York, Ballantine, 1992.

FARRER, Claire (org.). *Women and folklore: images and genres.* Prospect Heights (Ill.), Waveland, 1975a.

_____. "Introduction". In: FARRER (org.), 1975a, 1975b, pp. xi-xxi.

FERRARA, Comune di, Galleria Civica d'Arte Moderna. *Leonor Fini.* Ferrara, Edizione d'Arte Casalecchio di Reno, 1983.

FIERZ-DAVID, Linda. *Women's Dionysian initiation: the villa of mysteries in pompeii.* Dallas, Spring, 1988.

FLEMING, Patricia. "Persephone's search for her mother". *Psychological Perspectives,* 15: 127-47, 1984.

FRASER, Antonia. *The warrior queens.* Nova York, Knopf, 1989.

FRIDAY, Nancy. *My mother/my self: the daughter's search for identity.* Nova York, Delacorte, 1977.

FUERSTEIN, Laura Arens. "Females in bondage: the early role of mother and father in the woman's tie to abusive men". In: SIEGEL (org.), 1992, pp. 9-24.

GERO, Joan e Margaret Conkey (orgs.). *Engendering archaeology: women and prehistory.* Oxford, Basil Blackwell, 1991.

GEWERTZ, Deborah (org.). *Myths of matriarchy reconsidered.* Sydney, University of Sydney, 1988.

GILES, Mary E. (org.). *The feminist mystic and other essays on women and spirituality.* Nova York, Crossroad, 1982.

GILLIGAN, Carol. *In a different voice: psychological theory and women's development.* Cambridge (Mass.), Harvard University Press, 1982.

GIMBUTAS, Marija. *The goddesses and gods of old Europe: myths and cult images.* Londres, Thames & Hudson, 1982.

GOLDENBERG, Naomi R. *Resurrecting the body: feminism, religion, and psychotherapy.* Nova York, Crossroad, 1993.

GORDON, Susan. "The powers of the handless maiden". In: RADNER (org.), 1993, pp. 252-88.

GOTTNER-ABENDROTH, Heide. *The dancing goddess: principles of a matriarchal aesthetics.* Trad. Maureen T. Krause. Boston, Beacon, 1991.

GRIMM, J. e W. Grimm. *The complete Grimm's fairy tales.* Trad. Margaret Hunt. Nova York, Pantheon, 1944.

HAMILTON, Annette. "Knowledge and misrecognition: mythology and gender in aboriginal Australia". In: GEWERTZ (org.), 1988, pp. 57-73.

HANCOCK, Emily. *The girl within.* Nova York, Ballantine, 1989.

HARDING, M. Esther. *The way of all women: a psychological interpretation.* Nova York, Longmans, Green, 1934.

HEILBRUN, Carolyn. *Writing a woman's life.* Nova York, Ballantine, 1988.

HELGESEN, Sally. *The female advantage: women's ways of leadership.* Nova York, Doubleday, 1990.

HOCH-SMITH, Judith. "Radical yoruba female sexuality: the witch and the prostitute". In: HOCH-SMITH e SPRING (orgs.), 1978a, pp. 245-67.

HOCH-SMITH, Judith e Anita Spring (orgs.). *Women in ritual and symbolic roles.* Nova York, Plenum, 1978a.

_____. "Introduction". In: HOCH-SMITH e SPRING (orgs.), 1978a, pp. 1-23.

HODGETTS, E. *From the land of the tsar.* Londres, Gilbert & Rivington, 1890.

HORNER, Matina. "Toward an understanding of achievement-related conflicts in women". In: WALSH (org.), 1987, pp. 169-84.

HUANG, Mei. *Transforming the Cinderella dream: from Frances Burney to Charlotte Brontë.* New Brunswick (NJ), Rutgers University Press, 1990.

JACKSON, Thomas. "Pounding acorn: women's production as social and economic focus". In: GERO e CONKEY (orgs.), 1991, pp. 301-25.

JACOBSEN, Thorkild. "Mesopotamian religious literature and mythology". In: *Encyclopaedia Britannica.* Chicago, Britannica, 1984.

JAHNER, Elaine. "Woman remembering: life history as exemplary pattern". In: JORDAN e KALCIK (orgs.), pp. 214-33.

JOHANSEN, J. Pr. "The thesmophoria as a women's festival". *Temenos*, 11: 78-87, 1975.

JOHNSON, Robert A. *She: understanding feminine psychology.* São Francisco, Harper & Row, 1977.

JORDAN, Judith. "Empathy and self boundaries". In: JORDAN *et al.* (orgs.), 1991, pp. 67-80.

JORDAN, Judith V., Alexandra Kaplan, Jean Baker Miller, Irene Stiver e Janet Surrey (orgs.). *Women's growth in connection: writings from the stone center.* Nova York, Guilford, 1991.

JORDAN, Rosan. "The vaginal serpent and other themes from Mexican-American women's lore". In: JORDAN e KALCIK (orgs.), 1985, pp. 26-44.

JORDAN, Rosan e Susan Kalcik (orgs.). *Women's folklore, women's culture.* Filadélfia, University of Pennsylvania Press, 1985.

JUNG, C. G. *The visions seminar*, Livros 1 e 2. Zurique, Spring, 1976.

KABERRY, Phyllis. *Aboriginal woman: sacred and profane.* Nova York, The Humanities Press, 1950.

KALCIK, Susan. "'... Like Ann's gynecologist or the time I was almost raped': personal narratives in women's rap groups". *Journal of American Folklore*, 88: 3-11.

KAPLAN, Alexandra. "The 'self-in-relation': implications for depression in women". In: JORDAN *et al.* (orgs.), 1991, pp. 206-22.

KAPLAN Janet. *Unexpected journeys: the art and life of Remedios Varo.* Nova York, Abbeville, 1988.

KAWAI, Hayao. *The Japanese psyche: major motifs in the fairy tales of Japan.* Trad. H. Kawaii e Sachiko Reece. Dallas, Spring, 1988.

KEYES, Cheryl. "We're more than a novelty, boys': strategies of female rappers in the rap music tradition". In: RADNER (org.), 1993, pp. 203-20.

KNEDLER, John Warren. "The girl without hands: Latin-American versions". *Hispanic Review*, 1942, 10: 314-24.

KOCH, Gertrud. "Why women go to men's films". In: ECKER (org.), 1985, pp. 108-19.

KOLBENSCHLAG, Madonna. *Kiss sleeping beauty good-bye.* São Francisco, Harper & Row, 1988a.

_____. *Lost in the Land of Oz.* São Francisco, Harper & Row, 1988b.

KRAEMER, Ross. *Maenads, martyrs, matrons, monastics: a sourcebook on women's religions in the Greco-Roman world.* Filadélfia, Fortress, 1988.

KRAISONSWASDI, Napasri. *Women executives: a sociological study in role effectiveness.* Jaipur, Rawat, 1989.

LA FONTAINE, Jean. *Initiation: ritual drama and secret knowledge across the world.* Nova York, Penguin, 1985.

LANGELLIER, Kristin e Eric Peterson. "Spinstorying: an analysis of women's storytelling". In: ELIZABETH FINE e JEAN HASKELL SPEAR (orgs.), *Performances, culture and identity*. Prager, Westopor (Conn.), 1992, pp. 157-80.

LANGLOIS, Janet. "Mothers' double talk". In: RADNER (org.), 1993, pp. 80-97.

LAUTER, Estella. *Women as mythmakers: poetry and visual art by twentieth century women*. Bloomington, Indiana University Press, 1984.

_____. "Visual images by women: a test case for the theory of archetypes". In: LAUTER e RUPPRECHT (orgs.), 1985, pp. 46-83.

LAUTER, Estella e Carol Schreier Rupprecht (orgs.). *Feminist archetypal theory: interdisciplinary re-visions of Jungian thought*. Knoxville, University of Tennessee Press, 1985.

LEONARD, Linda. *The wounded woman: healing the father-daughter relationship*. Athens (Ohio), Swallow, 1982.

_____. *Meeting the madwoman: an inner challenge for the feminine spirit*. Nova York, Bantam, 1993.

LERNER, Gerda. *The creation of patriarchy*. Nova York, Oxford University Press, 1986.

LINCOLN, J.N. "The legend of the Handless Maiden". *Hispanic Review*, 4: 277-80, 1936.

LIPPARD, Lucy R. *From the center: feminist essays on women's art*. Nova York, Dutton, 1976.

LIYI, H. *The spring of butterflies and other folktales of China's minority peoples*. Nova York, Lothrop, Lee & Shepard, 1985.

LOWINSKY, Naomi Ruth. *Stories from the motherline: reclaiming the mother-daughter bond, finding our feminine souls*. Los Angeles, Tarcher, 1992.

MAHDI, Louise, Steven Foster e Meredith Little (orgs.). *Betwixt and between: patterns of masculine and feminine initiation*. Lasalle (Ill.), Open Court, 1987.

MAILS, Thomas. *Dog soldiers, bear men and buffalo women: a study of the societies and cults of the plains indians*. Englewood Cliffs (N. J.), Prentice-Hall, 1973.

MANKOWITZ, Ann. *Change of life: a psychological study of dreams and the menopause*. Toronto, Inner City Books, 1984.

MEADOR, Betty. "The thesmophoria". *Psychological Perspectives*, 17: 25-45, 1986.

MIDDLETON-KEIRN, Susan. "Convivial sisterhood: spirit mediumship and client-core network among black South African women". In: HOCHSMITH e SPRING (orgs.), 1978, pp. 191-205.

MILLER, Jean Baker. "Women and power". In: *Jordan et al.* (orgs.), 1991, pp. 197-205.

MITCHELL, Carol. "Some differences in male and female joke-telling". In: JORDAN e KALCIK (orgs.), pp. 163-86.

MOHRMANN, Renate. "Occupation: woman artist — on the changing relations between being a woman and artistic production". In: ECKER (org.), pp. 150-61.

MONESTIER, Marianne. *Les societés secrètes féminines.* Paris, Les Productions de Paris, 1963.

MOON, Sheila. *Dreams of a woman: an analyst's inner journey.* Boston, Sigo, 1983.

MOORE, Henrietta. *Feminism and anthropology.* Minneapolis, University of Minnesota Press, 1988.

MULCAHY, Joanne. "'How they knew': women's talk about healing on Kodiak Island, Alaska". In: RADNER (org.), 1993, pp. 183-202.

MURDOCH, Maureen. *The heroine's journey.* Boston, Shambhala, 1990.

NADELSON, Carol C. Malkah T. Notman (orgs.). *The woman patient,* v. 2: *Concepts of femininity and the life cycle.* Nova York, Plenum, 1982.

NEHER, Irene. *The female hero's quest for identity in novels by modern American women writers: the function of nature imagery, moments of vision and dreams in the hero's development.* Frankfurt-am-Main, Peter Lang, 1989.

NELSON, Gertrud Mueller. *Here all dwell free: stories to heal the wounded feminine.* Nova York, Doubleday, 1991.

NEUMANN, Erich. *The psychological stages of feminine development.* Dallas, Spring, 1959.

NORTHCUTT, Cecilia Ann. *Successful career women: their professional and personal characteristics.* Nova York, Greenwood, 1991.

NOTMAN, Malkah. "Feminine development: changes in psychoanalytic theory". In: NADELSON e NOTMAN (orgs.), 1982a, pp. 3-30.

_____. "Midlife concerns of women: menopause". In: NADELSON e NOTMAN (orgs.), 1982b, pp. 135-44.

_____. "The midlife years and after: opportunities and limitations: clinical issues". *Journal of Geriatric Psychiatry*, 1982c, 15: 173-86.

O'CONNOR, Pat. *Friendships between women.* Nova York, Guilford, 1992.

PAUL, Lois. "Careers of midwives in a Mayan community". In: HOCHSMITH e SPRING (orgs.), 1978, pp. 129-49.

PEARSON, Carol e Katherine Pope. *The female hero in American and British literature*. Nova York, Browker, 1981.

PERERA, Sylvia Brinton. "The descent of inanna: myth and therapy". In: LAUTER e RUPPRECHT (orgs.), 1985, pp. 137-86.

PERSHING, Linda. "She really wanted to be her own woman: scandalous sunbonnet sue". In: Radner (org.), pp. 98-125.

PHELPS, Ehtel Johnston. *Tatterhood and other tales*. Nova York, The Feminist Press, 1978.

_____. *The maid of the North: feminist folk tales from around the world*. Nova York, Henry Holt, 1981.

POLLOCK, Susan. "Women in a men's world: images of Sumerian women". In: GERO e CONKEY (orgs.), pp. 366-87.

PRATT, Annis. *Archetypal patterns in women's fiction*. Sussex (Inglaterra), Harvester, 1981.

_____. "Spinning among fields: Jung, Frye, Lévi-Strauss and feminist archetypal theory". In: LAUTER e RUPPRECHET (orgs.), 1985, pp. 93-136.

RABUZZI, Kathryn Allen. *Motherself: a mythic analysis of motherhood*. Bloomington, Indiana University Press, 1988.

RADIN, Paul. *African folktales*. Nova York, Schocken, 1983.

RADNER, Joan Newlon (org.). *Feminist messages: coding in women's folk culture*. Urbana, University of Illinois Press, 1993.

RADNER, Joan Newlon e Susan Lanser. "Strategies of coding in women's cultures". In: RADNER (org.), 1993, pp. 1-29.

RALPH, Phyllis C. *Victorian transformations: fairy tales, adolescence and the novel of female development*. Nova York, Peter Verlag, 1989.

RANDOUR, Mary Lou. *Women's psyche, women's spirit*. Nova York, Columbia University Press, 1987.

RANKE, Kurt. *Folktales from Germany*. Chicago, University of Chicago Press, 1966.

RIORDAN, James. *The woman in the moon and other tales of forgotten heroines*. Nova York, Dial, 1985.

_____. *The sun maiden and the crescent moon: Siberian folk tales*. Nova York, Interlink, 1989.

ROBBINS, Joan Hamerman. *Knowing herself: women tell their stories in psychotherapy*. Nova York, Plenum, 1990.

ROBERTS, Leonard. *South from hell-fer-sartin: Kentucky mountain folk tales*. Lexington, University of Kentucky Press, 1955.

ROBERTS, Moss. *Chinese fairy tales and fantasies*. Nova York, Pantheon, 1979.

ROBINSON, Forrest G. *Love's story told: a life of Henry A. Murray*. Cambridge (Mass.), Harvard University Press, 1992.

ROGERS, Annie. "Voice, play and a practice of ordinary courage in girls' and women's lives". *Harvard Educational Review* 63: 265-95, 1993.

ROSENBLATT, Sidney. "Thumbelina and the development of female sexuality". In: SIEGEL (org.), 1992, pp. 121-30.

RUBIN, Lillian B. *Women of a certain age: the midlife search for self*. São Francisco, Harper & Row, 1979.

SAMPSON, John. *Gypsy folk tales*. Salem (N.H.), Salem House, 1984.

SANDAY, Peggy Reeves. *Female power and male dominance: on the origins of sexual inequality*. Cambridge (Inglaterra), Cambridge University Press, 1981.

SCHWARTZ, Howard. *Elijah's violin and other jewish fairy tales*. Harper. Colophon, Nova York, 1985.

SEXTON, James. *Mayan folktales: folklore from lake Atilán, Guatemala*. Nova York, Doubleday, 1992.

SHAINESS, Natalie. "Vulnerability to violence: masochism as process". In: WALSH (org.), 1987, pp. 62-77.

SHARP, H. "Old age among the chipewyan". In: AMOSS e HARRELL (orgs.), *Other ways of growing old*. Stanford, Stanford University Press, 1981, pp. 99-110.

SHERMAN, Edmund. *Meaning in mid-life transitions*. Albany, State University of New York, 1987.

SIEGEL, Elaine (org.). *Psychoanalytic perspectives on women*. Nova York, Brunner/Mazel, 1992.

SIGNELL, Karen. *Wisdom of the heart: working with women's dreams*. Nova York, Bantam, 1990.

SINCLAIR, K. P. "A study in pride and prejudice: Maori women at midlife". In: BROWN e KERNS (orgs.), 1985, pp. 117-34.

SINGHAM, Lorna Rhodes Amara. "The misery of the embodied: representations of women in sinhalese myth". In: HOCH-SMITH e SPRING (orgs.), 1978, pp. 101-26.

SINNOTT, Jan D. *Sex roles and aging: theory and research from a systems perspective*. Basel, Karger, 1986.

SKOV, G. E. "The priestess of Demeter and Kore and her role in the initiation of women at the festival of the Haloa at Eleusis". *Temenos*, 11: 136-47, 1975.

SPECTOR, Janet. "What this awl means: toward a feminist archaeology". In: GERO e CONKEY (orgs.), 1991, pp. 388-406.

SPRING, Anita. "Epidemiology of spirit possession among the Luvale of Zambia". In: HOCH-SMITH e SPRING (orgs.), pp. 165-90.

STEINEM, Gloria. *Revolution from within: a book of self-esteem.* Boston, Little Brown, 1993.

STEWART, Polly. "Wishful willful wily women: lessons for female success in the child ballads". In: RADNER (org.), 1993, pp. 54-80.

STIVER, Irene. "The meaning of care: reframing treatment models". In: JORDAN *et al.* (orgs.), 1991a, pp. 250-67.

_____. "The meaning of 'dependency' in female-male relationships". In: JORDAN *et al.* (orgs.), 1991b, pp. 141-61.

_____. "Work inhibitions in women". In: JORDAN *et al.* (orgs.), 1991c, pp. 223-36.

STONE, Kay. "Things Walt Disney never told us". In: FARRER (org.), 1975, pp. 42-50.

_____. "The misuses of enchantment: controversies on the significance of fairy tales". In: JORDAN e KALCIK (orgs.), pp. 125-45.

_____. "Burning brightly: new light from an old tale". In: RADNER (org.), pp. 289-305.

STONE, Merlin. *Ancient mirrors of womanhood: our goddess and heroine heritage.* Virginia Station (N.Y.), New Sibylline Books, 1979.

SURREY, Janet. "Eating patterns as a reflection of women's development". In: JORDAN *et al.* (orgs.), 1991a, pp. 237-49.

_____. "Relationship and empowerment". In: JORDAN *et al.* (orgs.), 1991b, pp. 162-80.

_____. "The 'self-in-relation': a theory of women's development". In: JORDAN *et al.* (orgs.), pp. 51-66.

TATAR, M. *The hard facts of the Grimm's fairy tales.* Princeton (N.J.), Princeton University Press, 1987.

TAYLER, Royall. *Japanese tales.* Nova York, Pantheon, 1987.

TROCOLLI, Ruth. "Colonization and women's production: the timucua of Florida". In: CLAASSEN (org.), 1992, pp. 95-102.

VON FRANZ, Marie-Louise. *A psychological interpretation of the golden ass of Apuleius.* Dallas, Spring, 1980.

WAELTI-WALTERS, Jennifer. *Fairy tales and the female imagination*. Montreal, Eden, 1982.

WALSH, Mary (org.). *The psychology of women: ongoing debates*. Yale. New Haven (Conn.), University Press, 1987.

WEIGEL, Sigrid. "Double focus". In: ECKER (org.), pp. 59-80.

WEIGLE, Marta. *Spiders and spinsters: women and mythology*. Albuquerque, University of New Mexico Press, 1982.

WHEELWRIGHT, Jane. "In old age: the process of becoming an individual". Palestra proferida no C. G. Jung Institute de São Francisco, 11 de março de 1989.

WISSLER, Clar (org.). *Societies of the plains indians*. Ensaios antropológicos do American Museum of Natural History, XI. Nova York, American Museum of Natural History, 1916.

WOLF, Christa. "A letter about unequivocal and ambiguous meaning, definiteness and indefinitenes; about ancient conditions and new viewscopes; about objectivity". In: ECKER (org.), 1985, pp. 95-107.

WOLKSTEIN, Diane. *Dream songs: Abulafia, part of my heart*. Nova York, Cloudstone,1991.

WOLKSTEIN, Diane e Samuel Kramer. *Inanna: queen of Heaven and Earth*. Nova York, Harper & Row, 1983.

WOODMAN, Marion. "From concrete to consciousness: the emergence of the feminine". In: MAHDI, FOSTER e LITTLE (orgs.), 1987, pp. 201-22.

WOOLGER, Jennifer Barker e Roger Woolger. *The goddess within: a guide to the eternal myths that shape women's lives*. Nova York, Fawcett Columbine, 1989.

WRIGHT, Wendy. "The feminine dimension of contemplation". In: GILES (org.), 1982a, pp. 103-19.

YOCOM, Margaret. "Woman to woman: fieldwork and the private sphere". In: JORDAN e KALCIK (orgs.), 1985, pp. 45-53.

YOUNG-EISENDRATH, Polly e Florence Wiedermann. *Female authority: empowering women through psychotherapy*. Nova York, Guilford, 1987.

ZHELEZNOVA, Irina. *Northern lights: fairy tales of the peoples of the North*. Moscou, Progress Publishers, 1980.

ZIPES, Jack. *The brothers Grimm: from enchanted forests to the modern world*. Nova York, Routledge, 1988.

Allan B. Chinen

É psiquiatra, clinica em São Francisco e faz parte do corpo docente da Universidade da Califórnia, em São Francisco. É autor do livro *Além do herói*, publicado pela Summus Editorial, e também de outras obras: *In the ever after: fairy tales and the second half of life; Once upon a midlife: classic stories and mythic tales to illuminate the middle years.*